»Sterben allein ist zu wenig«
Milena Jesenská

Das Buch

»Milena gehörte zu den wenigen, die nicht gleichgültig werden konnten und nicht abstumpfen. Sie sah das Furchtbare um sich und verzweifelte inmitten Zehntausender leidender Menschen, weil es keine Möglichkeit gab, wirklich zu helfen. An jenem Abend kam sie aus dem Krankenrevier und berichtete von neuen Schrecken. Ihr, der Journalistin, entging nichts.« So beschreibt Margarete Buber-Neumann ihre Freundin Milena Jesenská, die sie im Frauenkonzentrationslager Ravensbrück kennen lernte. Dieses Buch ist das beeindruckende Vermächtnis der Freundschaft, die daraus entstand und bis zu Milenas Tod 1944 währte.

Die Autorin

Margarete Buber-Neumann (1901–1989) wurde im Dritten Reich als überzeugte Kommunistin von den Nazis verfolgt. In den Büchern *Als Gefangene bei Stalin und Hitler* (1949) und *Von Potsdam nach Moskau* (1957) schildert sie ihre Wandlung zur Gegnerin des Kommunismus in der Stalin-Ära. Mit der vorliegenden Biographie erfüllte sie das Vermächtnis Milenas.

Margarete Buber-Neumann

»Sterben allein ist zu wenig«

Milena Jesenská

List Taschenbuch

List Taschenbücher erscheinen im
Ullstein Taschenbuchverlag, einem Unternehmen der
Econ Ullstein List Verlag GmbH & Co. KG, München
1. Auflage 2001
Taschenbuchausgabe mit freundlicher Genehmigung
der F. A. Herbig Verlagsbuchhandlung GmbH, München

Umschlagkonzept: HildenDesign, München – Stefan Hilden
Titelkonzept und Umschlaggestaltung: Büro Meyer & Schmidt,
München – Jorge Schmidt (Tabea Dietrich, Costanza Puglisi)
Titelabbildung: AKG, Berlin: Passfoto 1896
Satz: hanseatenSatz-bremen, Bremen
Druck und Bindearbeiten: Clausen & Bosse, Leck
Printed in Germany
ISBN 3-548-60059-X

Margarete Buber-Neumann 1968

In der Reihe »Rebellische Frauen« sind in unserem Hause bereits erschienen:

Annette Seemann
»Ich bin eine befreite Frau«
– PEGGY GUGGENHEIM

Jochen Schmidt
»Tanzen gegen die Angst«
– PINA BAUSCH

Leo Linder
»Ah, mein kleiner Herzog, du hast Angst?«
– JEANNE D'ARC

Barbara Leisner
»Unabhängig sein ist mein heißester Wunsch«
– MALWIDA VON MEYSENBUG

Matthias Henke
»Süchtig nach der Sehnsucht«
– EDITH PIAF

Mariam Niroumand
»Westwärts, junger Mann!«
– MAE WEST

Max Gallo
»Ich fürchte mich vor gar nichts mehr«
– ROSA LUXEMBURG

Siegfried Obermeier
»Ein Weib mit ungeheurem Talent«
– ANGELIKA KAUFFMANN

Katharina Zilkowski
»Le style c'est moi!«
– COCO CHANEL

Ingeborg Drewitz
»... darum muß man nichts als leben«
– BETTINE VON ARNIM

Florence Hervé
»Salz der Freiheit«
– BENOÎTE GROULT

Annette Seemann
»Ich bin alles!«
– GALA DALÍ

Monika Becker
»Starke Weiblichkeit entfesseln«
– NIKI DE SAINT PHALLE

Françoise Giroud
»Die Menschheit braucht auch Träumer«
– MARIE CURIE

Klaus Hübner
»Leben auf dünnem Eis«
– YOKO ONO

Monika Keuthen
»... und ich male doch!«
– PAULA MODERSOHN-BECKER

Monika Keuthen
»Und trotzdem bin ich glücklich«
– CHRISTIANE VULPIUS

Jochen Schmidt
»Ich sehe Amerika tanzen«
– ISADORA DUNCAN

Steven Bach
»Die Wahrheit über mich gehört mir«
– MARLENE DIETRICH

Barbara Leisner
»Ich würde es genauso wieder machen«
– SOPHIE SCHOLL

Claude Francis/Fernande Gontier
»Ich habe das Glück, nur zur Hälfte Frau zu sein«
– COLETTE

Darden Asbury Pyron
»Tochter des Südens«
– MARGARET MITCHELL

Heinz Geuen
»Hemmungslos das Leben spüren«
– JANIS JOPLIN

Matthias Henke
»Mit zerrissenem Herzen«
– CLARA SCHUMANN

Irmgard Hülsemann
»Mit dem Mut einer Löwin«
– LOU ANDREAS-SALOMÉ

Donald Spoto
»Ich bin immer ich selbst geblieben«
– INGRID BERGMAN

INHALT

»… Sie ist ein lebendiges Feuer, wie ich es noch nie gesehen habe … Dabei äußerst zart, mutig, klug, und alles wirft sie in das Opfer hinein oder hat es, wenn man will, durch das Opfer erworben …«

Franz Kafka über Milena[1]

VORWORT

Vor kurzem erschienen in einer Neuauflage die *Briefe an Milena* von Franz Kafka. In keinem seiner Werke zeigt sich der Dichter so unverhüllt wie in diesen Liebesbriefen an Milena Jesenská, die um viele Jahre jüngere Pragerin. Aber auch sie tritt uns aus den Seiten der Sammlung entgegen als ein Wesen besonderer Art. Sie hat auf Kafka jene Faszination ausgeübt, welche die stärkere, freilich schöpferisch weit unterlegene Persönlichkeit auf die schwächere, zerrissenere, wenn auch ungleich genialere Natur auszuüben vermag.

Milena Jesenská verdient nicht nur Beachtung als Geliebte Franz Kafkas; sie selbst war eine faszinierende Persönlichkeit, ein Mensch, der sich in seiner Jugend über die bürgerliche Konvention hinwegsetzte und sich im Laufe eines schweren Lebens vom extremen Individualismus zur sozialen und politischen Verantwortung hin durchkämpfte. Sie besaß die Kraft und einen nie erlahmenden Mut, in der Zeit, nachdem ihre Heimat Böhmen unterjocht worden war, für die Sache der geistigen Freiheit einzutreten. Als Hitler die Tschechoslowakei okkupierte, begann Milena unter Einsatz ihres Lebens die am meisten Bedrohten zu retten. Sie verhalf Juden und tschechischen Landsleuten zur Flucht ins Ausland. Sie gab eine illegale Zeitschrift heraus und forderte zum Widerstand gegen die Unterdrücker auf. Nach kurzer Zeit wurde sie von der Gestapo verhaftet und starb im Jahre 1944 im Konzentrationslager Ravensbrück.

Margarete Buber-Neumann

DANK

An dieser Stelle möchte ich den vielen Freunden Milenas danken, die bei der Entstehung dieses Buches mithalfen. Vor allem Wilma Lövenbach für ihren unermüdlichen Rat und Beitrag, sodann Arthur Koestler, Paul Rütti, Willy Haas, Joachim von Zedtwitz, Jaroslav Dressler, Miloš Vaněk, Anička Kvapilová und allen jenen, die mir ihre Erinnerungen mitteilten oder geschichtliches Material zur Verfügung stellten.

Mir, als einer Deutschen, blieben viele Quellen verschlossen, die Aufschluss geben könnten über Milenas Lebensschicksal. Außerdem sind mir das Land Böhmen und die Stadt Prag nicht bekannt. Ich weiß nur aus Milenas Erzählungen von jener wunderbaren Zeit kulturellen Keimens und Blühens in ihrer tschechischen Heimat während der ersten dreißig Jahre unseres Jahrhunderts, jener Zeit, in der sich ihr Leben abspielte. Ich lernte Milena im Konzentrationslager kennen. Dort berichtete sie mir von ihrer Vergangenheit. Vielleicht unterliefen mir deshalb bei der Darstellung ihres Lebens einige Irrtümer. Deshalb bitte ich alle Kritiker im Voraus um Verzeihung. Erst nach langem Zögern ging ich das Wagnis ein, dieses Buch zu schreiben. Ich tat es, weil mich die Persönlichkeit Milena Jesenskás faszinierte und weil ich ihr in tiefer Freundschaft verbunden bin.

M. B.-N.

BEGEGNUNG AN DER KLAGEMAUER

Am 21. Oktober 1940 erhielt ich den ersten Brief von Milena, einen auf der Lagerstraße heimlich in die Hand gedrückten Zettel. Damals kannten wir uns erst einige Tage. Aber was können Tage bedeuten, wenn die Zeit nicht mehr in Stunden und Minuten zerfällt, sondern nach Herzschlägen zählt.

Es war im Frauenkonzentrationslager Ravensbrück, wo wir uns trafen. Milena hatte durch eine Deutsche, mit der sie im gleichen Transport ins Lager kam, von meinem Schicksal erfahren. Die Journalistin Milena Jesenská wollte mich sprechen, wollte wissen, ob die Sowjets wirklich antifaschistische Emigranten an Hitler ausgeliefert hätten. Beim Spaziergang der »Zugänge« auf dem schmalen Weg zwischen der Barackenrückseite und der hohen Lagermauer mit dem starkstromgeladenen Stacheldraht, der Mauer, die uns von der Freiheit trennte, kam Milena auf mich zu. Sie stellte sich vor und sagte: »Milena aus Prag.« Für sie war die Heimatstadt wichtiger als der Familienname. Nie vergesse ich die Geste, mit der sie mir die Hand zum ersten Gruß gab, die Stärke und Grazie dieser Bewegung. Als ihre Hand in der meinen lag, sagte sie leicht ironisch: »Bitte, nicht so drücken und schütteln, wie ihr Deutschen das zu tun pflegt. Meine Finger sind krank ...« Ich sah in ein von schweren Leiden gezeichnetes Gesicht von grauer Gefängnisblässe. Aber der Eindruck von Krankheit verschwand sofort unter der Kraft ihres Blickes und der Lebhaftigkeit der Gebärden. Milena war hoch gewachsen, hatte steile, breite Schultern und einen zierlichen

Kopf. Augen und Kinn verrieten starke Initiative, der Mund mit seinem schönen Schwung ein Übermaß an Gefühl. Die weiblich zarte Nase ließ das Gesicht eher zerbrechlich erscheinen, und der Ernst der etwas buckligen Stirn wurde gemildert durch kleine Locken, die sie umrahmten.

Wir standen auf dem schmalen Weg und hinderten die anderen am Weitergehen, brachten das Hin- und Hergeflute der Häftlinge zum Stocken. Die wurden wütend und versuchten, uns ärgerlich vorwärts zu stoßen, so dass ich nur wünschte, der Begrüßung so schnell wie möglich ein Ende zu machen und mich wieder in den vorgeschriebenen Rhythmus des Rundganges einzuordnen. Ich hatte bereits in jahrelanger Haft gelernt, mich den äußeren Gesetzen dieser Häftlingsherde anzupassen. Aber Milena fehlten solche Fähigkeiten gänzlich. Sie benahm sich auf der Straße des Konzentrationslagers genauso, als hätte man uns auf dem Boulevard irgendeiner friedlichen Stadt einander vorgestellt. Sie dehnte die Begrüßung aus. Sie war völlig beherrscht von der Freude, einen neuen Menschen kennen zu lernen oder vielleicht auch von der Reporterleidenschaft, ein fremdes Schicksal zu ergründen. Unbeirrt durch das murrende Gewimmel um uns, kostete sie dieses Ereignis in aller Ruhe aus. In den ersten Minuten hatte mich ihre Unbekümmertheit aufgebracht, dann aber begann sie mich zu faszinieren. Hier war ein Mensch mit noch ungebrochenem Selbstbewusstsein, ein freier Mensch inmitten all der Erniedrigten!

Dann gingen wir genauso wie die anderen, eingehüllt in den von den Holzpantinen aufgewirbelten Staub, an der Klagemauer hin und her. So hatte Milena diesen Weg benannt. – Wenn man im normalen Leben einen Menschen trifft, so sagt, selbst wenn er einem völlig fremd ist, wenigstens sein Kleid etwas über ihn aus, es verrät, jedenfalls sehr oft, in welchem Lebenskreis sich der andere bewegt. »Milena aus Prag« trug das gleiche gestreifte, lange, schlotternde Häftlingskleid wie ich, die blaue Schürze und das vorgeschriebene Kopftuch. Ich wusste nichts anderes von ihr, als dass sie ein tschechischer Häftling sei und eine Journalistin. Sie sprach mit leicht tschechischem Akzent, doch nicht wie eine Ausländerin, denn sie beherrschte das Deutsche vollkommen und ihr Wortreichtum, ihre Ausdrucksfähigkeit begeisterten mich schon in diesen kurzen zehn Minuten unseres Kennenlernens.

Nach einigen Abschiedsworten, dem üblichen »Auf Wiedersehn!«, lief ich zurück in meine Baracke und wusste nicht, wie mir geschehen war. Ich blieb den Rest des Tages blind und taub gegen alles. Der Name »Milena« erfüllte mich ganz, ich schwelgte in seinem Wohlklang.

Nur der kann meine heftigen Gefühle ermessen, der je unter Tausenden, und noch dazu in einem Konzentrationslager, einsam war. Anfang August des Jahres 1940 wurde ich in Ravensbrück eingeliefert. Hinter mir lagen die Schreckensjahre in Sowjetrussland: Verhaftung durch die NKWD in Moskau, Verurteilung zu fünf Jahren Zwangsarbeit, Aufenthalt im kasakischen Konzentrationslager Karaganda und dann die Auslieferung durch die russische Staatspolizei an die Deutschen im Jahre 1940. Dem folgten Haft und monatelange Verhöre bei der Gestapo in Berlin und schließlich die Überführung ins deutsche KZ. Schon am dritten Tag meines Aufenthaltes in Ravensbrück stellten die deutschen kommunistischen Mithäftlinge ein Verhör mit mir an, weil sie wussten, dass ich die Lebensgefährtin Heinz Neumanns war und aus unseren bitteren Erfahrungen in Sowjetrussland keinen Hehl machte. Nach dem Verhör drückten sie mir den Stempel »Verräterin« auf und behaupteten, ich verbreite Lügen über Sowjetrussland. Da die Kommunistinnen in Ravensbrück zur Prominenz unter den Häftlingen gehörten, hatte ihre Ächtung den gewünschten Erfolg: die politischen Mitgefangenen mieden mich, als hätte ich eine ansteckende Krankheit.

Die Tschechin Milena Jesenská war die erste unter den politischen Häftlingen im deutschen KZ, die nicht nur mit mir sprach, sondern mir auch ihr Vertrauen entgegenbrachte, die an mich glaubte. Ich dankte für das Glück, nach Ravensbrück gekommen zu sein, weil ich dort Milena getroffen hatte.

Ravensbrück liegt in Mecklenburg, 80 Kilometer nördlich von Berlin. 1940 hatte die Gestapo dort ungefähr 5 000 Frauen eingesperrt, politische Gefangene, jüdische Häftlinge, aus religiösen Gründen Inhaftierte, Zigeuner, Kriminelle und Asoziale. Am Schluss des Krieges waren in Ravensbrück gegen 25 000 Frauen inhaftiert. Anfangs bestand das Lager aus sechzehn ebenerdigen Baracken, im Laufe der Jahre wurden es zweiunddreißig, in die man die Frauen hineinpferchte. Bis auf die Kriminellen und Asozialen waren die ins Lager Geworfenen Hausfrauen, Mütter, junge Mädchen – zwar in ihren Charakteren verschieden, aber sonst genauso wie die anderen Menschen in der Freiheit. Bewusste politische Gegner des Regimes gab es außer den deutschen, polnischen und tschechischen Politischen und den Bibelforschern verhältnismäßig wenige im ersten Jahr. Später vergrößerte sich deren Zahl durch die Frauen der Widerstandsbewegung aus allen von Hitler besetzten Ländern.

Den Politischen fiel die Umstellung auf das Lagerdasein leichter. Sie hatten gekämpft, das gab ihrem Opfer einen Sinn. Durch die Überführung in ein KZ wurde ihnen bestätigt, wie gefährlich sie für den Nationalsozialismus waren. Das steigerte ihre Selbstachtung. Aber das Gros der Häftlinge bestand immer aus Menschen, die unschuldig in diese entsetzliche Lage gekommen waren, denen nicht klar wurde, warum.

Jede Verhaftete hing mit allen ihren Gedanken am Leben, aus dem man sie herausgerissen hatte, an den Kindern, an dem Mann, an der Familie. In diesem Zustand tiefster Verzweiflung wurden nun solche Menschen für unbestimmte Dauer in ein Konzentrationslager geschleppt. Man zwang sie unter militärischen Drill, sie hatten keine Minute des Tages und der Nacht für sich allein, alle Verrichtungen geschahen in Gesellschaft von Hunderten von anderen, bei jedem Schritt, mit jedem Wort stießen sie gegen ein anderes unbekanntes, ebenso leidendes Geschöpf. Unter der Masse gab es vielleicht in jeder Baracke ein paar Wesen, zu denen man sich hingezogen fühlte; aber die große Mehrzahl war einem unerträglich in all ihren Lebensäußerungen. Die SS ließ die Frauen frieren, hungern, hart arbeiten, man brüllte sie, erwachsene Menschen, an, putzte sie herunter, ja schlug sie sogar.

Bereits mit dem Verlust der Freiheit verändert sich jedes Geschöpf bis in die Wurzeln seines Wesens. Wenn aber die täglichen Qualen der Gefangenschaft auch noch die ständige Angst vor dem Tode einschließen, erleidet der Häftling einen so tief gehenden Schock, dass seine Reaktionen nicht mehr als normal bezeichnet werden können. Die einen werden hemmungslos aggressiv, um ihr Leben zu verteidigen, die anderen kriecherisch und zu jedem Verrat geneigt und wieder andere resignieren in dumpfer Verzweiflung, in der sie sich weder gegen Krankheit noch Tod zur Wehr setzen.

Jeder Häftling muss im Laufe seines Gefangenendaseins verschiedene Stadien durchleben. Wenn es ihm nicht gelingt, den Schock zu überwinden, den er bei der Einlieferung ins KZ erleidet, ist er besonders gefährdet. Zum Überleben muss man sich in irgendeiner Weise dieser extremen Situation anpassen, man muss dem neuen Leben, so schrecklich es ist, einen Sinn geben. Über sich selbst hinauszuwachsen und ein neues Gleichgewicht zu finden, das gelang nur wenigen. Milena brachte es fertig, obgleich sie krank ins Lager kam. Es sprach für ihre geistige Kraft, dass sie bereits in den ersten verwirrenden Tagen ihres Aufenthaltes in Ravensbrück ihr leidenschaftliches Interesse an dem Schicksal anderer Häftlinge bekundete.

Noch gehörte Milena zu den Neuangekommenen, die in einer besonderen Baracke untergebracht waren und abgesondert von den anderen zum kurzen täglichen Spaziergang herausgelassen wurden. Trotz Verbot mischte ich mich jeden Tag unter die Zugänge, was nur möglich war, weil ich als Blockälteste der Bibelforscherbaracke eine grüne Armbinde trug, die eine gewisse Bewegungsfreiheit im Lager ermöglichte. So erwartete mich Milena täglich an der Klagemauer. Ich wusste sehr genau, was die Frauen während der ersten Wochen im Lager erlitten, wenn alle Schrecken noch so neu waren. Doch Milena verlor kein Wort über ihre persönlichen Qualen. Wenn wir uns trafen, war sie ganz und gar von ihrer Reporterleidenschaft erfüllt. Nie wieder begegnete mir ein Mensch, der seinen Journalistenberuf so beherrschte wie sie. Milena besaß eine suggestive Kraft des Erfragens, sie hatte die Fähigkeit, schon mit den ersten Worten, die sie an jemand richtete, eine persönliche Beziehung herzustellen. Sie spielte ihrem Gesprächspartner nie irgendeine Rolle vor oder verbarg sich hinter einer Maske. Sie erzeugte in jeder Unterhaltung eine Atmosphäre des Unmittelbaren, denn sie identifizierte sich mit dem Menschen, den sie befragte. Ihr war die Kraft des Einfühlens gegeben.

Bei den Fragen nach meinen Erlebnissen in Sowjetrussland schien auch sie nicht mehr in der Gegenwart zu leben. Ihre Fantasie versetzte sie in meine Vergangenheit, und so gelang es ihr, vieles, was ich längst vergessen hatte, wieder aufzuhellen und mit Fleisch und Blut zu erfüllen. Sie wollte nicht nur die Geschehnisse wissen, sie wollte die Menschen, denen ich auf meinem langen Weg durch die Gefangenschaft begegnet war, leibhaftig vor sich sehen, Einzelheiten wissen über ihre Eigenschaften, wie und was sie gesprochen hatten, ja sogar die Lieder hören, die die Armen im fernen Lager sangen. – Die Art ihres Fragens glich einem schöpferischen Akt, und so konnte ich zum ersten Mal meinem Erlebnisbericht erzählend eine Form geben. Es war, als ob Milena diese Fähigkeit auf mich übertrug.

Doch in ihrer Wissbegierde begnügte sie sich nicht nur mit dem chronologischen Ablauf meiner Erlebnisse in Sowjetrussland, die ich nun in Fortsetzungen Tag für Tag berichten musste, sie stellte mir auch Fragen, die mich zwangen, meiner politischen Vergangenheit auf den Grund zu kommen. »Wie lange hast du eigentlich dein Vertrauen in die Kommunistische Partei gesetzt?«, unterbrach sie einmal meine Erzählung. »Wie lange warst du überzeugt davon, dass die Partei und die Komintern wirklich die Absicht hätten, auf Erden einen politischen und wirtschaftlichen Zustand herbeizuführen, der allen Menschen Arbeit, Brot und Freiheit garantieren würde?« Ich strengte mein Gedächtnis an und erinnerte mich sehr bald an die Zeit meiner ersten Zweifel am Kommunismus, die schon in den zwanziger Jahren immer wieder aufgetaucht waren, doch durch den Wunsch nach politischer Gläubigkeit stets unterdrückt wurden. Beide stellten wir fest, denn auch Milena war vorübergehend der kommunistischen Heilslehre erlegen, dass ein Kommunist erstaunlich fruchtbar ist im Erfinden von Entschuldigungen für alle offensichtlichen Fehler seiner Partei, für alle Verstöße gegen ihr ursprüngliches Programm, und dass er erst durch die Partei in seinem Gefühl tief verletzt werden muss, bevor er sich die Verlogenheit des Kommunismus eingesteht und dadurch die Kraft findet, sich von der Partei abzuwenden. Und wir begannen gemeinsam, die Wurzeln des kommunistischen Übels zu erforschen.

Persönlich hatte Milena Sowjetrussland nicht kennen gelernt. Doch bei den Nachrichten über die Ereignisse des Jahres 1956, über den ersten Schauprozess in Moskau, verließ sie die Kommunistische Partei der Tschechoslowakei. Von da ab verfolgte sie als Journalistin aufmerksam das grausige Geschehen der Großen Säuberung hinter dem Eisernen Vorhang und stellte in einem Artikel, der sich mit den Lügensendungen des Moskauer Rundfunk befasste, folgende Fragen an die russischen Kommunisten: »... Es würde uns interessieren, was aus den vielen tschechischen Kommunisten und einfachen Arbeitern wurde, die vor Jahren nach Sowjetrußland gingen?... Würden wir da am Ende erfahren, daß der größte Teil von ihnen in den Gefängnissen sitzt? – So und nicht anders«, schreibt sie weiter, »behandeln die Sowjets jene Menschen, die töricht genug waren zu glauben, daß Kommunist zu sein dasselbe bedeutet, wie unter sowjetischem Schutz zu stehen ...« Auf das traurige Los der deutschen kommunistischen Emigranten in der Tschechoslowakei eingehend, schließt sie ihren Artikel mit dem Satz: »Unter ihnen [den kommunistischen Emigranten] sind Menschen, die ich hochschätze, und andere, die ich zutiefst verachte. Aber wer es auch immer sei, meine persönliche Abneigung wird nie so weit gehen, daß ich einem von ihnen wünschte, er solle heute aufgenommen werden im ›Vaterland des Weltproletariats‹.«[71]

Ihre Kenntnis von den menschenunwürdigen Zuständen im »Vaterland des Weltproletariats« war aber rein theoretisch und deshalb begriff ich die Spannung, mit der sie meinen Bericht entgegennahm. Was wusste man schon 1940 im Westen über Massenverhaftungen und Sklavenlager in Russland?! Milena erfasste sofort die Bedeutung dieses dokumentarischen Zeugnisses und – ich glaube, wir kannten uns gerade eine Woche – dann unterbreitete sie mir ihren Plan: »Wenn wir wieder in Freiheit sind, werden wir gemeinsam ein Buch schreiben« In ihrer Fantasie entstand ein Werk über die KZs beider Diktaturen, mit Zählappellen, marschierenden uniformierten Kolonnen und der Entwürdigung von Millionen von Menschen zu Sklaven: in der einen Diktatur im Namen des Sozialismus, in der anderen zum Wohl und Gedeihen der Herrenmenschen.

Das Buch sollte den Titel tragen: »Das Zeitalter der Konzentrationslager«. Bei diesem Vorschlag verstummte ich vor Schreck. Ein Buch schreiben! Was für eine Vorstellung hatte Milena von mir?! Ich war nicht fähig, eine einzige Zeile aufs Papier zu bringen! Doch Milena, ganz hingerissen von unserer künftigen Aufgabe, bemerkte nichts von meinem Schrecken. Sie malte mir schon aus, wie sich unsere Zusammenarbeit vollziehen würde: »Du verfasst den ersten Teil, alles, was du mir erzählt hast; den zweiten Teil, den wir jetzt erleben, den schreiben wir gemeinsam ...« Als ich wieder zu Wort kam und schüchtern einwandte, ich könne überhaupt nicht schreiben, blieb sie vor mir stehen, packte mich mit einem zärtlichen Griff bei der Nase, so wie man das bei jungen Hunden tut, und sagte: »Aber Gretuschka, ein Mensch, der so erzählen kann wie du, der kann auch schreiben. – Viel schlimmer geht es mir. Ich kann nicht einmal schildern, wie ein Mensch zu einer Tür hereinkommt. – Außerdem musst du wissen, dass jeder Mensch schreiben kann, wenn er nicht gerade ein Analphabet ist. Dich haben sie nur in der preußischen Schule verdorben. Du hast noch heute Angst vorm Schulaufsatz!«

Wenn man, so wie ich, in Potsdam zur Welt kam und dort erzogen wurde, fällt es einem nicht leicht, von Gefühlen zu sprechen, von Liebe, von tiefem Leid und großem Glück. Solche Hemmungen waren Milena fremd. Sie lachte über mich »kleinen preußischen Menschen«. Übrigens nannte sie sich selbst immer wieder »kleiner tschechischer Mensch« und in diesem Zusammenhang sparte sie nicht mit Kritik an den Charaktereigenschaften ihres Volkes, das sie schmerzlich-zärtlich liebte. Doch nie entdeckte ich auch nur Spuren von nationaler Borniertheit an ihr, eine Eigenschaft, die leider in Ravensbrück unter den Häftlingen der verschiedenen Nationen nur so wucherte.

Milena, die nichts ungefragt ließ, wusste sehr bald von meinem großen Schmerz. Einmal begann sie über Heinz Neumann zu sprechen. Sie wollte wissen, was für ein Mensch er war. Auf ihre Frage: »Hast du ihn sehr geliebt?«, konnte ich vor unterdrückten Tränen keine Antwort geben. Seit Heinz in Moskau verschwand, von der NKWD abgeführt wurde, waren erst drei Jahre vergangen, Jahre, in denen die qualvollsten Vorstellungen über sein Ende mich ständig verfolgten und ich alle Hoffnung verlor, ihn je wiederzusehen. Nun rührte Milena an diese Wunde. Die so mühsam unterdrückte Verzweiflung überwältigte mich. Wenige Menschen haben die Gabe, trösten zu können. Dazu muss man wohl den Schmerz des anderen nacherleben, miterleiden. Milena verhalf mir zur Genesung und fand den Weg zu meinem Herzen.

Jedes Mal wenn wir uns trafen, erschreckten mich von neuem Milenas Blässe und ihre geschwollenen Hände. Ich wusste, dass sie Schmerzen hatte, dass sie beim stundenlangen Zählappell auf der Lagerstraße fror und sich auch nachts unter den dünnen Decken nicht erwärmen konnte. Aber sobald ich das Gespräch auf ihre Leiden brachte, ging sie mit einem Lachen auf ein anderes Thema über; und immer gelang es ihr, meine Sorgen und Befürchtungen zu zerstreuen. 1940 wirkte sie noch völlig ungebrochen, mutig und voller Initiative. Noch triumphierte ihr starker Geist über den geschwächten Körper.

Außerdem war mir klar, dass sie unter Hunger litt, aber sie verlor niemals ein Wort darüber. Einmal hielt ich es nicht mehr aus, weil ich diese Qualen nur allzu gut kannte, und brachte ihr meine Brotration. Gereizt wies sie das Brot zurück. Ihre Reaktion blieb mir völlig unverständlich. Sehr viel später erklärte sie mir, weshalb sie das getan habe. Allein der Gedanke, von mir mit Brot beschenkt zu werden, sei ihr furchtbar gewesen, denn in unserer Freundschaft wollte sie die Gebende sein. Sie wollte schenken und für mich sorgen. Als ich ihr erzählte, dass ich Verwandte hätte, Mutter und Geschwister, schien sie enttäuscht, ja unglücklich zu sein. Sie wünschte, ich wäre ganz allein auf der Welt und nur auf ihre Sorge, auf ihre Hilfe angewiesen. Für sie war Freundschaft gleichbedeutend mit Alles-für-den-anderen-tun, sich für ihn aufopfern.

★

Milenas bloße Erscheinung war ein ständiger Protest gegen das Lagerregime. Sie marschierte nie richtig in Fünferreihen, sie stand nicht vorschriftsmäßig beim Zählappell, sie eilte nicht, wenn man befahl, sie hofierte nicht die Vorgesetzten. Jedes Wort, das aus Milenas Mund kam, war nicht »lagergemäß«. Während die SS erstaunlicherweise vor Milenas Überlegenheit zurückwich, wurden die politischen Mithäftlinge, und an deren Spitze die auf Disziplin versessenen Kommunistinnen, durch ihre Haltung immer wieder gereizt. Ich erinnere mich an einen Abendzählappell im Frühling. Die Bäume hinter der Lagermauer begannen eben grün zu werden. Die Luft kam weich und duftend zu uns herüber. Kein Laut war zu hören. Da hatte wohl Milena Zählappell und Konzentrationslager völlig vergessen, sich vielleicht weggeträumt in irgendeinen Prager Vorstadtpark, wo auf den Rasen die Krokusse blühten. Plötzlich pfiff sie ein Liedchen vor sich hin ... Das gab einen empörten Ausbruch der umstehenden Kommunistinnen! Und Milenas bittere Feststellung: »Die haben's leicht, die sind zu Häftlingen geboren, denen sitzt die Disziplin tief in den Knochen!«

Ein anderes Mal marschierte sie beim Arbeitsappell über die Lagerstraße. Ich stand am Rande, um ihr zuzunicken. Sie erblickte mich, riss das vorschriftsmäßige Kopftuch herunter und winkte über die Köpfe der erstarrten Häftlinge und der verblüfften SS lachend mit dem weißen Tuch.

Der Hass der Kommunistinnen auf Milena hatte aber noch andere Wurzeln. Ganz im Anfang, als wir begannen, uns regelmäßig beim Spaziergang für eine spärliche halbe Stunde zu treffen, fingen die Kommunistinnen unter den tschechischen Häftlingen bereits an, unsere Freundschaft voller Missbilligung zu beobachten. Ich hatte Milena selbstverständlich von meinem Verhör durch die deutschen Kommunistinnen erzählt, und fürchtete nun Ähnliches für sie. Deshalb erfüllte es mich mit großer Verwunderung, als mir Milena mitteilte, sie werde von den tschechischen Kommunistinnen, trotz ihres Bruches mit der KP, nicht als Verräterin behandelt, sondern eifrig umworben, ja man verschaffte ihr sogar eine vorteilhafte Arbeit im Krankenrevier des Lagers. Das konnten Häftlinge durchaus bewerkstelligen, weil in Ravensbrück, im Gegensatz zu anderen Konzentrationslagern, wo die Kriminellen die Oberhand hatten, sich die SS-Leitung die Arbeit erleichterte, indem sie vor allem Politische zu einer Art Häftlingsselbstverwaltung heranzog. Man gab den Gefangenen so genannte »Posten« und schuf dadurch eine besser gestellte Schicht, eine Art Prominenz. Die SS ernannte Lagerläuferinnen, Blockälteste, Anweisungshäftlinge, solche, die die Arbeit zuwiesen, ferner Büroangestellte in den Schreibstuben sowie Krankenpflegerinnen, später sogar Ärztinnen und natürlich auch eine Lagerpolizei. Die Häftlinge in solchen Ämtern waren gewissermaßen eingeschaltet zwischen die SS-Obrigkeit und die Menge der Arbeitssklaven. Sie konnten in solchen Funktionen ganz entscheidend für ihre Mithäftlinge wirken – und viele taten ihr Bestes –, um die Qualen des Lagerlebens zu mildern, aber sie konnten sich auch, was leider nicht selten geschah, mit der SS, mit den Unterdrückern, identifizieren. Da die Zahl der Häftlinge ständig zunahm, brauchte die SS immer neue Gefangene für die Lagerfunktionen und war durchaus bereit, von Seiten der Häftlinge entsprechende Vorschläge zu berücksichtigen, weil diese über die berufliche Qualifikation ihrer Kameradinnen wesentlich besser Bescheid wussten. Die Kommunistinnen in Ravensbrück versorgten selbstverständlich und fast ausschließlich ihre Genossinnen mit guten Arbeitsplätzen. Umso erstaunlicher war es, dass sie einer politischen Feindin halfen, ein Beweis für die Macht der Persönlichkeit, die Milena ausstrahlte.

Aber Milenas Freundschaft zu mir ging den Kommunistinnen zu weit. Ihre Wortführerinnen Palečková und Ilse Machová traten an sie heran und stellten ihr die Frage, ob sie eigentlich wisse, dass ich eine Trotzkistin sei, die infame Lügen über Sowjetrussland verbreite. Milena hörte sich den Hassausbruch an und erwiderte, sie habe schon Gelegenheit gehabt, sich über meine Berichte aus Sowjetrussland selbst ein Urteil zu bilden, und sie zweifle nicht an meiner Glaubwürdigkeit. Kurz nach dieser ersten Warnung stellten die Kommunistinnen Milena eine Art Ultimatum: Sie habe sich zu entscheiden zwischen der Zugehörigkeit zur tschechischen Gemeinschaft in Ravensbrück und der Freundschaft mit der Deutschen Buber-Neumann. Milena traf ihre Wahl, über deren Konsequenzen sie sich von Anfang an im Klaren war. Daraufhin wurde sie von den Kommunistinnen mit dem gleichen fanatischen Hass verfolgt wie auch ich.

»... und das gehört wieder zu Deiner leben-gebenden Kraft, Mutter Milena ...«

Innige Freundschaft ist immer ein großes Geschenk. Erlebt man dieses Glück jedoch in der trostlosen Umgebung des Konzentrationslagers, kann sie zum Inhalt des Lebens werden. Milena und mir gelang es in der Zeit des Beisammenseins, die unerträgliche Gegenwart zu überwinden. In ihrer Kraft und Ausschließlichkeit wurde diese Freundschaft aber noch mehr, sie wurde zu einem offenen Protest gegen die Entwürdigung. Alles konnte die SS verbieten, uns zu Nummern degradieren, uns mit dem Tode bedrohen, uns versklaven – in den Gefühlen zueinander blieben wir frei und unantastbar. Es war Ende November geworden, als wir bei einem Abendspaziergang das erste Mal wagten, einander unterzufassen, denn das war in Ravensbrück streng verboten. Wir gingen im Dunkeln auf der Lagerstraße Hand in Hand, schweigend, mit seltsam großen Schritten wie bei einem Tanz und blickten in das milchige Licht des Mondes. Es war völlig windstill. Irgendwo abseits, ganz außerhalb unseres Bereiches, schlurften und knirschten die Holzpantinen der anderen. Für mich gab es nur Milenas Hand in der meinen und den Wunsch, es möge nie enden. Da heulte die Lagersirene zur Nachtruhe. Alle stürzten den Baracken zu. Wir aber zögerten, hielten uns fester, wollten uns nicht trennen. Die brüllende Stimme einer Aufseherin kam immer näher. Da flüsterte mir Milena zu: »Komm nachher hinter meine Baracke an die Klagemauer. Nur für ein paar Minuten wollen wir allein sein!« Dann liefen wir auseinander. Ein »Verdammte Weiber« hatte uns gegolten.

Zur verabredeten Zeit schlüpfte ich aus der von Menschen wimmelnden Baracke. Es fiel mir gar nicht ein, dass diese Begegnung mit Prügelstrafe, Lagergefängnis, ja vielleicht sogar mit dem Tod enden konnte. Ich achtete nicht darauf, ob mich jemand beobachtete, rannte an den beleuchteten Fenstern vorbei, kam bis zum Weg an der Klagemauer und konnte nichts mehr unterscheiden. Es war stockfinster. Um das Geräusch der Holzpantinen zu dämpfen, ertastete ich den Rand des Weges und lief auf dem Rasen weiter. An der übernächsten fensterlosen Barackenrückwand bemerkte ich hinter den entblätterten Sträuchern etwas Helles. In Eile, Erregung und Dunkelheit stolperte ich über einen niedrigen Busch und fiel Milena in die Arme.

Am nächsten Morgen war der übliche stundenlange Zählappell. Als Revierarbeiterin brauchte Milena manchmal nicht mit anzutreten. Die dreihundert Häftlinge meiner Baracke standen auf der Lagerstraße dem Krankenrevier gegenüber, unbeweglich und schweigend. Man erwartete die Kontrolle der SS-Rapportführerin. Da sah ich Milena im Revierkorridor an ein geschlossenes Fenster treten. Sie blickte auf mich und legte ihre Hand an die Scheibe und bewegte sie langsam hin und her, ein stummes zärtliches Grüßen. Ich war entzückt und nickte ihr zu. Doch plötzlich ergriff mich furchtbare Angst um sie. Hunderte von Augen mussten doch dasselbe sehen wie ich! Jede Minute konnte die SS-Aufseherin kommen! Sechs oder sieben Fenster hatte der lange Korridor und an jedem wiederholte Milena gelassen das liebevolle Spiel.

Mit der Arbeit im Krankenrevier wurde Milena automatisch in den besten Block des Lagers verlegt, in die Baracke Nummer 1, zu den alten Politischen, den anerkannten Gesinnungstätern. Das bedeutete eine zusätzliche Vergünstigung, denn diese Baracke war weniger überfüllt als die anderen. – Ich war damals, wie schon erwähnt, Blockälteste bei den Bibelforschern in der Baracke Nr. 3. Jede Baracke besaß ein Dienstzimmer für die SS-Aufseherin, das auch die Blockälteste betreten durfte. Dieses Zimmer war der einzige Raum mit einer Art privater Atmosphäre. Einige Stunden am Tage residierte dort die SS-Blockführerin, aber nachts stand der Raum leer.

Manchmal wagte Milena mich zu besuchen, wenn sie wusste, dass die SS-Aufseherin abwesend war. Als Revierarbeiterin hatte sie die Möglichkeit, während der Arbeitszeit in die Baracken zu gehen, um irgendwelche Bestellungen auszurichten. Dann führte ich sie regelmäßig in das Dienstzimmer und wir fanden ein paar Minuten Zeit zu ungestörter Unterhaltung. Aber auch das war ein gefährliches Unterfangen, denn ständig drohte die SS.

So wurde unser Wunsch, nur einmal für längere Zeit ungestört beieinander zu sein, immer heftiger. Es war schon stürmischer Herbst, mit dunklen, mondlosen Nächten, als mir Milena eines Abends beim Spaziergang ihren Plan mitteilte, und zwar so kategorisch, dass jedes warnende Wort sie tief verletzt hätte. Sie hatte beschlossen, mich nachts im Dienstzimmer zu besuchen. Eine halbe Stunde, nachdem die Nachtwache kontrolliert hatte, wollte sie aus dem Fenster ihrer Baracke steigen und über die Lagerstraße, auf der während der Nacht auf Menschen dressierte Wolfshunde frei herumliefen, zu mir gelangen. Ich sollte ihr dann die Tür der Baracke öffnen. Beim Gedanken an die schreckliche Gefahr, die Milena drohte, stockte mir das Herz. Aber ihre wilde Entschlossenheit beschämte mich und ich stimmte zu. Eine halbe Stunde nach der abendlichen Kontrolle der SS öffnete ich leise die Barackentür und horchte in die Dunkelheit hinaus. Man konnte nicht die Hand vor Augen sehen und es goss in Strömen. Beim Lauschen auf die herannahenden Schritte hörte ich von allen Seiten bedrohliche Geräusche. Die Nacht schien erfüllt von Knirschen, es klang wie Stiefeltritte der SS, ja, meine angespannten Nerven ließen mich sogar Schüsse auf der Lagerstraße vernehmen. Aber auch die Baracke war voller Leben und ich durfte von niemand gesehen werden. Alle paar Minuten strebte eine ihrer dreihundert Bewohnerinnen zur Toilette und jedes Mal verließ ich eilig meinen Horchposten.

Da wurde von außen die Blocktür geöffnet, und herein trat Milena, leise vor sich hinpfeifend: »It's a long way to Tipperary, it's a long way to go ...« Ich packte ihren Arm und zerrte sie in das Dienstzimmer.

Ihre Haare trieften, die Hausschuhe, die sie angezogen hatte, um kein Geräusch zu machen, waren völlig durchweicht. Aber was bedeutete das schon! Es war ihr geglückt. Wir hockten vor dem warmen Öfchen, das ich vorsorglich geheizt hatte, und fühlten uns wie nach einer gelungenen Flucht aus dem Kerker. Jetzt gehörte uns die Freiheit einer ganzen Nacht!

Der dunkle, warme Raum gab ein Gefühl von Geborgenheit. Milena kroch dicht an den Ofen, um sich zu trocknen. »Deine Haare riechen ja nach Baby!«, flüsterte ich lachend. – »Bitte, erzähle mir doch mal von deinem Zuhause, von Prag, als du noch klein warst! Ich wüsste so gern, wie du damals ausgesehen hast ...« Bis dahin hatte Milena nur wenig über ihr Leben gesprochen. Wenn sie es tat, dann nur in Bruchstücken. Doch in dieser Novembernacht, losgelöst von allem, wie auf eine sichere Insel versetzt, brachte ich sie zum Sprechen.

Milena wurde 1896 in Prag geboren und ihre frühesten Erinnerungen lagen noch vor der Zeit der Jahrhundertwende, Erinnerungen an die Mutter, eine sehr schöne Frau mit gewelltem, kastanienbraunem Haar. Vormittags saß sie oft im langen, weichen Morgenkleid vorm Spiegel und kämmte sich. »Die Stelle, auf die sie mich immer küsste, war hier«, Milena nahm meine Hand und legte sie auf ihre Locken, »hier, auf diesen widerspenstigen Haarwirbel über der Stirn. Das kann ich nie vergessen ...« Bis zum dritten Lebensjahr war Milena das einzige Kind in der Familie. Sie verbrachte ihre Tage in der großen Wohnung mit den dunklen Möbeln. Viel Spazierengehen gab es nicht. Sie saß vormittags im Esszimmer und nachmittags in der Wohnstube, thronte auf hohen Stühlen am hohen Tisch, ihre liebsten Spielsachen vor sich ausgebreitet. »Haben dich als Kind Glasmurmeln mit farbigen Adern auch so restlos bezaubert? Schienen sie dir nicht auch etwas ganz Übernatürliches zu sein?«, will Milena wissen. Wir sprechen über bunte böhmische Glasperlen, über das Wunder schnell fließender Gebirgswässer und ich habe Mühe, sie in ihre Kindheit zurückzubringen. »Wie hast du denn ausgesehen mit drei Jahren? Gibt es Fotos von dir aus dieser Zeit?« – »Sehr blass und zart, mit altklugen, trotzigen Augen im kleinen runden Gesicht und einer wuschligen Mähne auf dem Kopf. Ich war weder ein schönes noch ein gutes Kind, sondern ein ungezogenes. Nur meine Mutter verstand mich ganz ...«

Milenas Mutter, die früh starb, entstammte einer wohlhabenden tschechischen Familie, in deren Besitz sich das »Bad-Beloves« bei Nachod befand. Als kleines Mädchen fuhr Milena dorthin oft zu Besuch. Die Vorfahren mütterlicherseits gehörten nicht, wie die des Vaters, zum alteingesessenen Bürgertum, sondern hatten sich allmählich hochgearbeitet. Tschechische Familien wie diese zeichneten sich durch besondere Hochachtung vor allem Geistigen aus, vor Wissenschaft und Kunst, vor Theater und

Musik und besonders sie wurden zu Trägern des damals erst vor kurzem erwachten tschechischen Nationalbewusstseins.

Milenas Mutter galt als künstlerisch begabt. Sie fertigte, dem Geschmack der damaligen Zeit entsprechend, Holzschnitzereien in volkstümlichem Stil an sowie Brandmalereien auf Holz und auch Möbel mit Ornamenten aus der Bauernkunst. Milena erinnerte sich, dass es in der Wohnung ihrer Eltern, die, wie die meisten Häuser der reichen Prager Bürger, mit nachgemachten Renaissance-Möbeln ausgestattet war, einen von der Mutter selbst gedrechselten und geschnitzten Stuhl gab, ein merkwürdiges Gebilde mit dreieckigem, lederbespannten Sitz, der vorn einen Knopf hatte, an dem sie sich beim Sitzen festhalten konnte. Auch für farbige Bauerntücher hatte die Mutter eine Vorliebe, und später, als Milena anfing selbstständig zu werden, gehörten diese Tücher zu ihren Requisiten, die sie im Koffer bei sich trug, um sie in irgendeinem Hotelzimmer auszubreiten und damit eine persönliche Atmosphäre zu schaffen.

Als kleines Mädchen hatte Milena aber einen entschieden anderen Geschmack als ihre Mutter. Sie erinnerte sich an ein Erlebnis, bei dem sie Ströme von Tränen vergossen hatte. »Das war, als mir die Mutter das rosa- und hellblaufarbene Kämmchen von der Kirchweih wegnahm und mir dafür ein echtes aus Schildpatt gab, das mir gar nicht gefiel. Dann weiß ich noch, wie mich die Matrosenbluse ärgerte und kränkte und ich mich nach einer mit Bändchen und Spitzen sehnte, nach einer, wie sie die Fanda aus dem Nachbarhaus trug ...«[3]

»Aber eines musst du wissen«, sagt Milena mit wehmütiger Stimme, »meine Mutter hat mich nie geschlagen, als ich klein war, nicht einmal ausgeschimpft. Das tat nur der Vater ...« – Sie erschauert vor Müdigkeit und Kälte. Nun ist der Ofen erloschen und von draußen dringen schon die Geräusche des anbrechenden Lagertages herein. Unsere Nacht geht ihrem Ende zu.

Die Jesenskys wohnten im Zentrum Prags, in der fünften Etage eines Hauses an der Ecke der Obstgasse. »Direkt unter unseren Fenstern lagen der Graben und der Wenzelsplatz«, beginnt Milena den Bericht über ein frühes Erlebnis mit ihrem Vater. »Damals standen dort noch niedrige, wunderschöne Häuser aus dem Spätbarock. Eigentlich wirkte das Ganze wie eine kleine Provinzstadt mit ihrem sauberen Zentrum.

Die Spannungen zwischen den Tschechen und den österreichischen Deutschen äußerten sich in jener Zeit auf verschiedene Weise, doch für jeden Sonntagvormittag hatte sich folgende Art von Demonstration eingebürgert: Auf der rechten Seite des Grabens flanierten die deutschen Studenten mit ihren bunten Mützen und auf der linken gingen die Tschechen in Sonntagskleidern hin und her. Manchmal gipfelte diese Demonstration in irgendeiner Ansammlung, einem Menschenknäuel, man hörte irgendetwas singen und spürte eine gereizte Unzufriedenheit. Ich sah das vom Fenster aus, verstand es aber im großen und ganzen nicht.

Bis dann ein Sonntag kam, den ich nie vergessen werde. Er prägte sich meinem Gedächtnis ein, ohne daß ich gewußt hätte, um was es damals eigentlich ging. Vom Pulverturm her sah ich die bunten Mützen der österreichischen Studenten heranmarschieren, aber nicht, wie sonst auf dem Trottoir, sondern mitten auf dem Fahrdamm. Sie sangen und gingen in geordneten Reihen mit dumpfem, diszipliniertem Schritt. Auf einmal erschien vom Wenzelsplatz her eine Menge Tschechen – auch sie marschierten mitten auf der Straße, schritten stumm vor sich hin. Meine Mutter, die mit mir am Fenster stand, hielt mich fest bei der Hand, etwas fester als nötig gewesen wäre. Und in den ersten Reihen der herankommenden Tschechen ging mein Vater. Ich er kannte ihn vom Fenster aus und hatte große Freude, ihn da unten zu sehen, aber Mütterchen war weiß wie die Wand und hatte sichtlich keine Freude. Dann ging es Schlag auf Schlag. Plötzlich stürzte von der Havířská (Bergmannsgasse) her eine Abteilung Polizisten auf die Hauptstraße und stellte sich zwischen die beiden feindlichen Lager. Der Graben war nämlich für diese und für jene gesperrt. Aber sowohl diese wie jene schritten weiter, immer weiter. Dann hatten die Tschechen den Polizeikordon erreicht und wurden aufgefordert stehen zu bleiben; ein zweites Mal gebot man ihnen Halt, ein drittes Mal ... Was dann geschah, weiß ich in den Einzelheiten nicht mehr, hörte nur das Krachen irgendwelcher Schüsse, sah, wie sich die vorher ruhige Menge tschechischer Menschen in einen kreischenden Haufen verwandelte, sah, wie der Graben auf einmal leer war, und unten nur ein einziger Mensch vor den Gewehren der Polizisten stand – mein Vater. Ich erinnere mich ganz klar, ganz deutlich, wie er da stand, ruhig und hatte die Hände an die Seiten des Körpers gedrückt. Aber neben ihm auf dem Pflaster lag etwas schrecklich Merkwürdiges. – Ich weiß nicht, ob Sie je gesehen haben, wie ein angeschossener Mensch aussieht, wenn er zusammengebrochen ist. Das hat nichts Menschliches mehr an sich, sieht aus wie ein weggeworfener Fetzen. – Vielleicht dauerte es nicht länger als eine Minute, in der mein Vater da so stand – mir und der Mutter erschien es wie Jahre. Dann bückte er sich und begann das Häuflein Mensch zu verbinden. Meine Mutter hatte die Augen geschlossen und über ihr Gesicht liefen zwei große Tränen. Ich weiß noch, wie sie mich dann in die Arme nahm und preßte, als ob sie mich erdrücken wolle ...«[4]

In Milenas Erinnerungen spielte der Vater eine viel größere Rolle als die Mutter. Alle tief gehenden, unausrottbaren Schmerzen und nie vergessenen Erlebnisse hingen mit dem Vater zusammen, den Milena ebenso tief liebte wie hasste. Und das ein ganzes Leben lang.

Dr. Jan Jesensky, der als ordentlicher Professor an der Prager Karlsuniversität lehrte, hatte in der Ferdinandsgasse, einer der elegantesten Straßen Prags, eine zahnärztliche Praxis, durch die er ein reicher Mann wurde. Er entstammte einer alten, jedoch verarmten Bürgersfamilie und hatte sich mit eisernem Fleiß hochgearbeitet. Als Kieferchirurg genoss er einen großen Ruf und begründete eine wissenschaftliche Schule, die seinen Namen bis heute trägt.

Milena sah ihrem Vater sehr ähnlich, sie hatte dasselbe eingekerbte Kinn wie er, denselben entschlossenen Zug um den Mund und auch in manchen Charakterzügen glichen sich Vater und Tochter, beide waren unbeugsam, beide aus dem gleichen harten Holz geschnitzt.

Jan Jesensky erzog sein einziges Kind in äußeren Dingen auf patriarchalische Weise. Zur Begrüßung musste ihm Milena stets die Hand küssen und das vertrauliche Du durfte sie dem Vater gegenüber nicht gebrauchen.

Dr. Jesensky war stolz auf seine Karriere und vom Wunsch beherrscht, in der tschechischen Gesellschaft Prags eine bedeutende Rolle zu spielen. Alles, was ihn daran hindern konnte, musste sich ihm beugen, vor allem die Familie.

Sicher liegen die Wurzeln von Milenas Hassliebe zu ihrem Vater schon in Erlebnissen der frühen Kindheit. Als sie ungefähr drei Jahre alt war, wurde den Jesenskys ein Sohn geboren. Noch unbewusst erfasste das kleine empfindsame Mädchen, was dieses neue Kind für den Vater und die

Mutter bedeutete. Es war ein Junge und sie nur ein Mädchen. Ängstlich lauschte sie an der Tür, hinter der das lebensschwache Kind schrie. Sie spürte die Sorge der Eltern und begann, um das Leben des Kleinen zu zittern. Als er starb, glaubte sie, dass alle nur dieses Brüderchen lieb gehabt hätten. – Wie stark das Erlebnis gewesen sein muss, kann man daran ermessen, dass in den Liebesbriefen Franz Kafkas an Milena vom Grab des Brüderchens, das er besucht hat, die Rede ist.

Kurz nach dem Tod dieses Kindes geschah Milena etwas, was sie nie vergessen konnte. Der Vater schlug sie oft, wenn sie ungezogen oder bockig war, aber einmal warf er sie in eine große Truhe voller schmutziger Wäsche und ließ den Deckel über dem schreienden Kind so lange geschlossen, bis sie glaubte zu ersticken. Von da ab erfüllte sie panische Angst vor dem Vater.

Jan Jesensky war ein Choleriker, der in seinen heftigen Wutanfällen, die ihn häufig heimsuchten, mit Drohungen und hässlichen Schimpfworten um sich warf. Er wandte jedes auch noch so tyrannische Mittel an, um Milenas Willen zu brechen und ihr seine Ansichten aufzuoktroyieren. Vor den Augen der Öffentlichkeit posierte Jesensky gern als Original. Er gab sich streng konservativ, ging im Stil eines Habsburger Feudalen gekleidet, trug stets einen so genannten Kaiserrock und den dazugehörigen Halbzylinder. Morgens um vier Uhr stand er auf, nahm ein kaltes Bad, und schon gegen halb sechs konnte man ihm im Kinsky Garten begegnen, mit eingeklemmtem Monokel und in Begleitung von zwei großen Hunden. Seine Mittagsruhe verbrachte er nicht etwa auf einem weichen Sofa, sondern auf einem harten, altmodischen Kanapee. Doch unterließ er es nicht, diese seine spartanischen Tugenden im geeigneten Moment zu erwähnen, wenn er zum Beispiel annahm, er könne mit seiner Originalität Damen imponieren oder sie damit gar bezaubern und verführen. Jeden Nachmittag erschien er, ganz der Herr Professor, in seiner vornehm ausgestatteten Zahnarztpraxis. In Jan Jesensky verband sich der hochbefähigte Mensch mit dem unehrlichen, polternden Egoisten zu einer unglücklichen Mischung. Jeden Abend begab er sich in seinen Club und verlor im endlosen nächtlichen Kartenspiel das Geld nicht nach Zehner-, sondern nach Hunderterscheinen.

★

Wir durften in Ravensbrück Briefe schreiben. Das Briefpapier, das in der Lagerkantine gekauft werden musste, trug am Kopf den Aufdruck »Konzentrationslager Ravensbrück« sowie die Verordnungen über den Briefwechsel eines Häftlings mit der Außenwelt. Da gab es besonderes Papier in rotem Druck für alte Politische, die vor Ausbruch des Krieges verhaftet worden waren und Erlaubnis hatten, zweimal im Monat je 16 Zeilen zu schreiben, dann für Bibelforscher, das neben den üblichen Verordnungen in grünen Buchstaben den Aufdruck trug: »Ich bin weiterhin Zeugin Jehovas!« und nur fünf Zeilen Text enthalten durfte. Für alle während des Krieges Verhafteten war der Kopf in schwarzen Lettern gesetzt, und sie hatten die Erlaubnis, nur einmal im Monat 16 Zeilen zu schreiben und auch der Antwortbrief der Verwandten durfte diesen Umfang nicht überschreiten.

Einmal, im Jahre 1942, kam es nach der Briefausgabe zu einer Schmerzensdemonstration. Schon 1940 gehörten zu den Häftlingen in Ravensbrück Hunderte von Zigeunern. Sie wurden als »asozial« und »rassisch minderwertig« in die Lager gebracht. 1941 richtete man neben dem Vernichtungslager Auschwitz ein so genanntes Familienlager für

Zigeuner ein. Dort lebten ganze Zigeunerstämme, Männer, Frauen und Kinder, der Freizügigkeit beraubt, aber doch noch in einer gewissermaßen milden Form der Gefangenschaft. Später dann riss man die Familien auseinander und brachte Männer und Frauen mit den Kindern in reguläre Konzentrationslager. Ende 1942 musste es wohl gewesen sein, als man mit der Ausrottung der Zigeuner begann. Davon erfuhren wir in Ravensbrück auf folgende Weise: Kurz nachdem die Briefe ausgeteilt worden waren, stürzten aus den Baracken der Zigeuner Frauen und Mädchen laut schreiend auf die Lagerstraße, in den Händen die soeben bekommenen Briefe, die fast alle die gleich lautende Nachricht enthielten, dass der Mann oder der Sohn oder der Bruder oder der Neffe »im Krankenhaus verstorben« sei. Sie heulten ihren Schmerz hinaus, zerrissen sich die Kleider und schlugen sich in die Gesichter. Ein orientalischer Verzweiflungsausbruch, der alle Lagerdisziplin hinwegfegte. Von da ab wurde die Postzensur noch rigoroser.

Trotzdem erwarteten die Häftlinge den Samstag – nur an diesem Tag teilte die SS die Post aus – voller Unruhe und Spannung. Die 150 Worte im Monat waren in den ersten Jahren des Lagers der einzige Kontakt mit den Verwandten in der Freiheit. Allein die vertraute Schrift sehen zu dürfen bedeutete Trost, aber auch Verzweiflung. Wie viele Tränen wurden wegen dieser Briefe vergossen!

Milena wechselte den monatlichen Brief mit dem Vater. Jeder Brief, der von ihm anlangte, löste einen neuen Konflikt aus, oder besser gesagt, wühlte alles Vergangene wieder auf. Trotzdem versuchte sie, dem Vater gerecht zu werden.

Zu Weihnachten 1941 hatte die Lagerleitung eine menschenfreundliche Anwandlung. Die Verwandten durften das erste Mal ein Paket schicken mit von der SS genau dekretiertem Inhalt und Gewicht. Doch das Erstaunlichste: Jeder Häftling durfte eine Wolljacke erhalten.

Ich lief mit meinem Paket – es war geöffnet und darüber war eine goldgelbe Strickjacke gebreitet – zu Milena, ganz außer mir vor Freude, und konnte gar nicht begreifen, dass sie zögerte, mir ihr Geschenk zu zeigen. Sie war beschämt über die Geschmacklosigkeit des Vaters, denn dem Paket war eine Tegernseer Trachtenjacke beigefügt. Ich tröstete sie und wollte wissen, was für Kleider sie in der Freiheit trug, doch auch das war wiederum ein wunder Punkt. Als sie nach einer schweren Krankheit dick geworden sei, wäre ihr alle Lust verloren gegangen, sich gut zu kleiden. Jetzt aber, wo sie wieder so schlank geworden sei wie in der Jugend, wäre das ganz anders. Milena vergaß die läppische Trachtenjacke und wir schwelgten in Vorstellungen über unsere spätere Eleganz; Milena sah sich schon in einem sportlichen Kostüm, das ihr immer so gut gestanden hatte.

*

Es gibt ein frühes Foto von Milena. Da steht sie am Ufer der Moldau in gestreiftem Jackenkleid und langem weitem Faltenrock, trägt ein flaches Barett auf den Kopf gedrückt, Handschuhe, hohe Schnürstiefel und hält einen eleganten Schirm in der Hand. Alles ist wohlanständig und wie es sich damals gehörte. Gegen den hellen Hintergrund hebt sich ihr noch kindliches weiches Profil ab, die böhmische Stupsnase und über der Stirn das üppige Haar. Sie dürfte gerade 13 Jahre alt gewesen sein, als dieses Foto gemacht wurde. Damals lebte die Mutter noch und ließ sie von einer Schneiderin einkleiden. Aus dieser Zeit erzählt Milena folgende Geschichte:

»Als ich etwa 14 Jahre alt war, bekam ich meinen ersten

Blumenstrauß, ein richtiges Bouquet vom Blumengeschäft Dittrich mit einer Visitenkarte, und auf der stand ›Fräulein‹. Das stand auf ihr vor aller Augen und aller Welt! Diesen Blumenstrauß erhielt ich für den ersten Kuß vom ersten Kavalier meines Lebens. Wollt ihr wissen, wie das war? Es war eher eine traurige als eine lustige Geschichte, und noch heute denke ich mit etwas Bangigkeit an sie zurück. Der Freund meines Vaters, ein Großer Skiläufer und Sportmann, der Rat M., erkrankte am Grauen Star und schwebte monatelang in Gefahr, das Augenlicht zu verlieren. Er war ein Mann der ›alten Schule‹, ein Junggeselle, ein berühmter Walzertänzer, ein ehrlicher und aufrechter Mensch, mutig und in keiner Weise berechnend, weder in der Liebe noch beim Geld. Kurz, ein Kavalier, wie es sie heute nicht mehr gibt. Ich ging damals ins Krankenhaus, um ihn zu besuchen, und in kindlicher Gedankenlosigkeit kaufte ich ein Veilchenbouquet. Als ich dann aber zum Kranken hineingeführt wurde und sah, daß er beide Augen verbunden hatte und in einem dunklen Zimmer ganze Tage lang untätig und in der furchtbaren Ungewißheit saß, ob er überhaupt jemals wieder würde sehen können, da habe ich mich furchtbar geschämt wegen des Veilchenstraußes, den ich so leichthin und gedankenlos gekauft hatte und den er doch gar nicht sehen konnte. Mich quälte, daß ich einem Menschen etwas zum Geschenk brachte, was ihm mehr weh tun musste als ihn erfreuen, brachte es ihm doch erst richtig zu Bewußtsein, wie arm er war. Und vom heftigen Wunsch gepackt, alles wieder gutzumachen und ihm schnell etwas zu schenken, was er auch mit kranken Augen fühlen könnte, nahm ich ihn um den Hals und gab ihm einen Kuß. Das war der erste Kuß meines Lebens und hat gar nicht geschmeckt. Er war unrasiert, und in meiner Aufregung ist der Kuss zuerst auf die Nase gegangen und dann aufs Kinn heruntergerutscht. Aber als ich's dann schließlich fertiggebracht hatte, war ich ganz außer Stande, irgendetwas zu sagen oder mein Verhalten zu erklären, und stammelte den unverständlichen Satz: ›... so war's ja gar nicht gemeint ...‹, obgleich ich doch überhaupt nicht wußte, was er sich dachte und wie es hätte gemeint sein sollen. Vor lauter Verwirrung begannen mir richtige Kleinmädchentränen die Backen herunter zu kullern. Zu Hause aber erwartete mich dann ein Strauß herrlichen Winterflieders mit einer Visitenkarte, und auf der stand ›Fräulein‹. Dann waren noch einige Worte darauf geschrieben über das ›schönste Geschenk für einen Kranken‹, ein Beweis dafür, daß er genau gewußt hat, ›wie es gemeint war‹. Und mein Vater sagte damals: ›Siehst du, das ist ein Kavalier!‹«[5]

Jan Jesensky, ein betont eleganter Mann, der immer viel jünger aussah, als es seinem Alter entsprach, verbrachte einmal mit jenem Kavalier, dem Rat Matuš, einige Tage außerhalb Prags in seinem Sommerhäuschen. Damals waren beide Männer 50 Jahre alt. Matuš blickte traurig auf die Landschaft und meinte seufzend: »Schon seit 50 Jahren sehe ich nun diese Bäume hier. Ein Jahr gleicht dem anderen, nichts altert so wie wir. Immer wieder dasselbe Grünen, Blühen und Verwelken ...« Für solche Verzagtheit hatte Jesensky nicht das geringste Verständnis und antwortete: »Diese Bäume! Ich sehe sie doch *erst* seit 50 Jahren, und in jedem Jahr sind sie mir neu und werden es mir immer bleiben.«

★

Milenas Mutter war jahrelang krank. Sie litt an perniziöser Anämie. Der Vater hielt es – schon aus erzieherischen Gründen – für gut, dass seine Tochter die Schwerkranke mitpflegte. Milena blieb täglich, obgleich sie erst dreizehn

Jahre alt war, so lange bei der Kranken, bis der Vater sie ablöste. Das dauerte oft bis in die sinkende Nacht. Die Mutter saß, von vielen Kissen gestützt, aufrecht im Bett, und Milena mühte sich, auf ihrem Stuhl wach zu bleiben. Jedes Mal, wenn die Mutter vornübersank, schreckte das Mädchen voller Schuldbewusstsein auf, denn sie war eingeschlafen. Sie sprang ans Bett und half der Kranken zurück in die Kissen. Doch schon eine Weile später wiederholte sich das Gleiche. Endlich kehrte dann der Vater vom Kartenspiel oder seinen Freundinnen angeregt nach Hause zurück. Damals geriet Milena ihren Eltern gegenüber in völlige Verwirrung. Ihr schien, als ob der Vater, der immer versuchte, seine Frau durch Heiterkeit und Witze aufzumuntern, sie durch diese Art nur kränkte und sie den körperlichen Zerfall noch schmerzlicher empfinden ließ. Milena hat ihre Mutter immer zärtlich geliebt, aber jetzt versagten ihre jungen Kräfte, sie verlor die Nerven. Einmal konnte sie es der Schwerkranken überhaupt nicht mehr recht machen und kam dadurch in solche Erregung, dass sie ein Tablett mit der ganzen Mahlzeit im Krankenzimmer auf den Boden warf. Die Leiden der sich langsam Auflösenden waren so qualvoll, dass Milena schließlich der Tod der Mutter wie eine Erlösung erschien.

★

Als die Mutter starb, war Milena dreizehn Jahre alt und von einem Tag zum anderen Herr über ihre Zeit und selbstständig, richtiger gesagt, allein gelassen. Sie schilderte sich selbst als einen exaltierten Backfisch, ebenso sentimental wie aufsässig. Einmal kam sie abends nicht nach Hause. Sie hatte sich in irgendeinem drittrangigen Hotel Prags ein Zimmer gemietet, in dem sie die Nacht mutterseelenallein verbrachte. Es war ein erregendes Abenteuer und sie schwelgte nicht nur im Hochgefühl, nun erwachsen zu sein, sondern hoffte, in diesem Hotelzimmer auch hinter die Geheimnisse zu kommen, die solche anrüchigen Absteigequartiere umgaben. Sie durchlebte die Nacht in einem Wirrwarr imaginärer erotischer Gefühle, doch nichts geschah.

Aber es blieb nicht bei einem nächtlichen Ausflug. Der Friedhof übte eine magische Anziehungskraft auf sie aus. Im Anblick der Gräber saß sie nachts auf der Friedhofsmauer und überließ sich tränenvollem Weltschmerz.

Es gab wilde Auftritte, wenn der Vater von ihren Extravaganzen erfuhr, doch je mehr er sich empörte, umso ausgiebiger betrieb sie sie. Gelegenheit dazu wurde ihr genug geboten. Niemand kontrollierte, ob sie abends zu Hause blieb, und so ging sie ihren Abenteuern nach, entzog sich triumphierend der Bevormundung des Vaters. Durch den Maler Scheiner, der sie aufforderte, ihm für Märchenillustrationen Modell zu stehen, geriet sie, noch fast ein Kind, in den Kreis von Künstlern der sehr konservativen Gruppe »Jednota«. Ihre Ateliererlebnisse versetzten ihr einen tief gehenden Schock und nur mit Abscheu dachte sie an diese Zeit zurück. Einmal fasste sie die Anklage gegen den Vater oder eigentlich gegen alle Eltern und auch gegen sich selbst in folgende Worte zusammen: »Da setzt man verantwortungslos Kinder in die Welt, nimmt sich kaum die Mühe, sie kennen zu lernen, und wirft sie dann ins Leben. So, nun werde mit dir selber fertig!«

Aber schon mit fünfzehn Jahren wirkte Milena auf ihre Umgebung wie ein erwachsener Mensch. Sie hatte alle Eigenschaften eines Backfischs abgelegt und war zu einer Persönlichkeit herangereift, glich eher einer jungen Frau als einem Mädchen, sowohl körperlich als auch geistig. Bereits mit fünfzehn besaß sie die für ihre Jugend erstaunliche Fähigkeit, Erwachsenen auf deren Niveau zu begegnen. Wahrscheinlich trug zu dieser Frühreife die ständige Auseinandersetzung mit dem Vater bei, von dessen Einfluss sie sich mit ganzer Kraft zu befreien suchte.

In diesem Alter las Milena voller Leidenschaft, vor allem Romane von Hamsun, Dostojewski und Meredith, aber auch Tolstoi, Jakobson und Thomas Mann. Es ist schwer zu erraten, woher sie schon derart früh die Fähigkeit nahm, sich richtig zu orientieren und zu erfassen, was für das menschliche Leben Sinn und Bedeutung habe. In ihrer häuslichen Umgebung fand sie nichts, an das sie sich hätte anlehnen können, es blieb ihr also nur der eigene wachsende Intellekt. Sie lehnte alles Niedrige, Schmutzige und vor allem alles Geschmacklose ab. Doch nicht nur aus Ästhetizismus, sondern aus einer elementaren Unlust, einer Abneigung gegen alles, was keinen Wert hatte.

Die Atmosphäre des väterlichen Hauses, in der Milena so viele Jahre ihrer wesentlichen jugendlichen Entwicklung verbrachte, wirkte lange in ihr nach. Die ständige Auseinandersetzung mit dem Vater führte sie bis zu jenem kritischen Punkt, wo die Verachtung alles Konventionellen den Menschen leicht so weit bringen kann, dass er in Rebellion gegen eine überholte Pseudomoral den Maßstab dafür verliert, wie weit man in einem Leben »jenseits von Gut und Böse« gehen darf. Milena schoss in ihrem Aufbegehren weit übers Ziel hinaus, glaubte, sie habe das Recht und die Kraft, nach eigenen Gesetzen leben zu können. So gewöhnte sie sich zum Beispiel an, den Gebrauch der Wahrheit als ihr ganz persönliches Recht anzusehen, über das sie nach eigenem Gutdünken zu entscheiden habe. Damals drückte man ihr den Stempel »Lügnerin« auf. Ihre Kritiker überlegten aber nicht, dass sich Milena in jenem Übergangsstadium befand, wo der rebellierende junge Mensch erst nach einem eigenen Maßstab sucht. Ihre Unsicherheit äußerte sich in einem gefährlichen Hochmut, durch den ihre Moral vorübergehend einen Bruch erlitt, den sie jedoch später in bewundernswerter Weise überwand.

AUFBRUCH DER »MINERVISTINNEN«

Milena besuchte die Prager Mädchenschule »Minerva«, ein klassisch-humanistisches Gymnasium, dessen Niveau dem hoch stehenden altösterreichischen Schulideal entsprach. Latein und Griechisch gehörten zu den obligatorischen Fächern. Die »Minerva«, eines der ersten Mädchengymnasien in Europa, wurde bereits 1891 von einer kleinen intellektuellen tschechischen Gemeinde unter großen finanziellen Opfern ins Leben gerufen. Diese Schule war die Alma Mater vieler namhafter tschechischer Lehrerinnen, Soziologinnen und Ärztinnen. Ihrem ersten Jahrgang gehörte unter anderen Dr. Alice Masaryk an, die Tochter des Gründers und späteren Präsidenten der tschechoslowakischen Republik, Thomas G. Masaryk.

Milena und ihre Schulkameradinnen, diese emanzipierten jungen Mädchen, nannte man allgemein »Minervistinnen«, ein halb bewundernd wohlwollender, halb ironischer Spitzname. Im Gymnasium gehörte Milena zu den besten Schülerinnen, war aber alles andere als ein Musterkind. In der Minerva entstanden enge Freundschaften zwischen den Mädchen, doch nicht nur, wie das im Allgemeinen üblich ist, unter den Gleichaltrigen, den Schülerinnen einer Klasse, sondern gewissermaßen vertikal. Aus verschiedenen Jahrgängen fanden sich jene mit gleichen Interessen und Fähigkeiten zusammen, es bildete sich eine Art Elite. Einige Mädchen schwärmten für Milena und taten alles, um ihr zu gefallen. Das war vor allem das Freundinnentrio Milena-Staša-Jarmila. Auf beide Mädchen hatte Milena einen völlig unterschiedlichen Einfluss, doch auch für beide bedeutete sie etwas ganz Verschiedenes. Jarmilas Neigung zu Milena ging so weit, dass sie sie beinahe sklavisch nachahmte. Sie trug dieselben Kleider, bei derselben Schneiderin angefertigt, deren Rechnungen, ohne es zu wissen, Vater Jesensky beglich. Jarmila sprach im gleichen Tonfall wie Milena, bemühte sich um denselben Ausdruck und bewegte sich genauso schwebend wie ihr Vorbild. Der Wunsch dieses Mädchens, Milena zu kopieren, mag vor allem physisch bedingt gewesen sein, denn sie hatte denselben schönen Wuchs, eine ebenso schmale Taille und die gleichen hübschen langen Beine. Beide schmückte prächtiges Haar. Doch Jarmila ging noch weiter. Sie brachte es sogar fertig, sich Milenas merkwürdige und sehr prägnante Handschrift bis zur letzten Vollendung anzueignen. Alles das war völlig bewusst und gewollt, entsprang aber nicht der einfachen Sucht zu plagiieren, es bedeutete höchste Anerkennung der Freundin, für sie gab es einfach nichts Besseres, was man sich hätte aneignen können. Sie las dieselben Bücher, die Milena gerade verschlang, lauschte der von Milena bevorzugten Musik und musste sich unbedingt in irgendjemand verlieben, wenn Milena es gerade tat. Doch stets blieb sie, zu ihrem großen Unglück, ein paar Schritte hinter ihrem Idol zurück. Es konnte auch gar nicht anders sein, denn nie hatte sie der Atem Apolls gestreift, an ihr war nichts Dionysisches, ja kaum etwas Nymphenhaftes.

Ganz anders die um zwei Jahre jüngere Staša. Was munkelten die Erwachsenen nicht alles über diese Freundschaft! Nannten Staša und Milena siamesische Zwillinge und behaupteten, die beiden seien lesbisch. Dabei war diese Mädchenverliebtheit, so wie es nur bei Sechzehnjährigen sein kann, voller Entzückung, Ekstase und Konzentration aufeinander, in jeder Empfindung und in jedem Gedanken, sie hatte nichts Körperliches, war nie eine Ver-

Milena mit ihrer Freundin Stasa Jílovská (geborene Prochaska). Schon während der gemeinsamen Schulzeit an der Prager Mädchenschule Minerva gelten sie als siamesische Zwillinge. Später arbeiten beide als Journalistinnen in Prag für die neu gegründete Illustrierte »Pestry Tyden«. (Foto: Archiv Klaus Wagenbach, Berlin)

liebtheit mit erotischer Färbung, keine Sehnsucht nach Umarmung und Küssen. Es war ein Anschmiegen ohne Eifersucht, eine Ergebenheit, die keinerlei Rechte forderte, ein warmes Einfühlen, das nie verwundete, das ganz leicht und durchsichtig blieb. Unbeirrt und freiwillig versagte sich Staša alle Kritik an der Freundin und hätte keinen Augenblick gezögert, alles zu tun, was Milena, die Überlegene, von ihr wünschte. Dabei gab aber Staša, im Gegensatz zu Jarmila, niemals ihre eigene starke Persönlichkeit auf und imitierte etwa Milena. Sie wurde nie zu Milenas Abglanz.

Nun darf man sich aber nicht etwa vorstellen, dass diese Mädchen zarte, ästhetisch anämische Geschöpfe gewesen wären. O Nein! Sie waren voller Blut und Leben, waren vernascht, wie es nur junge Mädchen sein können, wild auf Bananen, Orangen, Schokolade und Schlagsahne. Vor allem auf Bananen, eine damals noch sehr seltene Frucht in Europa.

Doch nach außen hin gaben sie sich zeitweise möglichst dekadent, verrucht und morbide. So probierten sie alle möglichen Medikamente, die Milena aus der Ordination des Vaters stahl, an sich selber aus. Sie beobachteten voller Spannung, welche Wirkungen die verschiedenen Tabletten auf sie hätten, in welchen Rausch sie versetzt würden. Schließlich kamen sie auch auf Kokain. Den warnenden Stimmen der Erwachsenen hielten sie entgegen, dass jeder Mensch das Recht habe, mit seinem Körper Experimente zu machen.

Dr. Prochaska, der Vater Stašas, der den Ruf besaß, ein sehr liberaler Mann zu sein, war über diese Mädchenfreundschaft derart entsetzt, dass er sie über Gebühr dramatisierte und alles versuchte, seine Tochter von Milena, die ja die Anstifterin war, zu trennen. Aber es gelang ihm nicht, obgleich er zu sehr drastischen Mitteln riet und auch griff. Doch schließlich löste sich diese schwärmerische Freundschaft, die so viel Stoff zu Klatsch und Empörung gegeben hatte, ganz von selbst.

★

Nach dem Abitur bestand Milenas Vater darauf, sie solle Medizin studieren, um die Ärztetradition in der Familie fortzusetzen. Er zwang sie, ihm bei der Behandlung Gesichtsverletzter des Ersten Weltkrieges zu assistieren, obgleich sie völlig ungeeignet dazu war und die Qualen der Verwundeten so heftig mitempfand, als würde ihr das eigene Gesicht in Stücke zerschnitten. Außerdem litt sie unter unüberwindlichem Ekel. Aber solche Empfindlichkeit ließ der Vater nicht gelten. Für ihn waren die Verstümmelten, so wie es der Arztberuf mit sich bringt, mehr oder minder interessante Fälle in seiner Tätigkeit als Leiter der Abteilung für Kieferchirurgie und Gesichtsplastik im Reservelazarett Prag-Žižkov. Jan Jesensky suchte durch Experimente nach neuen Methoden der Heilung dieser Unglücklichen. Einmal war dem Vater, so erzählte Milena, nach seiner Meinung ein Experiment besonders geglückt. Er hatte einen Gesichtsverletzten, dem große Teile des Unterkiefers weggeschossen waren, wieder zusammengeflickt. Nur eins konnte er nicht wieder herstellen, die normale Funktion der Speicheldrüsen. So hing dem Geheilten ein Gummibeutel am Hals, in den ständig der Speichel rann. Milena malte sich aus, welches Leben diesen Armen erwartete. Jesensky aber war stolz auf sein medizinisches Werk und entließ den Geheilten in die Heimat. Es war kurz vor Weihnachten. Am zweiten Feiertag kam ein Telegramm der Eltern des Soldaten, dass sich ihr Sohn am Heiligabend erschossen habe ...

Milena gab nach einigen Semestern das Medizinstudium auf. Sie versuchte es mit der Musik, aber auch das blieb, obgleich sie recht begabt war, jedoch mehr im Erfassen als im Ausüben, in den Anfängen stecken. Nun gehörte es damals für Mädchen aus Milenas Kreisen noch keineswegs zur Selbstverständlichkeit, einen Beruf zu erlernen. Prager Bürgerstöchter wie sie heirateten, und bis dahin ernährte sie eben der Vater. Obgleich Milena sich so entschieden emanzipierte, hielt sie es trotzdem für völlig selbstverständlich, vom Gelde des Vaters zu leben, ja, um es noch deutlicher zu sagen, das Geld des Vaters mit vollen Händen auszugeben. Doch sie selbst lebte nie in Luxus, hatte keine verschwenderischen Allüren. Ihr floss das Geld durch die Finger, sie machte Geschenke, sie gab, wo es gebraucht wurde oder Freude machte, ohne irgendein Aufsehen davon zu machen. Auch ihre Beziehung zu Geld dürfte eine Form des Protestes gewesen sein gegen die Grundregeln dieser Gesellschaft, nämlich der Unberührbarkeit des Besitzes. Einer, der Geld um des Geldes willen anhäufte, verdiente nach ihrer Meinung keinerlei Rücksicht. Er war überhaupt kein Mensch, sondern eine widersinnige Belastung.

Wenn ich Milena über ihre Jugendzeit ausfragte, sagte sie viel mehr Kritisches als Positives über sich. Als ich einmal wissen wollte, wie sie als junges Mädchen ausgesehen habe, meinte sie zögernd: »Ich selbst habe mir zwar nicht sehr gefallen, doch andere sagen, ich sei schön gewesen, aber nicht etwa schön im klassischen Sinne, wie zum Beispiel Staša, die Strahlende.« Ein Jugendfreund schreibt in seinen Erinnerungen: »Milena war sehr schön, schlank, nicht delikat, sondern von knabenhafter Herbheit. Besonders bemerkenswert war ihr Gang, ganz ohne vulgäres Wiegen der Hüften. Man hatte den Eindruck, als koste ihr der schöne Rhythmus des Ganges nicht die geringste Anstrengung, als sei er völlig unbeabsichtigt. Es war nicht wie ein Gehen, sondern wie ein Sichnähern und wieder Entfernen. Doch das Wichtigste, dessen man sich bewusst wurde: alles geschah zufällig, ganz unbeabsichtigt. Dabei waren ihre Bewegungen nicht ausgesprochen ›graziös‹, sondern fließend, ganz unmateriell. Ebenso viel sagend waren die Bewegungen ihrer Hände, ziemlich großer Hände, mit fast knochigen Fingern. Diese Hände spiegelten beinahe jeden ihrer Seelenzustände klarer noch wider als Worte. Ihre Bewegungen waren zurückhaltend und sparsam, aber umso bedeutungsvoller war jede ihrer noch so kleinen Gesten. Zu Milenas stärksten Neigungen gehörte ihr Bedürfnis nach Schönheit. In langen wehenden Gewändern à la Duncan, mit gelöstem Haar, Blumen im Arm, war sie, trotz beinahe pathetischen Ignorierens der Umgebung, von erregender, elementarer, lebensvoller Schönheit. Milena liebte Blumen über alles und hatte die Fähigkeit, sie mit fast japanischer Leichtigkeit und Grazie in einer Vase zu arrangieren. Für Blumen konnte sie den letzten Groschen (und nicht immer den eigenen!) ausgeben. Milena liebte schöne Kleidung, aber hasste jegliches Herausputzen. Sie verstand es, Kleider zu erfinden, die nicht der Mode entsprachen, die nicht rein weiberhaft waren, jedoch immer weiblich, wallend, weich, faltig und in satten, ungewöhnlichen Farben. Sie bekleidete sozusagen eher den Geist als den Körper. – Milena liebte die Natur, die Bäume, Wiesen, Wasser und die Sonne, doch war sie keineswegs so etwas wie ein Naturfreund. Sie sehnte sich nicht danach, Natur und Schönheit *kennen zu lernen*, sie brauchte sie zum Erleben, mehr noch: um in ihr zu leben, ein Teil von ihr zu sein und ihre Herrin.«

Milena gehörte zu den Menschen, die sich hemmungslos vergeuden. Aber in ihrem Aufbegehren und in ihrem wilden Lebensdrang war sie keineswegs eine Einzelgängerin. Andere Minervistinnen, vor allem die nicht betont intellektuellen, taten es ihr gleich. Sie wirbelten durch das sittlich entrüstete, noch ganz viktorianisch-konventionelle, provinzlerische Prag, bereit zu allen Tollheiten. Es war wie eine ansteckende Krankheit. Dieses Ausbrechen aus den althergebrachten Bahnen der bürgerlichen Gesellschaft lässt sich, wenigstens zum Teil, aus der einzigartigen Atmosphäre jener Jahre erklären. Das ganze tschechische Volk lebte im Vorgefühl der herannahenden nationalen Selbstständigkeit. Prag war ein schöpferisches Zentrum. Die Jugend verschlang die Gedichte der französischen Symbolisten, der Dekadenten sowie der tschechischen »Vitalisten«, las Hora, Šramek und Neuman und begeisterte sich an den Werken der großen Russen. Was die Dichter gerade schufen, was eben erst geboren wurde, war jedem zugänglich, wurde von jedem aufgegriffen. Man lebte in ihren Werken. Dazu kam die Begegnung eines, wenn auch kleinen Teiles der tschechischen Jugend, mit den in Prag lebenden deutschen Literaten und mit den Trägern der jüdischen Kultur. Die Extreme berührten sich, die engen nationalen Grenzen wurden gesprengt, es war eine herrliche, wenn auch nur kurze Zeit geistiger Fruchtbarkeit, eine Zeit voller Erwartungen und Versprechungen.

Der Schriftsteller Josef Kodiček erinnert sich an eine Begegnung mit Milena in jenen Jahren: »So, als sei es heute, sehe ich noch jetzt eine sonnige Szene vor mir. Es ist Sonntag, kurz vor der Mittagszeit auf dem Graben. Prag ist eigentlich noch keine richtige Weltstadt, sondern eine Provinzstadt. Und die Provinzstädte pflegen ihre Korsos zu haben. In Prag war der Graben ein solcher Korso. Ich sehe elegant gekleidete Deutsche, sehe die Studenten promenieren, österreichische Offiziere, man grüßt, man lächelt, man gibt sich Rendezvous. Am Sonntagvormittag war der Graben ein altösterreichisches Territorium. Aus dem Menschengewoge ragt die Gestalt des Grafen Thun heraus, des zwei Meter langen Statthalters von Prag. Er ist dünn wie ein Storch und der eleganteste Mann, den es damals auf dem Kontinent gab. Er bleibt gelassen, in himmelhoher Ruhe auf einem Bein stehen, mit dem anderen hat er sich in seine eigene Kniekehle eingehängt, und beobachtet in dieser Stellung das ganze Hin- und Hergeflute durch sein schwarz gerändertes Monokel. Eben gehen zwei Mädchen, die sich untergefaßt haben, an ihm vorbei. Beide sind geradezu sensationelle Erscheinungen! Es sind die ersten Prager Mädchen, die bewußt ephebisch, knabenhaft aufgemacht sind. Ihr Stil ist vollkommen. Sie tragen die Haare nach dem Vorbild der englischen Präraffaeliten, sie sind schlank wie Gerten, und ihre Gesichter und Gestalten haben überhaupt nichts Kleinbürgerliches an sich. Es sind vielleicht die ersten tschechischen Mädchen der Vorkriegsgeneration, die sozusagen ihre Welt von der tschechischen Promenade in der Ferdinandstraße bis auf den Korso am Graben verlängert und so den Verkehr mit der jungen Generation der deutschen Literaten angeknüpft haben. Beide sind wirkliche Europäerinnen! Sie sind ganz einfach eine Sensation! Und Graf Thun wendet sich auf dem einen Bein stehend nach ihnen um, blickt ihnen nach, und durch das Publikum geht eine Welle von Begeisterung und Neugierde. Dann erscheinen Willy Haas, Kornfeld und Fuchs und noch einige andere Literaten aus dem Kreis um Werfel und stellen uns die beiden Mädchen vor: ›Milena und Fräulein Staša!‹ Es ist kein Zweifel: Milena ist die Tonangebende der beiden.

Man erzählt sich tolle Geschichten über sie: Milena verschwende das Geld wie eine Wilde; Milena habe, um rechtzeitig zu einer Verabredung zu kommen, in Kleidern die Moldau überschwommen; Milena wurde um 5 Uhr früh im Stadtpark verhaftet, weil sie ›städtische‹ Magnolien gepflückt hatte, die ihr Freund so liebt. Milena kennt in ihren Ansprüchen und Geschenken keine Grenzen. In Milena fließt das Leben über, sie brennt wie eine Kerze, die man an beiden Enden anzündet.

Wer sie – wie kann man das sagen – etwas kritisch betrachtet, bemerkt an beiden Mädchen einen irgendwie stilisierten, leicht affektierten Zug. Aber wie könnte es auch anders sein? Noch sind wir ja in einer Zeit, in der eben die letzten Überreste der Klimtschen und Preislerschen Epoche in der Malerei abklingen, und in der der ›Silberne Wind‹ des Dichters Frana Šramek durch die Fluren weht. Der Jugendstil von Ružena Svobodova macht einer neuen Vitalität Platz, die viel irdischer und eroberungssüchtiger ist. Die Jugend darf wieder lachen. Werfels ›Weltfreund‹ befiehlt Freude am Dasein und brüderlichen Händedruck unter den Menschen. Die Dekadenz weicht der Freude am Leben. Werfel schreibt gerade seinen zweiten Gedichtband. Kurze Zeit später ist Milena der magnetische Pol einer ganzen literarischen Generation von Tschechen und Deutschen, unter denen einige sind, die sich bereits europäischen Ruf erobern.«[6]

Milena fühlte sich zu den deutschen und jüdischen Intellektuellen nicht nur des Neuen, Unbekannten wegen hingezogen, sondern auch deshalb, weil sie dort einer alten Kultur begegnete, die so ganz anders war als die Enge, die Kleinlichkeit und der Provinzialismus, in dem sie aufwuchs, einer Kultur, die längst ihre Reife, ja oft schon Überreife erlangt hatte, während die eigene, die tschechische, noch die Kämpfe des Keimens und Aufbrechens durchlebte. Für Milena, die in der tschechischen Tradition aufwuchs und auch immer in ihr verwurzelt blieb, ist die Sehnsucht, davon loszukommen und sich in etwas Kosmopolitisches einzugliedern, besonders bezeichnend.

Die Entwicklung der Prager deutschen Literaten war ein seltsames Phänomen, denn sie vollzog sich gewissermaßen im luftleeren Raum. Diese deutschen Schriftsteller und Dichter waren weder im Lande verwurzelt, noch erlebten sie in der Gesamtheit des sie umgebenden tschechischen Volkes einen Widerhall. »... Ich habe niemals unter deutschem Volk gelebt«, schreibt Franz Kafka einmal an Milena. »Deutsch ist meine Muttersprache und deshalb mir natürlich, aber das Tschechische ist mir viel herzlicher ...«[7] Dieses Phänomen galt nicht nur für die Juden, obgleich für diese in besonderem Maße, sondern auch für die wenigen Deutschen. So zum Beispiel für Rainer Maria Rilke. Auch er blieb im tschechischen Volk ohne Resonanz, wodurch seine dichterische Leistung noch erstaunlicher wird. Vielleicht lässt sich gerade aus dieser Tatsache die starke Anziehungskraft erklären, die die temperamentvollen tschechischen Mädchen später auf die empfänglichen Dichter ausübten, eine Wirkung, die auf Gegenseitigkeit beruhte. Dieses Zueinanderhingezogensein wurde sowohl bedingt durch die gleichen Tendenzen als auch durch den Gegensatz, und war umso wirksamer, als ja beide, die Prager Deutschen und die Tschechinnen, unter denselben Eindrücken und in der gleichen Umgebung aufgewachsen waren: in der Stadt mit den alten Straßen, Brücken und verträumten Plätzen, unter den ineinander verschachtelten, roten, grauen und grünen Dächern, zu Füßen des Hradschin, der stolzen Burg, in der gleichen böhmischen Landschaft, unter denselben Bäumen und am lieblichen Ufer des sich schlängelnden Flusses, der Moldau. Und doch kamen beide aus ganz verschiedenem Milieu, aus dem klassischen, zwiegespaltenen Prag. Nun aber, und das war das Neue, ließen unter diesen jungen Menschen beide Seiten die tief eingewurzelten Vorurteile fallen und fanden zueinander. Doch Milena blieb, bei allem Interesse und allen neuen Wegen, trotzdem stets unabhängig, wurde nie Imitation, blieb immer das warmherzige, unmittelbare böhmische Mädchen, mochten sie auch noch so viele Deutsche oder Prager Juden angelockt und sich mit ihr verstanden haben.

Unter den Mädchen vom Gymnasium Minerva gab es manche starke Persönlichkeit, gab es viele züngelnde Flämmchen, aber Milena ragte aus dieser Gruppe hervor, sie war ein loderndes Feuer. Ein Überschwang an echtem Gefühl für die Mitmenschen war das, was sie vor allem auszeichnete. Dadurch gelang es ihr, Menschen aus den verschiedensten Schichten zu gewinnen. Männer ebenso wie Frauen und Mädchen gerieten in ihren Bann. Für Milena gab es keine gesellschaftlichen Schranken, überall konnte man Freunde haben, überall da, wo noch echte Liebe und Freundschaft existierten. Das bedeutete für sie aber nicht das Verwischen aller Unterschiede. Durch ihre Freundschaften schuf sie ein neues Band, das alle die zusammenhielt, die so wie sie klar, menschlich anständig und wahr empfanden.

Milena war eine Art gefühlsmäßigen Scharfblickes eigen, eine Fähigkeit, bei der Beurteilung von Menschen die angeklebte Lüge zu durchdringen und durch die Schichten angelernter Gewohnheit vorzustoßen bis zum echten Wesenskern. Sie erfasste, was im anderen Wirkliches sei, nicht Angelerntes, nicht von geläufigen, leblosen Normen übertüncht. Sie dachte in Begriffen wie »Mensch«, aber nicht in toten Kategorien wie »normalisierte menschliche Gesellschaft«, vor allem aber nicht in den Begriffen eben *der* Gesellschaft, die sie umgab, also der bürgerlichen, der eingeengten, die den Menschen entpersönlichte und ihn unfähig machte, sich über sein eigenes Ich zu erheben oder, besser gesagt, sich neben sein Ich zu stellen und es so zu beurteilen, als wäre es das Ich eines anderen Menschen.

Es wäre falsch, sich die Minervistinnen als etwas Geschlossenes oder sogar Organisiertes vorzustellen. Sie handelten niemals kollektiv, nichts, was sie taten, hatte etwa Ähnlichkeit mit der Jugendbewegung in Deutschland zu jener Zeit. Sie waren alle so ausgesprochene Individualistinnen, dass ihnen schon der Gedanke, eine Gruppe zu sein, absurd erschienen wäre. Milena gehörte bis zum Anfang der dreißiger Jahre, bis zu ihrem Eintritt in die Kommunistische Partei, zu gar keiner irgendwie gearteten Gruppe, obgleich es unter den Intellektuellen Prags einige davon gab. Milena glich einem flüchtigen Element, das überall auftauchte und sich in den verschiedensten Kreisen der Literaten und Künstler ungebunden bewegte.

Während die meisten dieser Mädchen eher die sinnliche Lust überakzentuierten, blieb gerade Milena, der man Amoral vorwarf, weit mehr im intellektuell Moralischen, obgleich auch sie verstand, sich der Freude hinzugeben. Sie erschien daher den anderen, den »Bacchantinnen«, mehr als eine Preziöse, doch ohne jemals lächerlich zu sein.

Jedes dieser Mädchen durchlebte völlig verschiedene Erfahrungen, solche, die eben gerade ihm entsprachen, und kam durch ein anderes Schicksal zu anderen Resultaten. Aber eines war allen gemeinsam: Schon kurz vor und während des Ersten Weltkrieges rissen sie die Fenster weit auf, um frische Luft zu bekommen, um in die düsteren, dumpfen, engen Verhältnisse den Windhauch der Freiheit einzulassen. Doch dann stürzten sie sich selbst kopfüber hinunter, um meist mit blutenden Gliedern und Herzen liegen zu bleiben. Milena, die Waghalsigste, Anarchistischste von allen, sollte beinahe die Einzige bleiben, die dank ihrer Energie und Vitalität wieder hochkam und die Erwartungen erfüllte, die ihrer großen Begabung entsprachen. Es bleibt ein Geheimnis und die Größe dieser Frau, wie sie in die tiefsten Tiefen sinken konnte – ob man es nun Experiment, Unmoral, Mut oder Wissbegierde nennen will – und es trotzdem fertig brachte, wieder aufzutauchen, zurückzufinden zu einer normalen Lebensordnung, ja, auch zu hohen Lebensaufgaben und deren Erfüllung.

Nicht nur die Literatur jener Jahre bildete, formte und beschwingte diese Jugend, auch die Frauenemanzipation beeinflusste sie. Vor allem wohl deshalb, weil sie in Böhmen einen besonders romantischen Hintergrund hatte. »Für mich war Milena die Verkörperung der Pionierin«, sagte ein guter Freund über sie. »Ich habe sie mir immer hoch zu Ross vorgestellt mit einem Revolver im Gurt ...« Dieses Bild könnte der Sage vom »Mädchenkrieg« entnommen sein, jener Sage, auf die sich die böhmische

Frauenbewegung immer wieder berief. In ihr wird erzählt, wie vor langen, langen Zeiten, während der Herrschaft der Fürstin Libuša über Böhmen, die Mädchen und Frauen besonders geehrt und geachtet wurden. Nun suchte sich aber Libuša zur Erhaltung ihrer Dynastie einen Prinzgemahl. Ihre Wahl fiel auf den einfachen Bauern Přemysl, der den Beinamen »Přemysl der Pflüger« erhielt. Nach dem Tode der Fürstin übernahm Přemysl die Herrschaft über Böhmen, und da war es vorbei mit der Macht und dem Ansehen der Mädchen und Frauen. Sie aber pochten auf ihre alten Rechte und wehrten sich, wollten sich dem neuen Fürsten und den Männern nicht freiwillig unterwerfen. Im Zorn verließen sie schließlich die Přemyslidenburg Vyšehrad und gründeten an der Moldau eine eigene Burg, der sie den Namen »Devin« (»Mädchenburg«) gaben. Von dort aus begannen die Amazonen, die Männer mit Schwert und List zu bekriegen. Dann aber kam es zu einer entscheidenden Schlacht, in der die Anführerin Vlasta und einige hundert Mädchen den Tod fanden. Und damit endet die Sage vom Mädchenkrieg.

Eine der bemerkenswertesten böhmischen Frauen und Vorkämpferin der Frauenbewegung war die Schriftstellerin Božena Němcova, die von 1820 bis 1862 lebte, und deren wunderschönes Buch *Die Großmutter* noch heute gelesen und geliebt wird. Zu ihrer schriftstellerischen Tätigkeit gehörte auch das Sammeln und Aufzeichnen tschechischer Volksmärchen und Sagen. Man verglich und vergleicht Milena häufiger mit Božena Němcova, und Franz Kafka bemerkte einmal über Milenas Art zu schreiben: »Ich kenne im Tschechischen nur eine Sprachmusik, die der Božena Němcova; hier (bei Milena) ist eine andere Musik, aber jener verwandt an Entschlossenheit, Leidenschaft und Lieblichkeit und vor allem einer hellsichtigen Klugheit.«[8] Auch im Schicksal beider Frauen gibt es manches Ähnliche. Beide durchbrachen die bürgerlichen Moralgesetze, beide sollten im Laufe ihres Lebens mit aller Kraft des Herzens lieben, doch immer wieder tief enttäuscht werden, und beide entschieden sich, wenigstens vorübergehend, für die radikale politische Linke.

Nach Božena Němcova gab es in Böhmen noch manche hervorragende Frau, die als Schriftstellerin oder in sozialer Tätigkeit ihren eigenen Lebensweg ging. Erwähnung verdienen zwei Frauen aus Milenas Verwandtschaft, Tante Ružena und Tante Marie, beides Schwestern des Vaters. Die jüngere, Marie Jesenská, wurde bekannt durch zahlreiche Übersetzungen englischer Romane, vor allem von Dickens und George Eliot. Der älteren Tante, Ružena Jesenská, kommt jedoch als Schriftstellerin größere Bedeutung zu. Sie nahm in der Frauenliteratur Böhmens zu ihrer Zeit einen angesehenen Platz ein, begann als Lyrikerin und schuf neuromantische, mitunter ans Volkslied erinnernde, sentimentale oder dekadente Gedichte. Dann aber ging sie zur Prosa über und verfasste Liebesromane, die ihr besser gelangen. Sie hatte den Mut, offen über erotische Probleme zu schreiben, damals noch ein ungewöhnliches Wagnis. Ružena Jesenská kam ihr ganzes Leben lang nicht über die Enttäuschung ihrer ersten Liebe hinweg. Dieses Thema und die Suche nach einem echten Liebesglück erfüllt fast ihr gesamtes Werk. Was der bekannte tschechische Literaturhistoriker Arne Novak über Ružena Jesenská bemerkt, klingt beinahe wie eine Vorahnung des Lebens ihrer Nichte Milena. Er schreibt von »ihrem zunehmend besser werdenden Schaffen ..., ihren weiteren Romanen mit den liebevoll gezeichneten Gestalten mutiger Frauen, die, ob ins Glück oder in den Abgrund, immer nur der Stimme ihres Herzens folgen ...«

Das Verhältnis zwischen Tante Ružena und Milena war

lange Jahre von beiden Seiten ein eher kritisch ablehnendes. Die streng bürgerliche Tante war entsetzt über das wilde Leben ihrer Nichte, versuchte aber trotzdem immer wieder, sie zu bemuttern. Milena jedoch fauchte sie an, belächelte ihre Altjüngferlichkeit und ihre sentimentalen Bücher. Später, nachdem das Leben Milena harte Schläge versetzt hatte, sie sich als Schriftstellerin wie auch politisch mutig bewährte, wuchs die gegenseitige Achtung bis zu wärmster Liebe. Zu Tante Ružena flüchtete sich Milena, wenn sie verzweifelt und anlehnungsbedürftig war, wenn sie Trost suchte. Dort fand sie einen Menschen, der ihr vorbehaltlos zugetan war, von Ružena wurde sie geliebt mit ihren Fehlern oder vielleicht sogar wegen dieser Fehler. Einmal, als Tante Ružena schon 73 Jahre alt war, sagte sie traurig zu Milena: »Ich fürchte, jetzt werde ich alt; schon seit drei Jahren habe ich mich nicht mehr verliebt ...«

★

In der Geschichte Böhmens traten immer wieder einzelne tschechische Frauen hervor, die sich durch Mut und kämpferisches Auftreten – oft auch nur in rein intellektuellem Sinn – auszeichneten. Durch Generationen zieht sich wie ein roter Faden dieselbe Sehnsucht, wie sie Milena und die Minervistinnen erfasst hatte, die Sehnsucht nach der Befreiung vom erstarrt Konventionellen und der Mut, gegen den Strom zu schwimmen, nur dem eigenen Ich folgend.

Die Unabhängigkeit des Denkens mag bei Milena auch ererbt gewesen sein. Wie Jan Jesensky immer wieder behauptete, entstammte seine Familie einem alten tschechischen Geschlecht, und noch heute bekundet eine Gedenktafel am Altstädter Rathaus in Prag, auf der die

Namen der Märtyrer des tschechischen Volkes eingegraben sind, dass ihr Vorfahre, Jan Jessenius, im Jahre 1621 hingerichtet worden ist. Jessenius wurde im Jahre 1566 geboren. Studierte in Breslau, dann in Wittenberg und zuletzt in Padua, wo er promovierte. Darauf ging er nach Breslau zurück, wurde Dozent an der dortigen Universität und zur gleichen Zeit Leibarzt des sächsischen Kurfürsten. Im Jahre 1600 berief man Jessenius nach Prag, wo ihn der Astronom Tycho Brahe Kaiser Rudolph II. und später Kaiser Matthias als Leibarzt empfahl.

In Prag wurde Jan Jessenius bald eine Berühmtheit, sowohl in Kreisen der Wissenschaft als auch beim Volke, weil er im Juni 1600 die erste Leichensektion in Mitteleuropa durchführte. Als Jessenius im Jahre 1617 zum Rektor der Prager Universität gewählt werden sollte, wurden gewisse Bedenken laut. Er, ein ungarisch-slovakischer Edelmann, sprach nämlich nicht tschechisch, sondern deutsch und lateinisch und man geriet in Zweifel, ob die tschechische Universität einen Rektor haben könne, der der Landessprache nicht mächtig war. Schließlich wurde er aber trotzdem gewählt. Entscheidend war seine Zugehörigkeit zum Protestantismus.

Jessenius war ein Kämpfer für die fortschrittlichen Ideen seiner Zeit und verteidigte unerschrocken die Freiheit der Wissenschaften und die Freiheit des Gewissens gegen den Widerstand der Kirche. Er widersetzte sich den Bestrebungen Kaiser Ferdinands II., der mit allen Mitteln versuchte, die Prager Universität unter seine Macht zu bekommen.

Im Jahre 1618 begann, nach dem »Prager Fenstersturz« der kaiserlichen Vertreter, der Aufstand der böhmischen Protestanten. Jan Jessenius gehörte zu den Aufständischen. Nach der Schlacht am Weißen Berg wurde er, zusammen mit über zwanzig anderen Führern des Aufstandes, verhaftet und zum Tode verurteilt. Als das Todesurteil gegen ihn gefällt worden war, soll er erklärt haben: »Ihr handelt mit uns schandhaft und ungeheuer, aber wisset, dass solche kommen werden, welche unsere Köpfe, die von euch geschändeten und zur Schau ausgestellten, ehrenhaft begraben werden.« Seine Hinrichtung vollzog man auf besonders grausame Weise: man schnitt ihm vor der Enthauptung die Zunge aus dem Hals.

»Milena, was für ein reicher, schwerer Name, vor Fülle kaum zu heben und gefiel mir anfangs nicht sehr, schien mir ein Grieche oder Römer, nach Böhmen verirrt, tschechisch vergewaltigt, in der Betonung betrogen und ist doch wunderbar in Farbe und Gestalt eine Frau, die man auf den Armen trägt aus der Welt, aus dem Feuer, ich weiß nicht, und sie drückt sich willig und vertrauend dir in die Arme …«[9]

An irgendeinem Sonntag hatte der SS-Mann in der Wachtstube seinen guten Tag und beschenkte uns mit Musik. Er lenkte die Klänge des Radios ins Lager. Aus den Lautsprechern ertönte das schubertsche Forellenquintett. Ganz verzaubert gingen wir inmitten der Tausenden von gestreiften Frauen wie auf einem großen, gespenstischen Korso nach den Klängen der Musik die Lagerstraße auf und ab. »Ob wir noch je im Leben ein Konzert besuchen werden? Noch einmal Mozart hören dürfen?« Solch sehnsüchtige Gedanken wurden uns aber schnell ausgetrieben. Auch ein Sonntagsspaziergang in Ravensbrück war von Gefahren umwittert. Plötzlich drängte sich eine Aufseherin zwischen die Häftlinge und schlug brutal auf eine ein. Was war geschehen?! Zwei Frauen gingen verbotenerweise Arm in Arm.

Aus war es, der Zauber gebrochen, alle Freude an Musik und Sonne vergällt. Zum Überfluss folgten aus dem Lautsprecher auf Schubert die verhassten Nazimärsche.

Das ging uns auf die Nerven. Ich strebte in die Baracke zurück, doch Milena wusste etwas Besseres, allerdings streng Verbotenes. Sie wollte vorausgehen in das Krankenrevier und den Schlüssel zum Untersuchungszimmer finden. Dorthin könnten wir uns retten, dort würde uns am Sonntag niemand vermuten. Es gelang und wir schlossen hinter uns die Tür ab.

Die undurchsichtigen geriffelten Fensterscheiben des Raumes glitzerten und blinkten wie der von Sonne übergossene Wasserspiegel eines Sees. Wir saßen nebeneinander auf einem Tisch, baumelten mit den Beinen und hatten alle Wut vergessen. Wenn man sich immer in einer Menge von Menschen bewegen muss, wird schon das Alleinsein in einem Raum zum großen Genuss. Mir war zum Singen zumute und ich trällerte »In einem Bächlein helle ...«

An diesem Sonntag nannte mich Milena das erste Mal »Tschelowjek boshi«. Vom Russischen her verstand ich sehr wohl die Bedeutung dieser Worte, war deshalb eher betroffen als entzückt. »Tschelowjek boshi«, das man mit »Gottmensch« übersetzen könnte, ist ein Begriff aus Dostojewskis Romanen. Ich wurde sehr verlegen, denn während meines ganzen Lebens konnte ich nie recht begreifen, dass man mich gern haben könnte oder gar bewundern. Als ich wissen wollte, was schon Liebenswertes an mir sei, war Milenas tiefernste Antwort: »Du hast die Gnade, das Leben ganz ursprünglich zu lieben. Du bist stark und gut wie fruchtbare Erde, eine kleine, blaue Dorfmadonna ...«

Ich wusste zuerst nicht, was mich so heftig zu Milena hinzog, glaubte, es sei vor allem ihre geistige Überlegenheit. Doch erkannte ich sehr bald, dass mich das Geheimnisvolle ihres Wesens, das ihrer ganzen Körperlichkeit eigen war, am stärksten faszinierte. Milena ging nicht durch diese Welt mit festem, sicherem Schritt. Sie bewegte sich gleitend. Oft war es mir, wenn ich sie von weitem auf der Lagerstraße entdeckte, als sei sie gerade erschienen, von irgendwoher unvermutet aufgetaucht. Ihr Blick, ihre Augen blieben selbst in der Freude von einer unergründlichen Trauer verschleiert, doch nicht einer gewöhnlichen Trauer um das, was uns täglich geschah, in Milenas Augen wohnte der Schmerz der nicht Erlösten, des Menschen, der sich als Fremder in dieser Welt fühlt. Dieses Unfassbare, Melusinenhafte schlug mich völlig in ihren Bann, denn ich konnte sie nie erreichen. Alle meine Träume von Milena sind von dieser Hoffnungslosigkeit erfüllt:

Ich stehe auf einem Hügel, inmitten einer schnurgeraden bergab führenden Straße mit kleinen Häusern auf beiden Seiten. Ein Haus genau wie das andere. Unten, am Fuße der Anhöhe, stößt diese Straße exakt im rechten Winkel auf eine ebensolche, und auch dort Baracke neben Baracke. Nirgends ein Mensch. Da erblicke ich Milena. Im langen Häftlingskleid geht sie auf der unteren Straße. Gebannt, voller Angst, sie könnte mir wieder verschwinden, wage ich nicht, ihr entgegenzulaufen. Sie kommt langsam auf mich zu, blickt aber über mich hinweg, will mich nicht sehen. Mein Herz klopft wild. Ich mache nur einige Schritte ihr entgegen, und schon wendet sie sich einem Haus zu auf der linken Straßenseite. Ich rufe »Milena!« Kein Laut dringt aus der Kehle. Und renne bergab. – Sie ist verschwunden, die Tür hat sie verschluckt. Doch welche Tür? Alle sind sie gleich. Ich stürze von Haus zu Haus, von Tür zu Tür, rüttle, rufe, trommle mit den Fäusten und lasse schließlich verzweifelt davon ab. Sie sind mir alle verschlossen ...

Mit dem Verlust der Freiheit hört ja das Bedürfnis nach Liebe nicht auf. Der Wunsch nach Zärtlichkeit und der tröstlichen Nähe eines geliebten Menschen wird in der Gefangenschaft sogar heftiger. In Ravensbrück retteten sich die einen in Freundschaften von Frau zu Frau, andere sprachen viel von Liebe und wieder andere steigerten ihren politischen, ja sogar den religiösen Fanatismus bis ins Erotische.

Leidenschaftliche Freundschaften waren unter den Politischen genauso häufig wie unter den Asozialen und den Kriminellen. Nur unterschieden sich die Liebesbeziehungen der Politischen von denen der Asozialen oder der Kriminellen meistens dadurch, dass die einen platonisch blieben, während die anderen ganz offen lesbischen Charakter hatten. Die Lagerleitung verfolgte solche Liebesverhältnisse besonders rabiat. Liebe wurde mit Prügelstrafe geahndet. Ich erinnere mich an eine erschütternde Szene. Ein junges, blondes Mädchen, eine so genannte »Bettpolitische«, war denunziert worden. Die Oberaufseherin Mandel wollte ein Exempel statuieren und befahl der Armen, auf der Lagerstraße vor allen anderen ihren Oberkörper zu entblößen. Er war bedeckt mit Kussflecken. Ein erbarmungswürdiger Anblick.

Bei den asozialen Paaren gab sich die eine gewöhnlich männlich, die andere betont weiblich. Die männliche hieß im Jargon der Asozialen »kesser Vater«, legte Wert auf breite Schultern, schmale Hüften und trug möglichst kurz geschnittenes Haar. Sie sprach mit rauer Stimme und imitierte die Bewegungen eines Mannes.

Im vorletzten Lagerjahr, als Ravensbrück schon chaotisch wurde, hörte ich von einem Fall lesbischer Zuhälterei. Er, oder besser sie, hieß Gerda, nannte sich aber Gert und versorgte gleich mehrere Frauen mit Liebe. Doch tat sie es nicht etwa aus Liebe und noch viel weniger umsonst. Sie ließ sich dafür bezahlen. Jeden Samstag und Sonntag lieferten die Geliebten pflichtschuldig ihre Margarine- und Wurstrationen, die wir nur am Wochenende erhielten, an den schneidigen Gert ab.

Selten kam es vor, dass Frauenhäftlinge die Insassen des Männer-KZ Ravensbrück zu Gesicht bekamen. Wenn aber bei der Außenarbeit eine Kolonne weiblicher Häftlinge zufällig einer Gruppe Männerhäftlinge begegnete, so wurde der einen von beiden von der SS »Halt!« und »Kehrt!«, kommandiert. Sie mussten mit abgewandtem Gesicht so lange warten, bis die »Versuchung« vorbeimarschiert war.

Das enge Zusammenleben Tausender junger Frauen und Mädchen schuf, trotz der Schrecken des Lagers, eine erotische Atmosphäre. So beobachtete ich während der Nachtschicht in der SS-Schneiderei junge Zigeunerinnen, die an ihren Maschinen saßen und in den surrenden Lärm hinein, trotz Hitze, Überarbeitung und staubgeschwängerter Luft, schmachtende Liebeslieder sangen. Da gab es einige, deren erotische Wünsche sich in Tanz austoben mussten. In der hintersten Ecke des stinkenden Klosetts drehten und wiegten sie sich in leidenschaftlichem Stepptanz, während am Eingang die Freundinnen Wache standen, um sie vor der kontrollierenden SS zu schützen.

Sehr selten kam es im Lager zu Liebesbeziehungen zwischen SS-Männern und Häftlingen. Ein Fall ist mir bekannt, wo in einer Außenstelle des Lagers eine deutsche Politische schwanger wurde und in ihrer Verzweiflung mit Schlaftabletten, die sie sich aus dem Krankenrevier verschaffte, Selbstmord beging.

In der Schneiderei I, in der ich anderthalb Jahre lang arbeitete, spielte eine zarte Beziehung zwischen dem SS-Mann Jürgeleit und einem Häftling. Viele Liebesbriefe wurden gewechselt, doch weiter geschah nichts.

Aber in einem Fall sollte die Liebe eines SS-Mannes sehr weit reichende Konsequenzen haben. Er arbeitete in der Reparaturwerkstatt für die Nähmaschinen, dort, wo neben Anička Kvapilova, einer Freundin Milenas, noch ungefähr fünf Tschechinnen tätig waren. Der erst achtzehnjährige SS-Mann, Max Hessler, verliebte sich in eine junge Tschechin. Sie sahen sich alle Tage und seine Liebe war ebenso heiß wie hoffnungslos. Schließlich schloss er in seine Leidenschaft alle Häftlinge mit ein, die aus Böhmen kamen, ja, er begann das ganze tschechische Volk zu lieben. Es hatte wohl schon viele heimliche Gespräche gegeben, bevor er einen tollkühnen Entschluss fasste. Er teilte seiner Geliebten mit, dass er bereit sei, für sie nach Prag zu fahren. Dazu erfand er der SS-Obrigkeit gegenüber einen Vorwand. Es gäbe nämlich einige unbedingt nötige Ersatzteile für Nähmaschinen nur noch in Prag zu kaufen. Und er erhielt den Befehl, sie dort zu beschaffen. Er trat die Reise an, versehen mit vielen Briefen tschechischer Häftlinge an ihre Verwandten in Prag. Schon das war ein sehr gefährliches Unterfangen. Er erledigte alles nach Wunsch, ging von einer Familie zur anderen, und die begeisterten Verwandten gaben ihm nicht nur Antwortbriefe mit, sondern auch Lebensmittel und sogar Wertgegenstände. Der junge SS-Mann schleppte alles in einem Riesenkoffer nach Ravensbrück zurück und fand sogar eine ebenso kühne wie listige Methode, dieses umfangreiche Gepäckstück ins Lager hineinzuschmuggeln. Dann begann die Verteilung der Post und der anderen Geschenke. Die Freude und Dankbarkeit gegenüber dem Jungen war grenzenlos. Aber leider wussten allzu viele von dem gelungenen Streich, und er kam der SS-Obrigkeit zu Ohren. Der arme Kerl wurde verhaftet und einige Tschechinnen wurden ins Lagergefängnis gesteckt.

Wie ich später erfuhr, erhielt der junge SS-Mann nach einem Urteil Bewährung an der Front, wo er bald in französische Kriegsgefangenschaft geriet. Nach 1945 bereisten zwei ehemalige tschechische Häftlinge Frankreich, suchten von einem Kriegsgefangenenlager zum anderen, bis sie schließlich den tapferen Liebenden fanden, und das führte nach kurzer Zeit zu seiner Befreiung.

★

An einem grauen Frühlingstag in Ravensbrück ging ich während der Arbeitszeit über die einsame Lagerstraße. Von weitem bemerkte ich einen Posten mit umgehängtem Gewehr. Beim Näherkommen sah ich den Kopf eines Mannes aus einem Gullyloch herausragen. Er hatte das klassische Gesicht des alten Kriminellen mit einem Ausdruck sturer Robustheit und List. Mitten über seinen Schädel zog sich die geschorene Bahn. Er blickte in die Richtung der Frauenbaracken. Dort stand eine Asoziale. Nein, eigentlich stand sie nicht, sie schwänzelte hin und her und wiegte sich lockend. Mit einem geschickten Griff hatte sie das Häftlingskleid, diesen gestreiften Sack, fest um Bauch und Hüften gerafft, und es so weit hinaufgezogen, dass man die Waden bis zum Knie sehen konnte. Doch, um Himmels willen, was für Waden! Stöckerbeine mit Ausschlag bedeckt. Aber das hatte sie in diesem Augenblick völlig vergessen. Ihre Haltung, ihr Lächeln war voll von weiblichem Selbstbewusstsein. Sie wähnte sich im Besitz aller ihrer Reize, die längst dem Hunger zum Opfer gefallen waren. Und der rundschädlige Anbeter im Gullyloch, dessen Kopf vor lauter Verliebtheit leicht zur Seite geneigt war, fand sie schön und begehrenswert ...

Diese Szene erzählte ich Milena. Sie war hingerissen, sie fand es gar nicht komisch, sondern meinte, tief und glücklich aufatmend: »Gott sei Dank, die Liebe ist nicht zu töten. Sie ist stärker als alle Barbarei!«

★

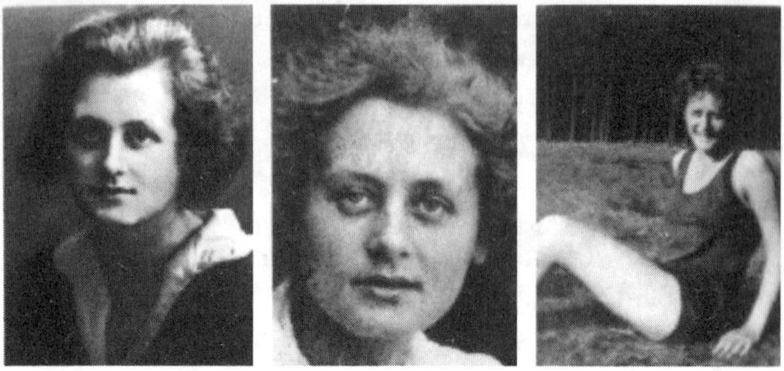

Die junge »Milena aus Prag« – ihr, der Liebenden, ist die Liebe das Wichtigste im Leben. Ihre Gefühle sind immer leidenschaftlich und bedingungslos. (Foto: Archiv Klaus Wagenbach, Berlin)

Der Name Milena bedeutet auf deutsch »Liebende« oder »Geliebte«, und als wäre es ihr vorausbestimmt gewesen, sollten Liebe und Freundschaft Milenas ganzes Leben beherrschen, ihr zum Schicksal werden. Mit sechzehn Jahren liebte sie zum ersten Mal. Bei dieser frühen Liebe spielte ein ganz bestimmtes Buch eine Rolle. Milena, eine leidenschaftliche Leserin, identifizierte sich mit der Heldin des Romans, und so wie diese verliebte sie sich in einen Sänger, in Hilbert Vávra. Sie liebte heftig und mit allen Konsequenzen, doch wurde dieses erste Erlebnis eine Enttäuschung. Sie war zu jung. Wahrscheinlich aber auch deshalb, weil der menschlich unbedeutende Partner ihr keine Gelegenheit bot zum Erleben aller ihrer Liebesfähigkeit. Erst einige Jahre später sollte sie der großen Liebe begegnen.

Einmal saß Milena in einem Konzertsaal auf den Treppenstufen des ersten Ranges, ganz vertieft in die Partitur. Sie trug ein lila Abendkleid, als sei sie zum Empfang bei Königen geladen. Da blickte ihr jemand über die Schulter und las mit. So lernte sie Ernst Polak kennen. Sie fanden sich in der Liebe zur Musik. Mit Ernst Polak begegnete Milena einem wirklich ebenbürtigen Partner. Er war um zehn Jahre älter als sie, von überfeinerter Geistigkeit, und besaß jene weise Distanz zu allem Menschlichen, wie sie nur den besten Vertretern der jüdischen Rasse eigen ist. In dieser Liebe wurde Milena die Möglichkeit gegeben, alles zu durchleben, dessen sie fähig war, höchstes Glück und tiefstes Leid. In einem Brief an Max Brod schreibt Franz Kafka: »... Sie (Milena) ist ein lebendiges Feuer, wie ich es noch nie gesehen habe, ein Feuer übrigens, das trotz allem nur für ihn (für Ernst Polak) brennt. Dabei äußerst zart, mutig, klug, und alles wirft sie in das Opfer hinein oder hat es, wenn man will, durch das Opfer erworben. Was für ein Mann allerdings auch er, der das erregen konnte.«

In Ravensbrück gab mir Milena eine amüsante Schilderung über den Morgen nach ihrer ersten Liebesnacht mit Ernst Polak. Um ihr Erlebnis zu krönen, wünschte sie, sie sollten gemeinsam die Sonne aufgehen sehen. Ernst Polak, ein notorischer Kaffeehaussitzer, war nicht gerade entzückt von solchem, wie er sagte, meschuggenen Einfall, aber mit den Worten: »Was tut man nicht alles ...« fügte er sich. Im Morgengrauen bestiegen sie irgendeinen Hügel in der Nähe Prags und Polak stöhnte über die ungewohnte sportliche Anstrengung. Er fror in der Morgenkühle, fragte alle paar Minuten, ob es mit der Sonne endlich so weit sei und machte hämische Bemerkungen über die schädlichen Folgen solcher Verrücktheiten.

Als Jan Jesensky von der Liebesbeziehung seiner Tochter zu Ernst Polak erfuhr, tobte er und untersagte ihr jeden weiteren Kontakt mit dem Juden. Doch Milena kümmerte sich nicht um das Verbot des Vaters.

*

Ernst Polak arbeitete in einer Prager Bank als Fremdsprachenkorrespondent. Doch sein eigentlicher Wirkungskreis lag auf anderem Gebiet. Polak war Anreger und Mentor vieler Schriftsteller, sowohl in Prag als später in Wien. Er war ein kritischer Geist, hochgebildet, überaus belesen, mit sicherem Stilgefühl begabt, aber selbst unschöpferisch. Durch ihn erhielt Milena ein umfassendes Bild vom Riesenbau der Menschheitskultur. Er machte sie mit einer Reihe bedeutender Menschen bekannt, wie Franz Werfel und Franz Kafka. Sie traf in seiner Gesellschaft Urzidil, Willy Haas, Max Brod, Rudolf Fuchs, Egon Erwin Kisch und viele andere. Es waren fast alles Menschen, die in der Gegenwart für die Gegenwart schufen, die wenig oder gar nichts mit dem politischen Leben ihrer Epoche zu tun hatten. Das Prager Stammcafé dieses Kreises hieß »Arco«. Karl Kraus nannte sie deshalb voller Hohn »Arconauten« und schrieb in der *Fackel* ein Spottgedicht mit folgender Strophe: »Es werfelt und brodet / und kafkat und kischt ...« – Auf Ernst Polak hatte Kraus es noch besonders abgesehen, und so verewigte er ihn als komische Figur in einem seiner Theaterstücke, in *Literatur – oder man wird da sehen*, einer magischen Operette, Wien 1922.

★

Während des Ersten Weltkrieges lernte Milena Wilma Lövenbach kennen. Es begann eine Freundschaft, die durch zwei Jahrzehnte andauern sollte. Im Folgenden erzählt Wilma Lövenbach von ihrer ersten Begegnung bei einem Ferienaufenthalt in den Spitzbergen: »Im Hochsommer 1916 fuhr ich in einem Wagen, der mit einem kleinen braunen Pferdchen bespannt war, beim Hotel Prokop auf dem Špičák vor. Eben ging die Sonne unter. Vor dem einfachen Gasthaus auf der Passhöhe, von wo man einen

Max Brod, Prager Schriftsteller und enger Freund Kafkas (hier eine Aufnahme aus dem Jahre 1955). Auch Milena gewährt ihm in zahlreichen Briefen tiefe Einblicke in ihr Gefühlsleben. (Foto: Archiv für Kunst und Geschichte, Berlin)

Rundblick über den Böhmerwald mit seinen herrlichen Forsten und Wiesen hat, sah ich rechts und links der Treppe, die zum Gasthaus führte, zwei leibhaftige Botticelli-Gestalten in fast gleiche wallende Gewänder gekleidet: Milena und Jarmila. Vom Sehen kannte ich die beiden längst, begegnete ihnen immer wieder in Prag auf der Straße oder bei Konzertabenden in dieser auffallenden Anmut, in Kleidern, die sich in Material und Schnitt durch einen besonderen Stil und durch völlige Schlichtheit auszeichneten sowie durch die Wahl der Farben. Milena trug niemals Kleider in ungebrochenen Farben. Sie liebte Abschattierungen von Blau bis zu kühlem Hellgrau oder bis zu Lila und Violett. Ich hatte aus den Erzählungen der mit mir befreundeten Minervistinnen schon über die beiden Mädchen gehört. Jedoch sprach man fast nur von einer, von Milena. Teils bekrittelte man ihren aparten Lebensweg, teils beneidete man sie; doch voller Bewunderung war man auf jeden Fall.«

In den Ferienwochen auf dem Špičák im Hotel Prokop, in dem auch Professor Jesensky im Sommer und Winter seinen Urlaub zu verbringen pflegte, fand sich Wilma sehr bald mit Milena. Die gemeinsame Liebe zur Lyrik begründete ihre Freundschaft. 1916 war ein Wunderjahr, in dem viele der besten, bahnbrechenden tschechischen Gedichtsammlungen herauskamen. Dieser erstaunliche Aufschwung gerade der tschechischen Lyrik hing sowohl mit der Atmosphäre der herannahenden Freiheit Böhmens zusammen als auch mit der politischen Geschichte dieses Landes. Seit Jahrhunderten war dort jeder künstlerische Ausdruck in tschechischer Sprache entweder ganz unterdrückt oder in seiner natürlichen Entwicklung gehemmt worden. Nur eine Kunstart konnte sich in Böhmen ungestört entfalten, das tschechische Volkslied. Und eben das befruchtete die Dichter. Hier knüpften sie an. Das Volkslied wurde zum Mutterboden für die tschechische Lyrik des frühen 20. Jahrhunderts.

Der deutsche Publizist Franz Pfemfert hatte den Prager Schriftsteller Otto Pick beauftragt, ihm für den Lyriksammelband II seiner Zeitschrift *Aktion* eine Anthologie von Übersetzungen moderner tschechischer Gedichte ins Deutsche zusammenzustellen. Da Otto Pick aber gerade zur österreichischen Armee eingezogen worden war, übernahmen die Schriftsteller Jan Löwenbach und Max Brod die Redaktion, während Rudolf Fuchs, Paul Eisner und Emil Saudek sie bei der Auswahl des Materials berieten. Aus diesem Grunde kam auch Wilma mit Mengen tschechischer Gedichte auf den Špičák, um in ihren Ferien bei dieser Arbeit zu helfen. Ganz selbstverständlich gesellte sich Milena zu ihr, und als eines schönen Tages Ernst Polak im Nachbarhotel »Rixi« auftauchte, wurde auch er sofort in den Kreis mit einbezogen. Sie saßen auf den Wiesenhängen oder am schattigen Waldrand inmitten reifender Erdbeeren, ganz hingegeben der gemeinsamen Aufgabe. Sie wählten unter der Fülle der Gedichte die ihnen geeignet scheinenden aus, rezitieren Stanislav K. Neumann, Otakar Fischer, Křička, Šrámek, Březína, debattierten, kritisierten und verwarfen. Eine unbefriedigende Nachdichtung rief dann einen neuen Übersetzer auf den Plan. Ernst Polak, der immer nur theoretisch Kritisierende, wurde plötzlich von der Leidenschaft des Nachdichtens ergriffen. Binnen weniger Stunden erschien er wieder auf der Wiese bei den anderen mit der deutschen Übersetzung von Otakar Fischers »Abend und Seele« und trug es den aufhorchenden Kritikern vor.

Eines Morgens wurde Wilma durch Klopfen an der Zimmertür geweckt. Herein trat Milena in heliotropfarbenem Kleid mit einem Riesenstrauß Pechnelken im Arm. Ihre nackten Füße waren feucht vom Morgentau der Wiesen, wo sie die Blumen gepflückt hatte, um Wilma zu beschenken. Sie sprang auf ihr Bett zu, umarmte sie und flüsterte: »Ernst war heute Nacht bei mir!« Sie strahlte und war hinreißend schön in ihrer süßen Müdigkeit.

Dann kam es allerdings zu einem kleinen, doch lautstarken Nachspiel. Man wusste im »Prokop«, dass Ernst Polak, der im Nebenhotel, in der von den Tschechen verachteten Konkurrenz, dem Haus für die Deutschen, dem »Rixi« wohnte, Milena ohne Scheu jede Nacht besuchte. Herr Prokop, ein stattlicher Vierziger, der Milena schon seit ihrer Kindheit kannte, nahm sie deshalb ins Gebet. Er habe zwar für so etwas volles Verständnis, nur dürfe es nicht in seinem Haus stattfinden und noch dazu mit jemand aus dem »Rixi«. Aber dank der alten Freundschaft schwieg Herr Prokop. Hätte es der Vater erfahren, wäre das Ganze weniger glimpflich abgelaufen. Denn Milena wurde ja von ihm auf den Špičák geschickt, dorthin verbannt, um von Polak, »diesem Juden«, getrennt zu sein.

Ein Jahr später griff Jan Jesensky, für den als einen tschechischen Patrioten das Liebesverhältnis seiner Tochter mit einem deutschen Juden die ärgste Schmach bedeutete, zu einem fürchterlichen Mittel, um dem Skandal ein Ende zu setzen. Er steckte seine Tochter in eine Nervenheilanstalt, ließ sie nach Veleslavin bringen. Moralische Unterstützung zu diesem mehr als drakonischen Eingriff erhielt er durch den Stadtarzt Dr. Prochaska, den Vater Stašas, der allgemein als besonders gutmütig galt. Als es nun aber darum ging, seine Tochter dem Einfluss Milenas zu entziehen, schien ihm jedes Mittel recht, sogar, sie hinter Schloss und Riegel zu bringen.

Von der Absicht des Vaters, ihr die Freiheit zu rauben, hatte Milena keine Ahnung. Am Tage, als sie mit Gewalt fortgebracht wurde, war sie mit ihren Freundinnen in der Badeanstalt auf der Moldauinsel verabredet. Dort wartete man vergeblich auf sie, bis Alice Gerstl, eine enge Vertraute Milenas, atemlos gelaufen kam und andeutete, was geschehen war.

Wie zu erwarten war, lehnte sich Milena mit ganzer Kraft gegen die Isolierung in Veleslavin auf. Sie kam immer wieder mit der Anstaltsordnung in Konflikt. Sie litt unsäglich. In einem späteren Brief an Max Brod, der jedoch sicher, gefärbt durch ein tief sitzendes Ressentiment, ein möglichst düsteres Bild von Veleslavin gibt, schreibt sie: »Sehr geehrter Herr Doktor! Sie wollten von mir irgendwelche Beweise, dass dem Herrn N. N. in Veleslavin Unrecht geschieht. Ich kann Ihnen leider sehr wenig Bestimmtes, für Behörden Reifes sagen, obgleich ich es ungemein gern täte. Ich war in Veleslavin vom Juni 1917 bis März 1918; ich wohnte in derselben Villa, und alles, was ich für ihn tun konnte, war, daß ich ihm einige Male Bücher borgte und mich einige Male dafür einsperren ließ. Er darf nämlich mit keinem Menschen reden. Wenn es gesehen wird, daß er, auch ganz belanglos und in Anwesenheit des Pflegers, mit jemandem redet, werden dann alle eingesperrt und der Pfleger entlassen.« Max Brod fügt hinzu: »Es folgt die Schilderung des verzweifelten Zustands, in dem der Festgehaltene sich befand. Ein charakteristischer Satz, vielleicht auch eigene Erfahrung mitenthaltend, lautet: ›Nur ist Psychiatrie eine entsetzliche Sache, wenn sie missbraucht wird. Anomal kann alles sein, und jedes Wort ist eine neue Waffe für den Quäler. Daß es im Grunde so ist, daß Herr N. N. auch anders in der Welt existieren kann, das möchte ich beschwören. Beweisen allerdings – kann ich es nicht.‹«[10]

Milena ertrug den Aufenthalt in Veleslavin keineswegs mit Geduld und Resignation. Sie suchte nach Möglichkeiten auszubrechen und fand sie. Eine Krankenschwester konnte ihren Bitten nicht widerstehen, verschaffte ihr schließlich den Schlüssel zu einer Pforte des Anstaltsgartens und Milena entwischte in die Freiheit, so oft sie wollte, um sich mit Ernst Polak zu treffen.

Nach einem dreiviertel Jahr sah wohl Jan Jesensky die Sinnlosigkeit dieser Maßnahme ein. Milena wurde entlassen, heiratete und verzichtete auf jede finanzielle Unterstützung durch den Vater, der die Ehe mit Polak nicht billigte und für längere Zeit alle Beziehungen zu seiner Tochter abbrach.

»... ich, ich Milena, weiß bis ins Letzte, daß Du recht tust, und was Du auch tust ... Was hätte ich denn mit Dir überhaupt zu tun, wenn ich das nicht wüßte. So wie im tiefen Meer kein Plätzchen ist, das nicht immerfort unter schwerstem Drucke steht, so ist es bei Dir, aber alles andere Leben ist eine Schande ...«[11]

Im Jahre 1918 ging Milena mit Ernst Polak nach Wien. Prag zu verlassen, muss für sie eine schwere Entscheidung gewesen sein, denn ihre Liebe gehörte dieser Stadt mit ihren schmalen Straßen und idyllischen Plätzen, den Kaffeehäusern und den kleinen Beisln in der Altstadt. Wie die Luft zum Atmen brauchte Milena die Atmosphäre Prags, und mit allen Fasern ihres Herzens hing sie an der Landschaft ihrer Heimat, an Böhmen.

Während der ersten Zeit in Wien wohnte sie mit Polak in einem ärmlichen möblierten Zimmer in der Nussdorfer Straße, später bezogen sie eine düstere Wohnung in der Lerchenfeldstraße. Milena konnte sich in dieser Stadt niemals wirklich einleben, sie vereinsamte. Dazu kamen ununterbrochene Krisen in ihrer Ehe. Wie weit Milena selbst zu diesen Spannungen beitrug, weiß ich nicht. Sie hatte einige für eine Ehe gefährliche Charaktereigenschaften. Sie konnte beißend ironisch und schmerzlich verletzend sein. Aber auch Polak besaß negative Eigenschaften, er war arrogant und rücksichtslos, selbstgefällig und voller Herrschsucht. Doch vor allem dürfte die Ehe schließlich

Wien, Lerchenfeldstraße 113. Nach ihrer Hochzeit 1918 geht Milena mit Ernst Polak nach Wien und wohnt eine Zeit lang in diesem Haus. Aber Heimweh und Krisen in der jungen Ehe lassen sie hier nie richtig heimisch werden. (Foto: Archiv Klaus Wagenbach, Berlin)

daran gescheitert sein, dass er, wie so mancher aus der Boheme der damaligen Zeit, ein Anhänger der »Neuen Wege der Liebe« war, nach denen jeder den Anspruch auf volle sexuelle Freiheit besaß. Schon in Prag hatte er neben Milena ständig andere Frauen. Gefiel ihm eine, so begehrte er sie. Milena hielt es selbstverständlich für ihre Pflicht, großzügig zu sein. Sie suggerierte sich, dass seine Ansprüche berechtigt seien. Sie spielte die Überlegene, doch war das eine Maske, hinter der sich tiefe Verzweiflung verbarg. Es konnte gar nicht anders sein. Sie war jung, leidenschaftlich und in Polak verliebt, wie hätte sie da Physisches und Psychisches voneinander trennen können. Nach und nach verlor Milena ihre Selbstsicherheit, sie begann an Polaks

Liebe zu zweifeln, glaubte, dass er ihrer überdrüssig geworden sei. Nun befiel sie wilde Eifersucht und sie versuchte, seine Liebe, für die sie so viel geopfert hatte, zurückzugewinnen. Dabei wandte sie alle Mittel an, neben immer neuen Verzichten jedoch auch die unklugsten.

Ernst Polak studierte in Wien im Privatseminar Professor Schlicks, der zur neopositivistischen Richtung in der Philosophie gehörte. Polak bereitete eine Doktorarbeit vor. Die Anhänger des Neopositivismus waren ultra-antireligiös und verfochten eine Art politischer Philosophie oder philosophischer Politik. Unter dem Philosophen Dr. Otto Neurath wurde das Privatseminar, auch »Wiener Kreis« genannt, zu einer akademischen Bewegung mit gläubig ergebenen Studenten. Der Schriftsteller Felix Weltsch, ein alter Bekannter aus der Prager Zeit, traf Ernst Polak in Wien, wo er ihm über sein Studium und die entstehende Doktorarbeit berichtete. Die Art, wie er über das Seminar sprach, veranlasste Weltsch zu der erstaunten Frage: »Aber, um Gottes willen, seid ihr an eurer Universität denn ein Orden?!« und Polak antwortete prompt und entschieden: »Jawohl, wir sind ein Orden!«

Im Café »Herrenhof« hatte Ernst Polak seinen Stammtisch, wo er fast jeden Tag bis tief in die Nacht im Kreise seiner Freunde verbrachte. Das war damals in Wien und auch in Prag so üblich. In den Kaffeehäusern spielte sich das geistige Leben ab, dort saßen die Schriftsteller, die Dichter, die Philosophen und die Maler ganze und halbe Tage lang bei einer einzigen Tasse Schwarzen, um sich beim Geräusch des Billardspiels aus dem Hinterzimmer, das sich mit dem Lärm der Straße und den Gesprächen von den Nebentischen mischte, inspirieren zu lassen. Polaks und somit auch Milenas Bekannte waren außer Franz Werfel, zu dessen Kreis sie ja bereits in Prag gehört hatten, Franz Blei, Gina und Otto Kaus, der Psychoanalytiker Dr.

Otto Groß, Friedrich Eckstein, Hermann Broch, Willy Haas und viele andere.

Unter den befreundeten Literaten war es üblich, sich nachts gegenseitig nach Hause zu begleiten, weil man seine Gespräche bis ins Unendliche ausdehnte, nie mit ihnen fertig wurde. Zu so fortgeschrittener Stunde gab es aber keine Fahrgelegenheit mehr, und so ging man zu Fuß. In der sehr ausgedehnten Stadt Wien dauerte dieser Spaß häufig bis in den hellen Morgen hinein, denn man lief dabei oft von einem Ende der Stadt bis zum anderen. Einmal begann es, während Milena, Werfel und Eckstein einander heimbrachten, heftig zu regnen. Sie waren gerade beim Hause Werfels angekommen, als dieser zuerst scherzhaft, dann aber immer eindringlicher von Milena verlangte, sie solle bei ihm übernachten. Als er dann auch noch Milenas Arm ergriff, um die sich Sträubende ins Haus zu ziehen, geriet Eckstein, der inzwischen geniert an der Tür stand, völlig außer Fassung über diesen leidenschaftlichen Ausbruch Werfels. Zu seiner Erleichterung löste sich jedoch alles in Wohlgefallen und Gelächter auf und man ging wirklich nach Hause.

Milena hatte seltsamerweise keine sehr hohe Meinung von Franz Werfel als Schriftsteller. Noch in Prag allerdings war sie von seinen ersten Gedichtbänden *Der Weltfreund*, *Wir sind* und *Einander* tief beeindruckt, doch später schien ihr Werfels kometenhafter Aufstieg im Verhältnis zu anderen Begabungen und Erfolgen nicht ganz gerechtfertigt. Außerdem pflegte sie Werfels auf jüdischer Abstammung aufgepfropften Katholizismus zu belächeln. Es ist durchaus möglich, dass bei diesem abschätzigen Urteil auch ihr immer gespannter werdendes Verhältnis zu Ernst Polak, der ja Werfel sehr nahe stand, eine Rolle spielte, und dass dadurch ihre Objektivität Werfel gegenüber getrübt wurde. Franz Kafka versucht in einem seiner Briefe an Milena dieses ungerechte Urteil zu mildern. Er schreibt: »Wie ist es, Milena, mit

Ihrer Menschenkenntnis? Manchmal schon zweifelte ich an ihr, zum Beispiel, wenn Sie von Werfel schrieben, es sprach ja daraus auch Liebe und vielleicht nur Liebe, aber doch mißverstehende, und wenn man von allem absieht, was Werfel ist und nur bei dem Vorwurf der Dicke bleibt (der mir überdies unberechtigt scheint, Werfel wird mir schöner und liebenswerter von Jahr zu Jahr, ich sehe ihn allerdings nur flüchtig) – wissen Sie denn nicht, daß nur die Dicken vertrauenswürdig sind? ...«[12]

Sehr oft brachte Polak nachts die Kaffeehausrunde mit in sein Zimmer. Milena, die meist schon geschlafen hatte, saß dann müde, in einen Schlafrock gehüllt, da und hörte zu, wie die Gäste über die ausgefallensten philosophischen Probleme diskutierten. Manche der Besucher blieben auch gleich zum Schlafen da und einer hatte die merkwürdige Angewohnheit, sich dazu in den Teppich einzurollen. Es war eine andere Art Boheme als jene, die sie aus Prag kannte, zu der sie dort gehört hatte. Vielleicht blieb sie auch nur deshalb isoliert, weil sie unglücklich war, immer verstört und traurig wirkte. Als sie sich einmal im Café »Herrenhof« an den Tisch zu den anderen setzte, meinte Franz Blei scherzhaft bissig: »Schaut's euch mal die Milena an, die sieht ja heute wieder mal aus wie sechs Bände Dostojewski!«

Milena fehlte alles, was die Wiener Frauen und Mädchen auszeichnete, die Leichtlebigkeit, der Liebreiz, die charmante Koketterie. Milena war schön, doch von einer Abstand gebietenden Schönheit. An ihr gab es nichts Rundliches, Molliges. Ihre Gestalt glich einer altägyptischen Plastik. Das zarte Gesicht war nicht lieblich, nicht mit Rosenwangen und schwellendem Mund. Die matt schimmernde Haut war immer etwas bleich. Ihre Züge erweckten mehr Erstaunen als Entzücken. Man wurde gefangen genommen von den starken, blauen, durchdringenden Augen, die ihre Tönung nicht von dunklen Wimpern und Brauen erhielten, sondern aus sich heraus strahlten. Der gefühlsbetonte Mund stand im Widerspruch zu dem schön geschwungenen Kinn. Sie wirkte selbstständig und überlegen, nichts an ihr forderte zum Beschützen oder Verwöhnen heraus, und gerade das ersehnte sie so sehr.

An jene Zeit erinnert sich der Schriftsteller Willy Haas und erzählt von ihr: Wenn irgendein Freund Milena gegenüber einen Wunsch äußerte und wenn sie spürte, dieser Wunsch beherrsche ihn ganz, so gab es für sie kein Zögern: das heiß Begehrte musste beschafft werden. Es gehörte zu Milenas Eigenart, sich derart intensiv in die Gefühle eines anderen Menschen zu versetzen, dass dessen heftiger Wunsch sie zu unmittelbarem Handeln trieb. Einmal brauchte Willy Haas dringend ein Zimmer, denn er war neu verliebt. Milena wusste sofort Rat. Sie bot ihm das Zimmer eines guten Bekannten zur ersten Liebesnacht an. Aber nicht genug damit. Ganz erfüllt von dem Wunsch, es dem Freunde so schön wie nur möglich zu machen, schmückte sie den Raum mit einer Fülle von Blumen, verwandelte ihn geradezu in einen exotischen Urwald. Als sich das ereignete, besaß sie sehr häufig nicht einmal genug Geld, um das nötige Essen zu kaufen. Also musste sie die große Summe für die Blumenpracht von irgendwoher geliehen haben. So etwas war für Milena der selbstverständlichste Freundschaftsdienst. Allerdings erwartete sie auch von ihren Freunden das gleiche Maß an Hilfsbereitschaft und Hingabe, was sie selten genug erlebte. Milena wusste ebenso selbstverständlich anzunehmen, ja zu fordern, wie schrankenlos zu geben.

Willy Haas kam aus dem Ersten Weltkrieg mit 800 Kronen Militärgeld zurück, das wider Erwarten voll eingelöst wurde. Als sie vom Ende des Krieges erfuhren, hatten die meisten Soldaten diese Scheine ganz einfach fortgeworfen oder verbrannt, weil sie fest davon überzeugt waren, dass sie Fetzen Papier seien und nichts mehr wert. Haas aber hatte sie vorsichtshalber in der Tasche behalten. Nach seiner Heimkehr besuchte ihn Milena und er erzählte ihr freudestrahlend von diesem Glücksfall. Darauf bat sie ihn eindringlichst, ihr doch die Hälfte davon zu geben, da sie es ganz nötig brauche. Als er auch nur einige Minuten zögerte, ihren Wunsch zu erfüllen, nahm sie ihm das Geld kurzerhand fort. Willy Haas' erste Reaktion war Wut. Aber nach einiger Überlegung wich sein Zorn tiefer Beschämung. Wie konnte er bloß so kleinlich sein, konnte auch nur eine Sekunde zögern Milenas Wunsch zu erfüllen?! Er fühlte sich gedemütigt. Milena hatte ihm eine Lehre erteilt.

Im Nachwort zu Franz Kafkas *Briefen an Milena* schreibt Haas: »... Sie selbst (Milena) mutete manchmal wie eine Aristokratin aus dem sechzehnten oder siebzehnten Jahrhundert an, ein Charakter, wie ihn Stendhal aus den alten italienischen Chroniken genommen und in seine eigenen Romane versetzt hat, die Herzogin von Sanseverina oder Mathilde de la Mole: leidenschaftlich, kühn, kalt und klug in ihren Entschlüssen, aber bedenkenlos in der Wahl ihrer Mittel, wenn es sich um eine Forderung ihrer Leidenschaft handelte – und um eine solche handelte es sich in ihrer Jugend wohl fast immer. Als Freund war sie unerschöpflich, unerschöpflich an Güte, unerschöpflich an Hilfsmitteln, von denen es oft rätselhaft blieb, woher sie kamen, unerschöpflich aber auch in ihren Ansprüchen an Freunde, was sowohl ihr als auch ihren Freunden nur selbstverständlich war ... In die erotische und intellektuelle Promiskuität eines Wiener Literatenkaffeehauses in den wilden Jahren nach 1918 paßte sie schlecht hinein und litt darunter ...«[13]

★

Milena versuchte in den schlimmen Wiener Jahren auf alle mögliche Weise selbstständig zu werden. Doch ohne Beruf, sie hatte ja nichts zu Ende gelernt, bedeutete das ein schwieriges Unterfangen. Ihre erste Verdienstquelle wurde tschechischer Sprachunterricht, den sie vor allem Industriellen erteilte, deren Fabriken und Besitz nach der Teilung Österreichs in der Tschechoslowakei lagen, und die sich nun bemühten, die Sprache des neuen Landes zu erlernen. Zu ihren Schülern gehörte unter anderem auch der Schriftsteller Herman Broch. Dieser Sprachunterricht war jedoch anfangs ihre einzige Verdienstquelle und manchmal, wenn die Not besonders groß wurde, ihr Ernst Polak für den Haushalt überhaupt kein Geld gab, ging sie einfach zum Wiener Hauptbahnhof und bot sich den Reisenden als Gepäckträgerin an, schleppte Koffer. Arbeit, ganz gleich welche, konnte ihr Selbstbewusstsein nicht erschüttern, es waren seelische Qualen, die sie mehr und mehr erdrückten. Sie konnte es nicht verwinden, dass der Vater sie verstoßen hatte und Ernst Polak sie Tag für Tag demütigte. Tief verwundet drehte sie sich verzweifelt um sich selbst, fand nicht den Weg heraus aus der Verwirrung und verlor den Boden unter den Füßen. Wenn Kafka später an sie schreibt: »Die Du Dein Leben bis in solche Tiefen wirklich lebendig lebst ...«, so sind diese »Tiefen« wörtlich zu nehmen.

Milena glaubte, Polak habe aufgehört sie zu begehren, weil sie immer schlecht angezogen war und so gar nicht mit seinen eleganten Anbeterinnen konkurrieren konnte. Aber wie sollte sie sich kleiden, wenn sie nicht einmal genug Geld hatte sich richtig zu ernähren? Ein junges Mädchen, mit der sie befreundet war, Kind wohlhabender Eltern, wusste von Milenas Kummer. Um ihr zu helfen, erfand sie einen höchst gefährlichen Ausweg. Sie entwendete ihren Eltern ein wertvolles Schmuckstück, verkaufte es und überbrachte das Geld Milena. Den größeren Teil davon benutzte sie, um Polaks Schulden zu zahlen, die er ungeniert mit anderen Frauen machte und noch ungenierter von Milena zu begleichen verlangte. Den Rest des Geldes aber brauchte sie für sich selbst. Beherrscht von einer fixen Idee hatte sie nur einen Gedanken: jetzt ist die Gelegenheit da, jetzt wird sie Polak auf die Probe stellen. Jetzt wird es sich erweisen, ob er sie wirklich nicht liebt oder ihrer nur müde wurde, weil sie immer und immer in dem gleichen ärmlichen Kleid herumgehe. Sie musste wissen, ob Polak überhaupt der Liebe fähig war. Sie ging von Laden zu Laden und hüllte sich in eine bis dahin nie besessene Pracht; erwarb die schönsten Schuhe, das eleganteste Kleid, den ausgefallensten Hut. In dieser Verwandlung lief sie zum Café »Herrenhof«, trat ein und ging mit wild klopfendem Herzen auf den Tisch zu, wo Ernst Polak inmitten der Freunde und Freundinnen saß, so wie jeden Tag. Alles hing davon ab, ob er sie bemerken würde oder übersehen, wie er das immer tat. Als sie an den Tisch trat, wandte sich Polak um, starrte sie an und sagte bewundernd: »Aber Milena, du bist ja heute so elegant!« Sie machte einen Schritt auf ihn zu und gab ihm eine schallende Ohrfeige. »Du wirst dich wundern, wenn du erfährst, woher diese Eleganz stammt!«

Die Folgen der Diebstahlsaffäre konnten nur mit Mühe unterdrückt werden, und die ganze Verantwortung lastete auf Milena, denn das junge Mädchen hatte für sie gestohlen. Zur Vereinsamung kam jetzt auch noch die Verachtung. Es gab kaum einen Menschen, der sie verstand und der ihr hätte verzeihen können. Sie wünschte sich Trost in dieser Ausweglosigkeit, aber niemand war da, dem sie den Kopf auf die Schulter legen durfte, um sich auszuweinen. In dieser psychischen Krise griff sie zum Betäubungsmittel. Einer der Freunde ihres Mannes, jener

Gast, der nur im Teppich eingerollt schlafen konnte, gab ihr Kokain.

Eine Stelle in Franz Kafkas Briefen an sie spielt darauf an. Er berichtet darin über das Gespräch mit einem Bekannten namens Stein, der ihn, von Wien kommend, in Prag besuchte: »Gestern sprach ich wieder mit jenem Stein. Er ist einer jener Menschen, denen allgemein unrecht geschieht. Ich weiß nicht, warum man über ihn lacht. Er kennt jeden, weiß alles Persönliche, ist dabei bescheiden, seine Urteile sehr vorsichtig, klug abschattiert, respektvoll; daß sie ein wenig zu deutlich, zu unschuldig eitel sind, vermehrt doch noch seinen Wert, vorausgesetzt, daß man die geheimen, die wollüstig verbrecherisch Eitlen kennt. Ich fing plötzlich mit Haas an, schlich mich an Jarmila vorüber, nach einem Weilchen war ich bei Deinem Mann und schließlich – es ist übrigens nicht richtig, daß ich gern von Dir erzählen höre, gar nicht, nur Deinen Namen möchte ich immer wieder hören, den ganzen Tag. Wenn ich ihn gefragt hätte, hätte er auch von Dir viel erzählt, da ich ihn aber nicht fragte, begnügte er sich mit der ihm aufrichtig leid tuenden Feststellung, daß Du kaum noch lebst, zu Grunde gegangen durch Kokain (wie dankbar war ich in dem Augenblick dafür, daß Du am Leben bist). Übrigens fügte er vorsichtig und bescheiden, wie er ist, hinzu, daß er das nicht mit eigenen Augen gesehen, sondern nur gehört hat.«[14]

Ein Mensch, der so leidenschaftlich lebte wie Milena, der, wie sie selbst von sich sagte, nichts als ein »Bündel von Gefühlen« war, hat es schwer, seine wilden Triebe zu zähmen und sich zu Disziplin durchzuringen. Dass es ihr schließlich gelang, gerade das ist ein Zeichen ihrer Größe. Sie begann mit einer Tätigkeit, die ihren Fähigkeiten entsprach, wagte sich an Übersetzungen ins Tschechische und schrieb die ersten Artikel. Anfangs dürfte das wohl nur ein neuer Versuch gewesen sein, aus der finanziellen Misere herauszukommen. Doch schließlich wurde sie von dieser neuen Arbeit gepackt und fand dadurch den Weg zu sich selbst, wurde schöpferisch. Ihre kleinen Feuilletons schickte sie nach Prag an die Freundin Staša, die inzwischen Mitarbeiterin der Zeitung *Tribuna* geworden war. Voller Spannung wartete sie auf Bescheid, denn ihr schienen die ersten journalistischen Produkte schlecht und grässlich sentimental. Doch sie wurden angenommen. Milena war stolz, sich gedruckt zu sehen und überglücklich, nun auch den Haushalt mit finanzieren zu können, was Polak ganz selbstverständlich fand. Einmal aber beging sie, das war bei einem Ehekrach, eine große Unklugheit. Um sich ihrem Mann gegenüber zu behaupten, erwähnte sie ihre journalistischen Erfolge und zeigte ihm die Artikel. Polak las und brach in schallendes Gelächter aus. Milena war ins Herz getroffen.

Wie ihr damals oft zumute war und wie tapfer sie versuchte, mit ihrem Unglück fertig zu werden, kann man aus einem ihrer Artikel ersehen, die in jener Zeit meistens autobiographisch waren. Sie schreibt: »Ihr hellen, weithingestreckten Landstraßen hinter der Stadt, ihr Feldwege, zu denen das Abendgeläute von ferne herübertönt! Kann einen das nicht glücklich machen?! Glaubt mir, es gibt keinen Schmerz auf dieser Welt, den man nicht beim festen Ausschreiten auf einer unbekannten Landstraße betäuben könnte. Alles Leid läßt sich auf der Landstraße ertragen. Eins, zwei, eins, zwei und schon kommt der Schmerz in regelmäßige Schwingungen, eins, zwei, eins, zwei, noch kämpft es mit den Füßen, noch zagt das Herz, es schmerzt, aber die Füße sagen: Hier ist die Welt, hier ist die Welt! Und langsam öffnet sich das verkrampfte Herz, es beginnt zu rasen, fließt über, beruhigt sich dann und wird schließlich eingeschaukelt, kann plötzlich wieder lachen. Es sind die Füße, die den Schmerz zu Tode geschleift haben, er ist gestorben, die Welt ist hier, sie ist hier. Doch nur jetzt nicht stehenbleiben, nicht jetzt, sonst wirst du gleich von neuem verzweifelt sein. Geh weiter, immer weiter, stundenlang bis zur Erschöpfung. Wenn du dann stehenbleibst und die Füße schweigen, wirst du in der Stille, die sich um dich breitet, vielleicht – sicher kann ich es nicht versprechen – zwei, drei Tränen finden ...«[15]

»Entweder ist die Welt so winzig oder wir sind so riesenhaft, jedenfalls füllen wir sie vollständig ...«[16]

Noch bevor Milena von ihrer Beziehung zu Kafka sprach, erzählte sie mir eines Abends, als wir im fahlen Licht der trüben Dämmerung zwischen den grauen Baracken des Lagers hin und her gingen, die Geschichte des Handlungsreisenden Gregor Samsa, *Die Verwandlung*. Milena vermittelte mir damals – das sollte ich später feststellen – eine ganz eigene Version dieser Novelle Franz Kafkas. *Sie* war der Handlungsreisende, der entschlusslose, verkannte Samsa, der, in einen riesigen Mistkäfer verwandelt, von der Familie versteckt gehalten wird, weil man sich seiner schämt. Besonders eingehend spann sie die Krankheit des Käfers aus, wie man ihn mit einer Wunde am Rücken, in die sich Schmutz und Milben gesetzt hatten, schließlich einsam zu Grunde gehen lässt.

Im Jahre 1920 las Milena in Wien die ersten Novellen Kafkas. Schon damals erkannte sie die Größe des Dichters, dessen Werk sie während ihres ganzen Lebens mit tiefer Ehrfurcht erfüllte. Für sie war die kafkasche Prosa das Vollkommenste, was es gab. In den Wiener Jahren dürfte sie durch ihr eigenes Unglück besonders intensiv mit den Werken Kafkas verbunden gewesen sein. So entstand wahrscheinlich auch der Plan, sie zu übersetzen. Sie wagte es, obgleich ihre Kenntnisse der deutschen Sprache noch mangelhaft waren. So wurde sie die erste Übersetzerin der kafkaschen Werke *Der Heizer*, *Das Urteil*, *Die Verwandlung* und *Betrachtung* ins Tschechische.

Milena deutete in Ravensbrück an, wie ihre Liebe zu Kafka begann. Sie sandte eine Übersetzung an den Verlag und erhielt eine persönliche Antwort des Autors. Im ersten der erhaltenen Briefe Kafkas an Milena[17] ist davon die Rede, er habe sie vielleicht »mit seinen Zetteln verletzt«, also hat er offensichtlich die Übersetzung kritisiert, und diese Kritik dürfte Milena veranlasst haben, ihn zu treffen. Gekannt haben sich Kafka und Milena schon vor der entscheidenden Begegnung, denn beide gehörten in Prag zu den gleichen literarischen Kreisen. Das geht wiederum aus einem der frühen Briefe hervor, in dem es heißt: »Es fällt mir ein, daß ich mich an Ihr Gesicht eigentlich in keiner bestimmten Einzelheit erinnern kann. Nur wie Sie dann zwischen den Kaffeehaustischen weggingen, Ihre Gestalt, Ihr Kleid, das sehe ich noch.«[18]

Kafka, bei dem die Ärzte ein Lungenleiden festgestellt hatten, befand sich damals zu einem Kuraufenthalt in Meran. Dort besuchte ihn Milena. Über diese Begegnung schreibt sie, ohne jedoch Kafkas Namen zu nennen, in ihrem 1926 erschienenen Büchlein *Der Weg zur Einfachheit*. Das Kapitel, in dem von Kafka die Rede ist, trägt den Titel »Fluch der vorzüglichen Eigenschaften«. Darin vertritt sie die Meinung, dass vollendet korrekte Menschen sehr oft keineswegs die sympathischsten seien, sondern im Gegenteil häufig gefährlich und böse; während solche mit so genannten Fehlern, vor allem was Güte und Toleranz anbetrifft, nicht selten die weitaus besseren Menschen seien. Unter die »korrekten Menschen« reiht sie ihren eigenen Vater ein, wobei sie sich selbst interessanterweise als Sohn bezeichnet, und schreibt: »Der Vater hat nie im Leben gelogen, und das ist wirklich phantastisch von ihm. Aber wenn sein Sohn einmal schwindelte, so darf man ihn doch

Porträt Franz Kafkas, mit dem Milena nicht nur eine große Liebe, sondern auch eine Seelenverwandtschaft verbindet. Sie hält ihn für ein Genie und seine Prosa für das Vollkommenste, was es gibt. (Foto: Archiv für Kunst und Geschichte, Berlin)

noch nicht beschimpfen, er sei ein verlogener Kerl! Der Vater jedoch, voll Stolz auf seine Wahrheitsliebe und berauscht von Eigenlob, ist derart unbarmherzig, daß es vom erzieherischen Standpunkt vielleicht viel besser gewesen wäre, wenn er in seinem Leben auch einmal hätte lügen müssen. Dann würde er seinen Jungen heute nicht so grausam behandeln.«[19]

Dem Menschen mit den »vorzüglichen Eigenschaften« stellt Milena in ihrem Artikel den wahrhaft guten Menschen gegenüber, und das ist für sie Franz Kafka. Sie schreibt: »Ich glaube, daß der beste Mensch, den ich je kennengelernt habe, ein Ausländer war, den ich öfters in einer Gesellschaft getroffen habe.« Dass sie mit dem Ausländer Kafka meint, der sowohl Deutscher als Jude war, wird im weiteren Verlauf des Kapitels klar, denn zum Schluss erzählt sie über ihn eine Geschichte, die ihr Kafka in einem seiner Briefe selbst geschrieben hatte. – Sie fährt fort: »Niemand hat viel über ihn gewußt, und die Leute hielten ihn nicht für einen außergewöhnlichen Menschen. Einmal aber geschah es, daß ihn jemand irgendeiner Sache bezichtigte und er sich nicht verteidigte. Weil er aber ein so ehrliches und männliches Gesicht hatte und diese Beschuldigung von Belang war, wollte ich sie nicht glauben. Es tat mir unendlich weh, daß dieser Junge mit dem aufrichtigen Gesicht und den ruhigen Augen, die einen so direkt anschauten, etwas derart Häßliches hätte tun können. So habe ich nachgeforscht, was eigentlich geschehen war. Dabei fand ich heraus, daß er sich deshalb nicht verteidigte, weil er dann etwas unendlich Schönes und Edles über sich selbst hätte verraten müssen, womit jeder andere bestimmt, auch ohne eine solche Gelegenheit, geprahlt hätte. Nie vorher habe ich etwas Ähnliches gesehen. Später erkannte ich, daß er überhaupt der merkwürdigste Mensch war, dem ich je begegnet bin, und nichts hat mich im Leben so heftig getroffen wie ein kleiner Einblick in sein Herz. Er war unendlich edel, doch verheimlichte er das, wie jemand, glaube ich, der sich schämt, Vorteile vor den anderen zu haben. Er war nicht im Stande, etwas zu tun, was verraten hätte, wie er wirklich sei, und die schönsten Sachen tat er still, schüchtern und scheu, heimlich und versteckt, aber wirklich heimlich und niemals so, dass es nur aussehen sollte, als wäre es heimlich. – Als er starb – er war für diese Welt zu gut, und ich fürchte mich nicht vor dieser Phrase, sie steht hier mit Recht –, habe ich in einem seiner Tagebücher eine Begebenheit aus seiner Jugend gelesen, und da mir scheint, als wäre es das Schönste, was ich je gehört habe, will ich sie erzählen: Er bekam, als er klein war – er war sehr arm –, von der Mutter ein Sechserl (20 Heller). Niemals vorher hatte er ein ganzes Sechserl auf einmal besessen, und es war deshalb ein großes Ereignis. Er hatte das Geld verdient, und so war es für ihn ein um so größeres Ereignis. Als er dann auf die Straße ging, um sich etwas dafür zu kaufen, begegnete er einer Bettlerin, die so entsetzlich arm aussah, daß er furchtbar erschrak und sofort von dem heftigen Wunsch gepackt wurde, ihr sein Sechserl zu schenken. Es war aber noch zu jenen Zeiten, in denen ein Sechserl für eine Bettlerin oder einen kleinen Jungen ein kleines Vermögen bedeutete. Er fürchtete sich so sehr vor dem Lob und dem Dank, mit dem ihn die Bettlerin überschütten würde, und vor der Aufmerksamkeit, die er dadurch erwecken würde, daß er sein Sechserl einwechselte. Dann schenkte er der Bettlerin einen Kreuzer, lief um den ganzen Häuserblock herum und schenkte ihr, von der anderen Seite zurückkehrend, den zweiten Kreuzer, und so machte er es zehn Mal, gab ihr ehrlich alle zehn Geldstücke, behielt kein einziges für sich, und brach dann schluchzend zusammen, ganz erschöpft von der seelischen Anstrengung seiner Tat.

Ich glaube, es ist das schönste Märchen, das ich je gehört habe, und als ich es las, habe ich mir vorgenommen, es nie zu vergessen, so lange ich lebe.«[20]

Die Liebe zwischen Kafka und Milena begann im Jahre 1920 in Meran. Von der Leidenschaftlichkeit dieser Beziehung wie auch ihrer tragischen Verstrickung zeugen die erhalten gebliebenen Briefe Kafkas. Als ich sie mit zitterndem Herzen las, überwältigte mich die Erinnerung an Milena. Alles, was dort mit den Worten des begnadeten Dichters über sie gesagt wird, ist einmalig. So wie Kafka sie sah, war sie, Milena, die Liebende. Für sie bedeutete Liebe das einzig wirklich große Leben. Die Stärke ihres Gefühls gab ihr die Fähigkeit zu einem Höchstmaß an seelischer, körperlicher und geistiger Hingabe. Sie hatte keine Scheu und hielt es nicht für eine Schande, intensiv zu empfinden. Liebe war für sie etwas Klares, Selbstverständliches. Sie nahm nie zu irgendwelchen weiblichen Tricks Zuflucht; Spiel und Koketterie waren ihr unbekannt. Als Liebende besaß sie die seltene Gabe, die Gefühle des anderen zu erraten, ja, sie konnte dem Partner noch nach Tagen die Kette von Empfindungen schildern, die er durchlebt und die ihn fortgeschwemmt hatten. »Nichts weiß man von einem Menschen, bevor man ihn nicht geliebt hat«, sagte sie mir einmal.

Die wenigen schriftlichen Äußerungen Milenas über Franz Kafka, die erhalten geblieben sind, zeugen von ihrem tiefen, einmaligen Wissen, sowohl um das Genie Franz Kafkas als auch um die Tragik seiner Lebensschwäche.

Milena ist 24 Jahre alt – zwar hat ihr das Leben schon bitter mitgespielt, und deshalb ist sie über ihr Alter hinausgereift –, aber sie ist eine junge, starke Frau und »der Erde sehr nahe«, wie sie später einmal schreibt. Sie liebt Franz Kafka, ist verliebt in sein »ehrliches, männliches Gesicht«,

Meran in Südtirol – Schauplatz erster gemeinsamer Tage von Kafka und Milena im Jahre 1920. (Foto: Archiv Klaus Wagenbach, Berlin)

in die »ruhigen Augen, die einen so direkt anschauen«, und 1920, bei einem Besuch Wilma Lövenbachs in Wien, fragte sie ihre Freundin: »Kennst du Franz Kafka? – Ein schöner Mensch!«

Sie überschüttet den Geliebten mit Briefen und Telegrammen, und je mehr er zögert, umso dringlicher fordert sie seine Gegenwart, verlangt, er solle zu ihr kommen. Vier glückliche Tage wurden den Liebenden geschenkt. »Damals blühten in Wien die Kastanien«, erzählte sie mir. Doch schon bei dieser Begegnung dürften die ersten Schatten auf ihre Liebe gefallen sein. Wäre Milena nur ein »Weibchen« gewesen, wie sie später in einem Brief an Max Brod behauptet, hätte das Wiener Erlebnis wahrscheinlich das Ende der Liebe bedeutet.

Aber Milena, die Starke, die Junge, mit ihrer »lebengebenden Kraft« war Franz Kafka nicht nur in körperlicher Liebe, sondern noch auf andere Weise tief verbunden und verwandt. »Die schönsten Briefe unter den Deinigen«, schreibt er ihr, »(und das ist viel gesagt, denn sie sind ja im ganzen, fast in jeder Zeile, das Schönste, was mir in meinem Leben geschehen ist) sind die, in denen Du meiner ›Angst‹ recht gibst und gleichzeitig zu erklären suchst, daß ich sie nicht haben muß. Denn auch ich, mag ich auch manchmal aussehen wie ein bestochener Verteidiger meiner ›Angst‹, gebe ihr im tiefsten wahrscheinlich Recht, ja, ich bestehe aus ihr, und sie ist vielleicht mein Bestes. Und da sie mein Bestes ist, ist sie auch vielleicht das allein, was Du liebst. Denn was wäre sonst großes Liebenswertes an mir zu finden. Dieses aber ist liebenswert.

Und wenn Du einmal fragtest, wie ich den Samstag ›gut‹ habe nennen können mit der Angst im Herzen, so ist das nicht schwer erklärt. Da ich Dich liebe *(und ich liebe Dich also, Du Begriffsstutzige, so wie das Meer einen winzigen Kieselstein auf seinem Grunde lieb hat, genauso überschwemmt Dich mein Liebhaben* – und bei Dir sei ich wieder Kieselstein, wenn es die Himmel zulassen), liebe ich die ganze Welt, und dazu gehört auch Deine linke Schulter, nein, es war zuerst die rechte, und darum küsse ich sie, wenn es mir gefällt (und Du so lieb bist, die Bluse dort wegzuziehen), und dazu gehört auch die linke Schulter und Dein Gesicht über mir im Wald und Dein Gesicht unter mir im Wald und das Ruhen an Deiner fast entblößten Brust. Und darum hast Du recht, wenn Du sagst, daß wir schon eins waren, und ich habe keine Angst davor, sondern es ist mein einziges Glück und mein einziger Stolz und ich schränke es gar nicht auf den Wald ein.

Aber eben zwischen dieser Tag-Welt und jener ›halben Stunde im Bett‹, von der Du einmal verächtlich als von einer Männer-Sache schriebst, ist für mich ein Abgrund, über den ich nicht hinwegkommen kann, wahrscheinlich, weil ich nicht will. Dort drüben ist eine Angelegenheit der Nacht, durchaus in jedem Sinn Angelegenheit der Nacht; hier ist die Welt und ich besitze sie, und nun soll ich hinüberspringen in die Nacht, um sie noch einmal in

Eine Ansicht der Pension »Ottoburg« in Meran. Hier verbringt Kafka im Frühjahr 1920 einen mehrmonatigen Aufenthalt und schreibt die ersten berühmten »Briefe an Milena«. (Foto: Archiv Klaus Wagenbach, Berlin)

Besitz zu nehmen. Kann man etwas noch einmal in Besitz nehmen? Heißt das nicht: es verlieren. Hier ist die Welt, die ich besitze, und ich soll hinüber, einer unheimlichen Zauberei zuliebe, einem Hokuspokus, einem Stein der Weisen, einer Alchymie, einem Wunschring zuliebe. Weg damit, ich fürchte mich schrecklich davor.

In einer Nacht das durch Zauberei erwischen wollen, eilig, schweratmend, hilflos, besessen, das durch Zauberei erwischen wollen, was jeder Tag den offenen Augen gibt! (›Vielleicht‹ kann man Kinder nicht anders bekommen, ›vielleicht‹ sind auch Kinder Zauberei. Lassen wir diese Frage noch.) Darum bin ich ja so dankbar (Dir und allem) und so ist es also ›samozřejmé‹ (selbstverständlich), daß ich neben Dir höchst ruhig und höchst unruhig, höchst gezwungen und höchst frei bin, weshalb ich auch nach dieser Einsicht alles andere Leben aufgegeben habe. Sieh mir in die Augen!«[21]

Milena litt zeitlebens unter Schuldgefühlen und verachtete sich für jedes Versagen. Nie verwand sie den Schmerz über den Bruch mit dem Vater. Zur Zeit der Liebe mit Kafka war diese Wunde, die nie verheilen sollte, noch quälend offen. Wer hätte solchen Schmerz besser begreifen können als Kafka, der ein Leben lang an seinem Vater litt? Als Zeichen für sein tiefes Verständnis ließ er Milena seinen *Brief an den Vater* lesen. Und doch gab es in der gestörten Beziehung beider zu ihren Vätern große Unterschiede. Milenas Bindung an den Vater war eine gefühlsmäßige und deshalb eine stärkere und schmerzhaftere als die Kafkas, der Milenas Zwiespalt nicht wirklich begreift, wenn er einmal an sie schreibt: »Die Verzweiflung über des Vaters Brief verstehe ich nur so weit, daß Dich jede neue Bestätigung des doch schon so lange andauernden, quälenden Verhältnisses von neuem verzweifelt macht. Neues kannst Du doch aus dem Brief nicht herauslesen. Nicht einmal ich, der ich doch niemals einen Brief des Vaters gelesen habe, lese etwas Neues heraus. Er ist herzlich und tyrannisch und glaubt tyrannisch sein zu müssen, wenn er dem Herzen genügen soll. Die Unterschrift hat wirklich wenig zu bedeuten, ist nur Repräsentation des Tyrannen, oben steht doch ›líto‹ und ›strašne smutné‹ (›Leid tun‹ und ›schrecklich traurig‹), das hebt alles auf.

Allerdings, vielleicht erschreckt Dich das Mißverhältnis zwischen Deinem Brief und seinem, nun, Deinen Brief kenne ich nicht, dann aber denke andererseits an das Mißverhältnis zwischen seiner ›selbstverständlichen‹ Bereitwilligkeit und Deinem ›unverständlichen‹ Trotz.

Nun hast Du wegen der Antwort Zweifel? Oder vielmehr Zweifel gehabt, denn Du schreibst, jetzt wüßtest Du schon, was Du antworten sollst. Das ist merkwürdig. Wenn Du schon geantwortet hättest und mich fragen würdest:

›Was habe ich geantwortet?‹, würde ich ohne jedes Zögern sagen, was Du meiner Meinung nach geantwortet hast.

Natürlich, daran ist gar kein Zweifel, zwischen Deinem Mann und mir ist vor Deinem Vater gar kein Unterschied, für den Europäer haben wir das gleiche Negergesicht; aber abgesehen davon, daß Du im Augenblick darüber nichts Sicheres sagen kannst, warum gehört das in den Antwortbrief? Und warum soll Lüge nötig sein?

Ich glaube, Du kannst nur das antworten, was einer, der, fast ohne anderes zu sehen, gespannt und mit Herzklopfen Deinem Leben zusieht, Deinem Vater, wenn er in ähnlicher Weise von Dir reden würde, sagen müßte: ›Alle ›Vorschläge‹, alle ›bestimmten festen Bedingungen‹ sind sinnlos, Milena lebt ihr Leben und wird kein anderes leben können. Milenas Leben ist zwar traurig, aber so ›gesund und ruhig‹ wie im Sanatorium ist es noch immerhin. Milena bittet Sie nur darum, daß Sie das endlich einsehen, sonst bittet sie um gar nichts, insbesondere um keine ›Einrichtung‹. Sie bittet Sie nur darum, daß Sie sich ihr gegenüber nicht krampfhaft abschließen, sondern Ihrem Herzen folgen und so mit ihr sprechen wie ein Mensch mit einem gleichwertigen Menschen. Werden Sie das einmal tun, dann werden Sie Milenas Leben viel von seiner ›Traurigkeit‹ genommen haben und sie wird Ihnen nicht mehr ›leid‹ tun müssen.‹«[22]

★

In Milena gab es sehr viel Widerspruchsvolles. Weibliche Zartheit neben männlicher Entschlusskraft. Sie war keusch und draufgängerisch zu gleicher Zeit. Sicher wusste sie sehr bald um die Zukunftslosigkeit ihrer Liebe zu Kafka. Aber wer würde liebend nicht immer von neuem hoffen? Nicht weiterkämpfen? Da steht in einem Brief Kafkas:

»Sagen Sie nicht, daß zwei Stunden Leben ohne weiteres mehr sind als zwei Seiten Schrift ...«[23] Also hat sie es gesagt und es auch gemeint. In einem anderen Brief heißt es: »... Und nun ruft dich Milena mit einer Stimme, die dir in gleicher Stärke eindringt in Verstand und Herz ... sie (Milena) ist wie das Meer, stark wie das Meer mit seinen Wassermassen und doch im Mißverständnis mit aller seiner Kraft hinstürzend, wenn der tote und vor allem ferne Mond es will. Sie kennt dich nicht und es ist vielleicht eine Ahnung der Wahrheit, wenn sie will, daß du kommst.«[24] – Kafka fürchtete die magische Wirkung des fernen Mondes auf die Frauen.

Er kam ein zweites Mal, von Prag aus. Die Liebenden trafen sich in der tschechisch-österreichischen Grenzstation Gmünd. Sicher erhielt Milena, die damals durch ihre Heirat mit Polak Österreicherin geworden war, kein Einreisevisum in ihre tschechische Heimat. Es waren verworrene Zeiten. Doch Gmünd sollte sie nicht erlösen. Ihrer Liebe blieb die körperliche Erfüllung versagt. In einem Brief sucht Kafka nach einer Erklärung: »... Auch von Gmünd werde ich nicht mehr schreiben, wenigstens mit Absicht nicht. Es wäre viel darüber zu sagen, aber am Ende liefe es doch darauf hinaus, daß der erste Wiener Tag, wenn ich mich am Abend verabschiedet hätte, auch nicht besser gewesen wäre, wobei noch Wien den Vorteil vor Gmünd hatte, daß ich dorthin halb bewußtlos vor Angst und Erschöpfung kam, nach Gmünd dagegen, ohne es zu wissen, so dumm war ich, großartig sicher, als könne mir niemals mehr etwas geschehen, wie ein Hausbesitzer kam ich hin; merkwürdig, daß bei aller Unruhe, die mich immerfort durchfährt, diese Ermattung des Besitzens bei mir möglich, ja mein eigentlicher Fehler vielleicht ist, in diesen und in andern Dingen ...«[25] Und sehr viel später, am 18. Januar 1922, eine Tagebucheintragung Kafkas: »Was

Ihr erneutes Treffen, diesmal in Gmünd an der tschechisch-österreichischen Grenze, verläuft für Kafka und Milena enttäuschend. Kafka hat zu viel Angst vor einer festen Bindung. (Foto: Archiv Klaus Wagenbach, Berlin)

hast Du mit dem Geschenk des Geschlechtes getan? Es ist mißlungen, wird man schließlich sagen ... Aber es hätte leicht gelingen können ... M. hat Recht: Die Furcht ist das Unglück ...«[26]

In einem Brief an Max Brod, der beispielhaft ist für Milenas Hellsichtigkeit und ihr klares Urteil über den Geliebten, versucht sie zu erklären, weshalb sich Kafka vor der Liebe fürchtet. Sie schreibt:

»... Auf Ihren Brief hätte ich tage- und nächtelang zu antworten. Sie sagen, wie es komme, daß sich Franz vor der Liebe fürchtet? Aber ich denke, daß es anders ist. Für ihn ist das Leben etwas gänzlich anderes als für alle anderen Menschen, vor allem sind für ihn das Geld, die Börse, die Devisenzentrale, eine Schreibmaschine völlig mystische Dinge (und sie sind es ja in der Tat, nur für uns andere nicht), sie sind für ihn die seltsamsten Rätsel, zu denen er durchaus nicht so steht wie wir. Ist denn etwa seine Beamtenarbeit eine gewöhnliche Ausführung eines Dienstes? Für ihn ist das Amt – auch sein eigenes – etwas so Rätselhaftes, so Bewundernswertes wie für ein kleines Kind eine Lokomotive. Die einfachste Sache auf der Welt versteht er nicht. Waren Sie einmal mit ihm in einem Postamt? Wenn er ein Telegramm stilisiert und kopfschüttelnd ein Schalterfensterchen sucht, das ihm am besten gefällt, wenn er dann, ohne im geringsten zu begreifen, warum und weswegen, von einem Schalter zum anderen wandert, bis er an den richtigen gerät, und wenn er zahlt und Kleingeld zurückbekommt, zählt er nach, was er erhalten hat, findet, daß man ihm eine Krone zu viel herausgegeben hat, und gibt dem Fräulein hinter dem Fenster die Krone zurück. Dann geht er langsam weg, zählt nochmals nach und auf der letzten Stiege unten sieht er nun, daß die zurückerstattete Krone ihm gehört hat. Nun, jetzt stehen Sie ratlos neben ihm, er tritt von einem Fuß auf den anderen und denkt nach, was zu tun wäre. Zurückgehen, das ist schwer, oben drängt sich ein Haufen Menschen. ›Also, lass es doch sein‹, sage ich. Er schaut mich ganz entsetzt an. Wie kann man es lassen? Nicht, daß ihm um die Krone leid wäre. Aber gut ist es nicht. Da ist um eine Krone zu wenig. Wie kann man das auf sich beruhen lassen? Er hat lange darüber geredet. War mit mir sehr unzufrieden. Und das wiederholte sich in jedem Geschäft, in jedem Restaurant, bei jeder Bettlerin in verschiedenen Variationen. Einmal hat er einer Bettlerin zwei Kronen gegeben und wollte eine Krone heraushaben. Sie sagte, daß sie nichts habe. Wir sind gute zwei Minuten dagestanden und haben darüber nachgedacht, wie wir die Sache durchführen sollten. Da fällt ihm ein, er könnte ihr beide Kronen lassen. Aber kaum hat er ein paar Schritte gemacht, wird er sehr verdrießlich. Und derselbe Mensch würde mir selbstverständlich sofort mit Begeisterung, voll Glück zwanzigtausend Kronen geben. Aber würde ich ihn um zwanzigtausendeine Krone bitten und wir müßten irgendwo Geld wechseln und wir wüßten nicht wo, so würde er ernstlich überlegen, wie er das mit der einen Krone machen solle, die mir nicht gebührt. Seine Beengtheit dem Geld gegenüber ist fast die gleiche wie die der Frau gegenüber. Seine Angst vor dem Amt ebenso. Ich habe ihm einmal telegraphiert, telephoniert, geschrieben, ihn bei Gott angefleht, er möge für einen Tag zu mir kommen. Es war mir damals sehr notwendig. Ich habe ihn auf Tod und Leben beschworen. Er hat nächtelang nicht geschlafen, sich gequält, Briefe voll Selbstvernichtung geschrieben, ist aber nicht gekommen. Warum? Er hat nicht um Urlaub ersuchen können. Er hat doch dem Direktor, demselben Direktor, den er aus tiefster Seele bewundert (ernstlich!), weil er so schnell Maschine schreibt, – er hat ihm doch nicht sagen können, daß er zu mir fährt. Und etwas anderes sagen – wieder ein entsetzter Brief – wie denn? Lügen? Dem Direktor eine Lüge sagen? Unmöglich. Wenn Sie ihn fragen, warum er seine erste Braut geliebt hat, antwortet er: ›Sie war so geschäftstüchtig‹ und sein Gesicht beginnt vor Ehrerbietung zu strahlen.

Ach nein, diese ganze Welt ist und bleibt ihm rätselhaft. Ein mystisches Geheimnis. Etwas, was er nicht zu leisten vermag und was er mit rührender reiner Naivität hochschätzt, weil es ›geschäftstüchtig‹ ist. Als ich ihm von meinem Mann erzählte, der mir hundert Mal im Jahr untreu ist, der mich und viele andere Frauen in einer Art Bann hält, erhellte sich sein Gesicht in derselben Ehrfurcht wie damals, als er von seinem Direktor sprach, der so schnell Maschine schreibt und daher ein so vorzüglicher Mensch ist, und wie damals, als er von seiner Braut sprach, die so ›geschäftstüchtig‹ war. Das alles ist für ihn etwas Fremdes.

Ein Mensch, der an der Schreibmaschine schnell ist, und einer, der vier Liebchen hat, ist ihm genauso unbegreiflich wie die Krone beim Postamt und die Krone bei der Bettlerin, unbegreiflich deshalb, weil es lebendig ist. Aber Franz kann nicht leben. Franz hat nicht die Fähigkeit zu leben. Franz wird nie gesund werden. Franz wird bald sterben.

Gewiß steht die Sache so, daß wir alle dem Augenschein nach fähig sind zu leben, weil wir irgendeinmal zur Lüge geflohen sind, zur Blindheit, zur Begeisterung, zum Optimismus, zu einer Überzeugung, zum Pessimismus oder zu sonst etwas. Aber er ist nie in ein schützendes Asyl geflohen, in keines. Er ist absolut unfähig zu lügen, so wie er unfähig ist, sich zu betrinken. Er ist ohne die geringste Zuflucht, ohne Obdach. Darum ist er allem ausgesetzt, wovor wir geschützt sind. Er ist wie ein Nackter unter Angekleideten. Es ist das alles nicht einmal Wahrheit, was er sagt, was er ist und lebt. Es ist solch ein determiniertes Sein an und für sich, von allen Zutaten entledigt, die ihm helfen könnten, das Leben zu verzeichnen – in Schönheit oder in Elend, einerlei. Und seine Askese ist durchaus unheroisch – hierdurch allerdings um so größer und höher. Jeder ›Heroismus‹ ist Lüge und Feigheit. Das ist kein Mensch, der sich seine Askese als Mittel zu einem Ziel konstruiert, das ist ein Mensch, der durch seine schreckliche Hellsichtigkeit, Reinheit und Unfähigkeit zum Kompromiß zur Askese gezwungen ist.

Es gibt sehr gescheite Menschen, die auch keine Kompromisse machen wollen. Aber sie legen Wunderbrillen an, mit denen sie alles anders sehen. Darum brauchen sie keine Kompromisse. Dann können sie rasch Maschine schreiben und Weiber haben. Er steht neben ihnen und schaut sie verwundert an, alles, auch diese Schreibmaschine und diese Weiber. Nie wird er es begreifen.

Seine Bücher sind erstaunlich. Er selbst ist viel erstaunlicher ...«[27]

★

Die Liebesbeziehung, lange nur noch eine Briefliebe, endete schließlich auf Wunsch Kafkas. Er, ein Schwerkranker, litt unter der lebensstarken Milena, die seine ganze, auch die körperliche Liebe forderte, vor der er zurückschreckte. An den beiden Verzweiflungsbriefen, die Milena Max Brod schrieb, nachdem Kafka das Ende der Beziehung gefordert hat, kann man die Größe und auch die Ausweglosigkeit dieser Leidenschaft ermessen. Der erste Brief: »Lieber Herr Doktor, verzeihen Sie, daß ich nicht deutsch schreiben kann. Vielleicht können Sie so viel tschechisch, dass Sie mich verstehen; verzeihen Sie, daß ich Sie belästige. Ich weiß mir nur einfach keinen Rat, mein Gehirn erträgt keine Eindrücke und keine Gedanken mehr, nimmt keine mehr auf, ich weiß nichts, ich fühle nichts, ich begreife nichts; es scheint mir, daß mir in diesen Monaten etwas ganz Entsetzliches zugestoßen ist, aber ich weiß nicht viel davon. Ich weiß überhaupt nichts von der Welt, ich fühle nur, daß ich mich töten würde, wenn ich mir irgendwie das zu Bewußtsein bringen könnte, was sich eben meinem Bewußtsein entzieht.

Ich könnte Ihnen erzählen, wie und wodurch und warum alles geschehen ist; ich könnte Ihnen alles über mich, über mein Leben erzählen; aber wozu das – und ferner: ich weiß es nicht, ich halte nur Franz' Brief aus der Tatra in der Hand, eine ganz tödliche Bitte und zugleich einen Befehl: ›Nicht schreiben und verhindern, daß wir zusammenkommen, nur diese Bitte erfülle mir im Stillen, sie allein kann mir irgendein Weiterleben ermöglichen, alles andere zerstört weiter.‹ Ich traue mich nicht, eine Frage,

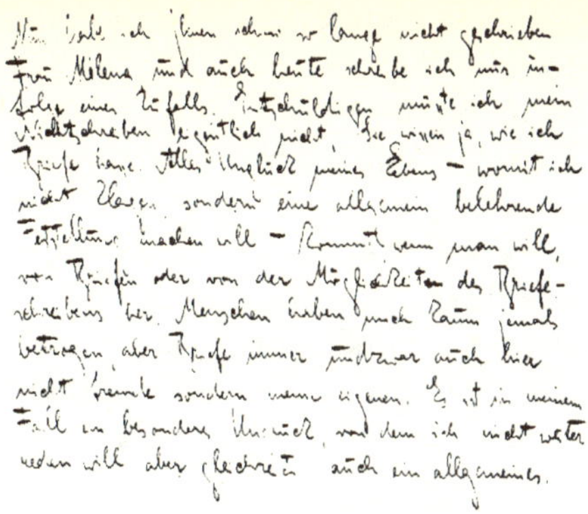

Nun habe ich Ihnen schon so lange nicht geschrieben Frau Milena und auch heute schreibe ich nur infolge eines Zufalls. Entschuldigen müßte ich mein Nichtschreiben eigentlich nicht, Sie wissen ja, wie ich Briefe hasse. Alles Unglück meines Lebens – womit ich nicht klagen sondern eine allgemein belehrende Feststellung machen will – kommt, wenn man will, von Briefen oder von der Möglichkeit des Briefeschreibens her. Menschen haben mich kaum jemals betrogen, aber Briefe immer und zwar auch hier nicht fremde sondern meine eigenen. Es ist in meinem Fall ein besonderes Unglück, von dem ich nicht weiter reden will, aber gleichzeitig auch ein allgemeines.

Lange ist die Beziehung zwischen Kafka und Milena nur eine Briefliebe. Briefe wie dieser (aus dem Jahre 1922) wechseln ständig zwischen den beiden Liebenden hin und her. (Foto: Archiv Klaus Wagenbach, Berlin)

ein Wort zu senden; ich weiß auch nicht, was ich von Ihnen erfragen will. Ich weiß nicht, was – weiß nicht, was ich wissen will. Jesus Christus, ich möchte meine Schläfen ins Gehirn hineindrücken. Nur eines sagen Sie mir, Sie sind mit ihm während der letzten Zeit beisammen gewesen, Sie wissen es: bin ich schuldig oder bin ich nicht schuldig? Ich bitte Sie um Gottes willen, schreiben Sie mir keinen Trost, schreiben Sie mir nicht, daß niemand schuld daran ist, schreiben Sie mir keine Psychoanalyse. Das alles, hören Sie, das alles, was Sie mir schreiben könnten, weiß ich ...

... Bitte verstehen Sie, was ich will. Ich weiß, wer Franz ist; ich weiß, was geschehen ist, und ich weiß nicht, was geschehen ist, ich bin an den Grenzen des Wahnsinns; ich habe mich bemüht, richtig zu handeln, zu leben, zu denken, zu fühlen, dem Gewissen gemäß, aber irgendwo *ist*

Schuld. Darüber will ich hören ... Ich will wissen, ob es mit mir so steht, daß auch unter mir Franz leidet und gelitten hat wie unter jeder andern Frau, so daß seine Krankheit ärger wurde, so daß auch er vor mir in seine Angst fliehen musste und so daß auch ich jetzt verschwinden muß, ob ich Schuld daran bin, oder ob es eine Konsequenz seines eigenen Wesens ist. Ist es klar, was ich sage? Ich *muß* es wissen. Sie sind der einzige, der vielleicht etwas weiß. Ich bitte Sie, antworten Sie mir die völlig nackte, einfache, allenfalls brutale Wahrheit, nämlich das, was Sie wirklich denken ...«[28]

Am Ende ihres nächsten Briefes an Max Brod steht der erschütternde Satz: »... ich gehe täglich zur Post, ich kann es mir nicht abgewöhnen ...« Sie hatte es zwei Jahre lang getan. Der Schalter des Postamtes war nicht wegzudenken aus ihrer Liebe. Alle seine Briefe an Milena sandte Kafka »poste restante« nach Wien, wagte nicht, sie an ihre Wohnung zu adressieren aus Furcht vor Ernst Polak. In den Wintermonaten 1922 sah Wilma Milena einmal über die Straße laufen, eilig mit langen Schritten. Sie fuhr im Auto an ihr vorbei, rief ihren Namen, und Milena wandte den Kopf. Mit abwesendem Blick, das blasse Gesicht von Schmerz gezeichnet, schien sie ihre Umgebung nicht zu bemerken. »Ich dachte, dass ich verrückt werden muß, vor lauter Leid, Sehnsucht und schrecklicher Liebe zum Leben«, schreibt sie in ihrer Antwort an Max Brod, in der sie zu erklären versucht, wo ihre Schuld liege, »... wie und wodurch und warum alles geschehen ...« sei. Der Brief beginnt: »Ich danke Ihnen für Ihre Liebenswürdigkeit. Inzwischen bin ich etwas zur Besinnung gekommen. Ich kann wieder denken. Es ist mir dadurch nicht etwa besser geworden. Daß ich Franz nicht schreiben werde – ist doch absolut selbstverständlich. Wie könnte ich denn! Wenn es wahr ist, daß die Menschen auf Erden eine Aufgabe zu erfüllen haben, so habe ich diese Aufgabe neben ihm sehr schlecht erfüllt. Wie könnte ich so unbescheiden sein und ihm schaden, wenn ich ihm nicht zu helfen vermocht habe?

Was seine Angst ist, das weiß ich bis in den letzten Nerv. Sie existierte auch schon vor mir, solange er mich nicht kannte. Ich habe seine Angst eher gekannt, als ich ihn gekannt habe. Ich habe mich gegen sie gepanzert, indem ich sie begriffen habe. In den vier Tagen, in denen Franz neben mir war, hat er sie verloren. Wir haben über sie gelacht. Ich weiß gewiß, daß es keinem Sanatorium gelingen wird, ihn zu heilen. Er wird nie gesund werden, solange er diese Angst haben wird. Und keine psychische Stärkung kann diese Angst überwinden, denn die Angst verhindert die Stärkung. Diese Angst bezieht sich nicht nur auf mich, sondern auf alles, was schamlos lebt, auch beispielsweise auf das Fleisch. Das Fleisch ist zu enthüllt, er erträgt nicht, es zu sehen. Das also habe ich damals zu beseitigen vermocht. Wenn er diese Angst spürte, hat er mir in die Augen gesehen, wir haben eine Weile gewartet, so als ob wir keinen Atem bekommen könnten oder als ob uns die Füße wehtäten, und nach einer Weile ist es so vergangen. Es war nicht die geringste Anstrengung nötig; alles war einfach und klar. Ich habe ihn über die Hügel hinter Wien geschleppt, ich bin vorausgelaufen, da er langsam gegangen ist, er ist hinter mir hergestampft, und wenn ich die Augen schließe, sehe ich noch sein weißes Hemd und den abgebrannten Hals und wie er sich anstrengt. Er ist den ganzen Tag gelaufen, hinauf und hinunter, er ist in der Sonne gegangen, nicht ein einzigesmal hat er gehustet, er hat schrecklich viel gegessen und geschlafen, er war einfach gesund, und seine Krankheit war uns in diesen Tagen etwas wie eine kleine Erkältung. Wäre ich damals mit ihm nach Prag gefahren, so wäre ich ihm die geblieben, die ich ihm war. Aber ich war mit beiden Füßen unendlich fest mit dieser Erde hier zusammengewachsen, ich war nicht im Stande, meinen Mann zu verlassen, und vielleicht war ich zu sehr Weib, um die Kraft zu haben, mich diesem Leben zu unterwerfen, von dem ich wußte, daß es strengste Askese bedeuten würde, auf Lebenszeit. In mir aber ist eine unbezwingbare Sehnsucht, ja eine rasende Sehnsucht, nach einem ganz anderen Leben, als ich es führe und als ich es wohl je führen werde, nach einem Leben mit einem Kinde, nach einem Leben, das der Erde sehr nahe wäre.

Und das hat wohl in mir über alles andere gesiegt, über die Liebe, über die Liebe zum Flug, über die Bewunderung und nochmals die Liebe. Mag man übrigens darüber was immer sagen, so kommt doch nur eine Lüge heraus. Diese ist vielleicht noch die kleinste. Und dann war es eben schon zu spät. Dann ist dieser Kampf in mir zu deutlich sichtbar geworden und das hat ihn erschreckt. Gerade das ist es ja, wogegen er sein ganzes Leben lang ankämpft, von der anderen Seite her. Bei mir hat er ausruhen können. Aber dann hat es begonnen, ihn auch bei mir zu verfolgen. Gegen meinen Willen. Ich habe ganz gut gewußt, dass etwas geschehen ist, was nicht mehr beseitigt werden kann. Ich war zu schwach, als dass ich das hätte tun und erfüllen können, wovon ich gewußt habe, daß es einzig und allein ihm geholfen hätte. Es ist dies meine Schuld. Und auch Sie wissen, dass es meine Schuld ist. Das, was man auf Franz' Nicht-Normalität schiebt, gerade das ist sein Vorzug. Die Frauen, die mit ihm zusammengekommen sind, waren gewöhnliche Frauen und haben nicht anders zu leben gewußt, als eben Frauen. Ich glaube eher, dass wir alle, die ganze Welt und alle Menschen krank sind, und er der einzige Gesunde und richtig Auffassende und richtig Fühlende und der einzige reine Mensch. Ich weiß, daß er sich nicht gegen das Leben wehrt, sondern nur gegen diese Art von Leben da wehrt er sich. Hätte ich es zu Stande gebracht, mit ihm zu gehen, so hätte er mit mir glücklich leben können. Aber das weiß ich erst heute, all dies. Damals war ich ein gewöhnliches Weib wie alle Weiber auf der Welt, ein kleines, triebhaftes Weibchen. Und daraus ist seine Angst entstanden. Sie war richtig. Ist es denn möglich, daß dieser Mensch etwas fühlte, was nicht richtig wäre? Er weiß von der Welt zehntausendmal mehr als alle Menschen der Welt. Diese seine Angst war richtig. Und Sie irren, Franz wird mir nicht von selbst schreiben. Es gibt nichts, was er mir schreiben könnte. Es gibt in der Tat kein einziges Wort, das er mir in dieser Angst sagen könnte. Daß er mich liebt, weiß ich. Er ist zu gut und schamhaft, als daß er aufhören könnte, mich zu lieben. Er würde das als eine Schuld ansehen. Er hält ja immer sich für den, der schuldig ist und der schwach ist. Und dabei gibt es auf der ganzen Welt keinen zweiten Menschen, der seine ungeheure Kraft hätte: diese absolute unumstößliche Notwendigkeit zur Vollkommenheit hin, zur Reinheit und zur Wahrheit. So ist es. Bis zum letzten Blutstropfen weiß ich, daß es so ist. Ich kann es mir nur nicht ganz zu Bewußtsein bringen. Wenn das geschehen wird, wird es schrecklich sein. Ich renne durch die Gassen, sitze ganze Nächte am Fenster, manchmal hüpfen mir die Gedanken wie die kleinen Funken beim Messerschleifen, und das Herz hängt mir wie an einem Angelhaken, wissen Sie, an einem ganz dünnen Häkchen, und das reißt so, mit solch einem ganz dünnen, entsetzlichen Schmerz ...«[29]

Der regelmäßige Briefwechsel endete auf Wunsch Kafkas. Doch über seine Gefühle zu Milena geben einige Sätze Aufschluss, die er später an Max Brod schreibt: »Du wirst mit M. sprechen, ich werde dieses Glück nie mehr haben. Wenn Du zu ihr über mich sprichst, sprich wie über einen Toten, ich meine, was mein ›Außerhalb‹, meine ›Exterritorialität‹ betrifft. Als Ehrenstein letzthin bei mir war, sagte er etwa, in M. reiche mir das Leben die Hand und ich hätte die Wahl zwischen Leben und Tod; das war etwas zu großartig (nicht hinsichtlich M.s, aber hinsichtlich meiner) gesagt, aber im Wesen wahr, dumm war nur, daß er an eine Wahl-Möglichkeit für mich zu glauben schien. Gäbe es noch ein Delphisches Orakel, hätte ich es befragt und es hätte geantwortet: ›Die Wahl zwischen Tod und Leben? Wie kannst du zögern?‹«[30]

★

In großen Zeitabschnitten sandte Milena auch weiterhin Briefe und Kartengrüße und sah ihn einige Male in Prag im Hause seiner Eltern, worüber Kafka am 19. Januar 1922 in seinem Tagebuch vermerkt: »... daß die letzten Besuche zwar lieb und stolz wie immer waren, aber doch auch etwas müde, etwas gezwungen, wie Krankenbesuche. Ist der Eindruck richtig? Hast Du in den Tagebüchern etwas Entscheidendes gegen mich gefunden?«[31] Nach Kafkas Tagebuchaufzeichnungen kam Milena das letzte Mal im Mai 1922, doch wird behauptet, sie habe ihn später noch getroffen, als er schon schwer krank lag. Ich weiß es nicht. – Geliebt hat sie ihn bis zum Ende. Dafür zeugt der tief erschütternde Nachruf, den sie zu seinem Tode schrieb:

»FRANZ KAFKA. Vorgestern starb im Sanatorium Kierling in Klosterneuburg bei Wien Dr. Franz Kafka, ein deutscher Schriftsteller, der in Prag gelebt hat. Es kannten ihn hier nur wenige, denn er war ein Einsiedler, ein wissender, vom Leben erschreckter Mensch. Er litt bereits jahrelang an einer Lungenkrankheit, und obwohl er sie behandeln ließ, hat er sie doch auch bewußt gehegt und geistig gefördert. ›Wenn die Seele und das Herz die Bürde nicht mehr ertragen, dann nimmt die Lunge die Hälfte auf sich, damit die Last wenigstens einigermaßen gleichmäßig verteilt sei‹, schrieb er einmal in einem Brief, und so verhielt es sich auch mit seiner Krankheit. Sie verlieh ihm ein ans Wunderbare grenzendes Feingefühl und eine geistige Lauterkeit, die bis zum Grauenerregen kompromißlos war; und umgekehrt war er es, der Mensch, der seiner Krankheit die ganze Last seiner geistigen Lebensangst auflud. Er war scheu, ängstlich, sanft und gut, aber die Bücher, die er schrieb, waren grausam und schmerzhaft. Er sah die Welt voll von unsichtbaren Dämonen, die den schutzlosen Menschen bekämpfen und vernichten. Er war klarsichtig, zu weise, um leben zu können, und zu schwach, um zu kämpfen: aber das war die Schwachheit der edlen, schönen Menschen, die zum Kampf gegen die Angst, gegen Mißverständnisse, Lieblosigkeit und geistig Unwahres nicht fähig sind, die von vornherein um ihre Ohnmacht wissen, sich unterwerfen und so den Sieger beschämen. Er verfügte über eine Menschenkenntnis, wie sie nur den einsam Lebenden gegeben ist, deren hochgradig empfindliche Nerven schon an einem bloßen Mienenspiel den ganzen Menschen hellseherisch erfassen. Seine Kenntnis der Welt war außergewöhnlich und tief. Er selbst war eine außergewöhnliche und tiefe Welt. Er schrieb die bedeutendsten Bücher der jungen deutschen Literatur. Sie enthalten, in untendenziöser Form, den Kampf der Generationen in der heutigen Zeit. Sie besitzen eine wahrhaftige Nacktheit, die sie auch dort noch naturalistisch erscheinen läßt, wo sie in Symbolen sprechen. Sie haben die trockene Ironie und das empfindsame Sehertum eines Menschen, der die Welt in einer so überdeutlichen Helle erschaute, daß er es nicht zu ertragen vermochte und sterben mußte; denn er wollte keine Zugeständnisse machen, um sich wie die anderen in irgendwelche, wenn auch noch so edle intellektuelle Irrtümer zu retten. Dr. Franz Kafka schrieb das Fragment ›Der Heizer‹ (tschechisch erschienen in Neumanns ›Červen‹); es bildete das erste Kapitel eines schönen, bisher noch unveröffentlichten Romans. ›Das Urteil‹, in dem der Konflikt zweier Generationen gestaltet ist. ›Die Verwandlung‹, das stärkste Buch der modernen deutschen Literatur. ›Die Strafkolonie‹, und die Skizzen ›Betrachtung‹ und ›Landarzt‹. Der letzte Roman, ›Vor dem Gericht‹, liegt schon seit Jahren druckfertig im Manuskript vor; er gehört zu jenen Büchern, deren Lektüre einen dermaßen weltumfassenden Eindruck hinterläßt, daß jeder Kommentar überflüssig wird. Alle seine Werke schildern das Grauen geheimnisvoller Mißverständnisse und unverschuldeter Schuld bei den Menschen. Er war ein Mensch und Künstler von so skrupulösem Gewissen, daß er auch dort noch wachsam blieb, wo die anderen, die Tauben, sich bereits sicher fühlten.«[32]

Im Frühjahr 1924 kam die Freundin Wilma wieder einmal nach Wien und machte sich auf den Weg zur Lerchenfeldstraße. Milena erzählte im Allgemeinen über ihr privates Leben nur sehr wenig, sie war das Gegenteil von mitteilsam. »Man muß Distanz bewahren können«, schrieb sie einmal. »Man muß es fertigbringen, täglich mit Menschen zu verkehren, ohne ihnen etwas über sich selbst zu verraten. Man wird vielleicht nicht verhindern können, daß irgend jemand Einblick erhält in unser Privatleben, aber man soll ihm dabei nicht noch behilflich sein. Wenn man die Grenzen der Vertraulichkeit überschreitet, setzt man sich der Kritik, dem Mitleid und dem Neid aus, und damit beginnen die menschlichen Beziehungen problematisch zu werden, weil man, ohne es zu wollen, Mißverständnissen Tür und Tor öffnete. Dann hat man die Beziehungen mit anderen Menschen nie mehr in der Hand, kann sie nie mehr gestalten, sondern wird von ihnen geformt. Zu große Vertraulichkeit bedeutet außerdem Untreue zu den wahrhaften Freunden und ist eine Geschmacklosigkeit sich selbst gegenüber.«[33]

Voller Herzlichkeit wurde Wilma empfangen und in die Wohnung geführt. Schon auf den ersten Blick wirkte Milena verändert; ruhiger, gesunder, ausgeglichener, und erzählte, nicht ohne Stolz, sie habe vor kurzem in ihrer Wohnung eine Art Pension eingerichtet, vermiete zwei Zimmer, verköstige Mittagsgäste und beschäftige sogar eine Wirtschafterin. Jetzt schien sie das Leben wirklich zu meistern. Sie hatte praktische Talente entwickelt, sich

Kenntnisse in Haushalt und Küche angeeignet, Fähigkeiten, die später in Prag so vielen ihrer armen Gäste zugute kommen und von allen bewundert werden sollten.

Wilma, erstaunt über diese Wandlung, musste nicht lange forschen, bis sie wusste, dass Milena endlich die Kraft gefunden hatte, sich innerlich von Ernst Polak zu trennen, die schon so lange zerrüttete Ehe zu beenden, und dass sie glücklich war in einer neuen Liebe.

»Darf ich dir meinen ›Untermieter‹ Xaver Graf Schaffgotsch vorstellen?«, fragte Milena, und nannte nur zögernd diesen Namen, entschuldigte gewissermaßen im Tonfall seinen Titel. Ein junger, sympathischer Mann trat ins Zimmer und die bürgerliche Wilma stellte mit Befriedigung fest, dass er wohlerzogen war, mit ausgesprochen guter Kinderstube, die etwas tiefer saß. »Dieser Mann war geradezu eine Erlösung nach all den intelligenten Lümmeln, die Milena sonst umgaben. Endlich wurde ihr die Aufmerksamkeit geschenkt, die jeder Frau gebührt und jeder Frau schmeichelt ...«

In einer späteren Unterhaltung beteuerte Milena, Xaver sei kein typischer Aristokrat, sondern das Gegenteil, ein aristokratischer Outsider. Schaffgotsch war ein ehemaliger österreichischer Offizier, lernte Russland zur Zeit der Revolution und des Bürgerkrieges kennen und wurde Kommunist. Durch ihn kam Milena in kommunistische Kreise. In seiner Begleitung besuchte sie im Jahre 1925, nachdem sie Wien endgültig den Rücken gekehrt hatte, ihre gute Freundin aus der Prager Zeit, Alice Gerstl, die mit Otto Rühle verheiratet, in Buchholz-Friedenwald bei Dresden lebte. Rühle und seine Frau bewohnten ein hübsches Haus auf einem Hügel nicht weit vom »Weißen Hirsch« in Hellerau. Sie führten ein ebenso tätiges wie geselliges Leben.

Otto Rühle, der über zwanzig Jahre älter war als seine

Frau, gehörte vor dem Ersten Weltkrieg zum linken Flügel der Sozialdemokratischen Partei Deutschlands und stimmte als deren Reichstagsabgeordneter im Jahre 1914, zusammen mit Karl Liebknecht, gegen die Bewilligung der Kriegskredite. 1916 beteiligte er sich an der Bildung des Spartakusbundes und zwei Jahre später, im Dezember 1918, an der Gründung der Kommunistischen Partei Deutschlands. Als antiautoritärer Linker geriet er jedoch bereits ein Jahr später in Opposition zur KPD und kehrte nie wieder in den Schoß einer Partei zurück. Schon damals erkannten Rühle und die gleich gesinnten Oppositionellen die Gefahr, »dass bei einem Sieg der Revolution die Diktatur der Klasse durch die der Partei und deren Führung ersetzt werde«. Otto Rühle blieb jedoch während seines ganzen Lebens Marxist und arbeitete jahrzehntelang an Marx-Kompendien. Sein letztes Buch »Living Thoughts of Marxism« schrieb er zusammen mit Leo D. Trotzky in Mexiko, wo sie beide in Emigration lebten. Von Beruf Lehrer, beschäftigte sich Rühle außerdem in vielen Veröffentlichungen mit pädagogischen Problemen in marxistischer Sicht. »Das proletarische Kind«, »Umgang mit Kindern«, »Das verwahrloste Kind« sind nur einige Titel seines sehr umfangreichen Werkes.

Auf einem weiteren Wissensgebiet traf er sich mit seiner Frau Alice, einer Schülerin des Individualpsychologen Alfred Adler. In zahlreichen Schriften, auch in einem gemeinsamen Buch, schrieben Alice und ihr Mann über die Erkenntnisse der modernen Psychologie.

1925, als Milena und Xaver Schaffgotsch nach Buchholz kamen, besaß Rühle in Dresden den Verlag »Am anderen Ufer«, in dem viele seiner Veröffentlichungen erschienen. Alice, eine Pragerin aus der gleichen Generation wie Milena und, ebenso wie sie, eine kultivierte Europäerin, prägte die Atmosphäre im Hause Rühle. Sie brauchte zum Leben Musik, Literatur und Kunst. Mit tiefem Verständnis für Architektur zeigte sie den Gästen die Schönheiten des barocken Dresden, besuchte mit ihnen Theater und Ausstellungen, und Milena, die Alice sehr verwandt war, fühlte sich bei Rühles wie zu Hause. Fast zehn Monate blieb sie gemeinsam mit Schaffgotsch in Buchholz.

Milena bearbeitete damals, neben ihrer laufenden journalistischen Tätigkeit, für die Jugendbücherei der Akciová Tiskárna in Prag die tschechische Ausgabe des englischen Kinderbuches *Peter Pan*, das zu Weihnachten 1925 erscheinen sollte. Eine Bekannte in Prag, Jirka Malá, übersetzte das Buch ins Tschechische. Als die Arbeit fertig war, lud Milena sie zu einer Besprechung nach Buchholz ein. Das junge Mädchen kam mit gespannten Erwartungen an, stieg aus dem Zug und wurde von Milena und Schaffgotsch auf dem Bahnsteig empfangen. Schon bei der Ankunft geriet die sehr konservative Pragerin in verwirrtes Staunen. Der aristokratische junge Mann ergriff ihre Koffer, lud sie auf einen Schubkarren und schob mit ihnen los, wie ein Gepäckträger. Sie erhob erregten Einwand gegen diese, nach ihrer Meinung, Übertreibung der Gastfreundschaft, gegen dieses »unerhörte Proletarisieren« – das dachte sie allerdings nur bei sich und ließ es nicht laut werden. Milena überbrückte lachend die Situation, erzählte ihr, dass Xaver und sie alte Sachverständige in Koffertragen seien, sich sogar bei dieser Beschäftigung vorm Wiener Franz-Joseph-Bahnhof kennen gelernt hätten, und fügte hinzu: »Xaver hat noch eine ältere Praxis als ich, hat sich in Russland noch wesentlich proletarischer betätigt, als er dort während der Hungerszeit in Odessa Säcke von den Schiffen schleppte ...«

Die ahnungslose Jirka sollte aber während ihres Besuches noch häufig Gelegenheit zum Staunen bekommen, über das neue Milieu, in dem Milena lebte, und über deren Veränderung. Marxistische Debatten gehörten im Hause Rühle zur Tagesordnung, und Milena, die bis dahin völlig Unpolitische, schien nicht nur Gefallen daran zu finden, sondern verriet dabei auch Kenntnisse auf Gebieten, die für die junge Jirka »böhmische Dörfer« waren. Schweigend saß sie in der Gesellschaft, von Minderwertigkeitsgefühl erfüllt und davon überzeugt, Milena durch ihre Unwissenheit tief enttäuscht zu haben.

Zu ihrer Erleichterung wurde dann das Thema gewechselt und sie gingen gemeinsam die Übersetzung des *Peter Pan* durch. Nun hatte sie wieder festen Boden unter den Füßen. Besonderen Eindruck machte ihr das unerhörte Sprachgefühl Milenas, die ohne Englisch zu können, schnell und treffend äquivalente Ausdrücke im Tschechischen fand. Angeregt durch diese Arbeit begannen die drei Pragerinnen sich geliebter tschechischer Gedichte zu erinnern und wetteiferten im Rezitieren. Xaver Schaffgotsch revanchierte sich mit einem großen Repertoire in deutscher Lyrik. Bei dieser Gelegenheit erfuhr der Besuch, dass Schaffgotsch nicht nur Märchen schrieb, sondern gerade an einem Theaterstück arbeitete, das später im Malik-Verlag erschien. Man hatte also auch andere Interessen als nur »diesen Marxismus und Kommunismus«, konnte Jirka aufatmend feststellen. Der Abend brachte dann für sie den Höhepunkt: man musizierte. Jirka spielte Geige und wurde am Flügel abwechselnd von Alice und Milena begleitet, und auch Xaver erwies sich, während der anschließenden Unterhaltung, als ein beachtlicher Musikkenner.

★

Durch die jahrelange Mitarbeit an der tschechischen Tageszeitung *Tribuna* hatte sich Milena als »Modekorrespondentin aus Wien« bereits einen Namen gemacht. Doch kurz bevor sie mit Xaver Schaffgotsch nach Dresden fuhr, avancierte sie zur Mitarbeiterin an den Prager nationalistisch-konservativen *Národní Listy*, der Parteizeitung Jan Jesenskys, der bei einer vorübergehenden Aussöhnung mit seiner Tochter sie dorthin empfohlen hatte. Den Vater wie auch Tante Ružena erfüllte die allgemeine Anerkennung Milenas journalistischer Fähigkeiten mit Stolz, und ihre neue Mitarbeit in den *Národní Listy* bedeutete für sie geradezu einen Triumph. Doch Milena verdankte ihre journalistische Karriere keineswegs der Unterstützung des Vaters, sondern einzig und allein ihrem Fleiß, ihrer Energie und Begabung. Sie selbst hatte allerdings von ihren literarischen Produkten keine sehr hohe Meinung. Ihr abschätziges Urteil lautete: »Das Einzige, was ich wirklich schreiben kann, sind Liebesbriefe, und letzten Endes sind alle meine Artikel nichts anderes ...«

Im Laufe der Jahre entwickelte sich Milena sowohl als Persönlichkeit wie auch als Schreibende. Auf die Richtung ihrer Entwicklung weist sie selbst hin, nannte sie doch eine Sammlung ihrer Feuilletons, die im Jahre 1926 erschien, »Weg zur Einfachheit«. Mit diesem Büchlein hatte es noch eine besondere Bewandtnis, es war eine Art »Brief an den Vater«, ihm, dem »lieben Vater« gewidmet. Diese Widmung verrät Milenas Wunsch, sich mit dem Vater auszusöhnen; sie trat mit dem Buch vor ihn hin mit der Bitte, sie nun trotz allem und nach allem zu verstehen und hoffte, er würde es nicht, wie Kafkas Vater, ungelesen »auf den Nachttisch legen«.

Bei der Rückkehr von Dresden nach Prag, im Jahre 1925, bereitete man Milena ganz unerwartet einen fast triumphalen Empfang. Als sie 1918 ihre Heimatstadt verlassen hatte, war die Meinung der »Gesellschaft« über sie höchst zwiespältig. Die Geschichte mit Staša, die Affäre Veleslavin, ihre merkwürdige Kleidung, manchmal in wallen-

Rückkehr nach Prag. Nach ihrer gescheiterten Ehe mit Ernst Polak kehrt Milena 1925 in ihre geliebte Heimatstadt zurück. (Foto: Archiv für Kunst und Geschichte, Berlin)

den Gewändern, dann wieder unachtsam in schlampiger Bluse und Rock, und zu allem Überfluss auch noch die Heirat mit einem »deutschen Juden«! Das ging zu weit. Nun aber kam eine andere Milena zurück. Voll erblüht in Schönheit, als die bekannte Modereferentin von den besten Schneiderinnen umworben und elegant gekleidet, wenn auch immer noch mit der ihr eigenen einfachen Note, und vor allem: die anerkannte Journalistin der bedeutendsten konservativ-nationalistischen Zeitung Prags, den »Národní Listy«. Von allen Seiten bemühte man sich um sie. Eine Einladung folgte der anderen. Doch Milena machte sich rar, sie lehnte solche gesellschaftlichen Verpflichtungen ab. Nur ihre alten intellektuellen Kreise beehrte sie mit ihrer Anwesenheit. In deren Gesellschaft fühlte sie sich wieder in ihrem Element. Zusammen mit Schriftstellern und Journalisten, mit der tschechischen, der jüdischen und der deutschen Intelligenz saß sie in ihrem Stammcafé »Metro« in der »Národní Kavarna«, oder in der »Slavia« und machte manchmal einen Abstecher in die »Unionka«. Sie arbeitete voller Eifer und freute sich des Daseins. Ihr damaliger Überschwang wird umso begreiflicher, wenn man bedenkt, dass sie aus dem kargen verarmten Wien in eine Stadt kam, die in junger Kraft emporstrebte, um 300 Jahre versäumter Entwicklung nachzuholen. Die Prager Boheme führte ein geselliges Leben. Es war die Zeit des ersten Jazz, den Milena, eine begeisterte Tänzerin, über alles liebte. Man traf sich täglich in den Kaffeehäusern, abends in den Bars oder bei privaten Gesellschaften. Nur war Prag, im Gegensatz zu Wien, eine kleine Stadt, und von der Boheme kannte eigentlich jeder jeden und alle verkehrten miteinander. Milena hatte sehr viele Freunde, aber es gab auch Menschen, von denen sie gemieden oder angefeindet wurde.

Sie hatte das Schicksal, entweder vergöttert oder gehasst zu werden. Gleichgültigkeit oder laue Duldsamkeit gab es ihr gegenüber nicht. Während die einen sie damals in Bewunderung mit Atjka, der Heldin aus Romain Rollands Roman *L'âme enchantée* verglichen, verbreiteten andere giftige Klatschgeschichten über ihre Vergangenheit.

Man konnte Milenas Wesen, auch nach den schweren Wiener Jahren, nachdem sie sich zu Disziplin und Arbeit durchgekämpft hatte, keineswegs als harmonisch bezeichnen. Milena glich in ihren Begriffen von Ehre und Ritterlichkeit einem weiblichen Don Quichote. Sie war ein Mensch, der hohe moralische Anforderungen an sich und die anderen stellte und nicht bereit war, Kompromisse einzugehen. Ein solcher Mensch lebt in einem ständigen Konflikt. Eben das machte sie leichter verwundbar und oft ungeduldig. Zu ihrem Jähzorn und dem Hang zur Ironie kam noch die Bereitschaft, sich gegen jedes Unrecht aufzulehnen. Da konnten Feindschaften nicht ausbleiben.

Ein Beispiel für Milenas Überlegenheit Feinden gegenüber ist folgende Episode. Der tschechische Dichter Nezval, ein Anhänger des Kommunismus, ein hoch begabter, aber charakterschwacher Mensch, war einer von denen, die Milena gar nicht mochten, und auch sie empfand eine heftige Abneigung gegen ihn. Einmal hatte sich Nezval auf einer Gesellschaft sinnlos betrunken, und als er anfing zu randalieren, entstand unter den Gästen eine Prügelei. Man warf Nezval schließlich zum Hause hinaus. Er blieb, besinnungslos vor Trunkenheit, auf der Straße liegen. Niemand kümmerte sich um ihn. Da kam Milena des Weges. Sie zögerte keinen Augenblick, ihm nicht nur beizustehen, sondern ihn auch gegen die Wut der Straßenpassanten zu verteidigen, die sich um den Betrunkenen angesammelt hatten. Sie wich nicht von seiner Seite, bis ein Krankenwagen eintraf und ihn abtransportierte. Diese Haltung war für Milena eine Selbstverständlichkeit, hatte auch nicht das Geringste mit Sympathie oder Abneigung zu tun.

★

Milena redigierte die Frauenseite in den *Národní Listy*, auf der sie, neben vielen anderen Problemen, über Innenarchitektur und wiederum über Mode schrieb. Zu jener Zeit veröffentlichte sie im Verlag Topič eine Broschüre mit dem Titel *Leute machen Kleider*. Ihre Artikel über Mode waren sehr merkwürdig. In einem seiner Briefe macht sich Kafka über sie lustig und schreibt: »... Ich komme mir vor (beim Lesen eines solchen Artikels) wie ein Riese, der mit ausgestreckten Armen das Publikum von Dir abhält – er hat es schwer, er soll das Publikum abhalten und will doch auch kein Wort und keine Sekunde Deines Anblicks verlieren – dieses wahrscheinlich doch verbohrte, urdumme, überdies frauenhafte Publikum, das vielleicht ruft: ›Wo ist die Mode? Also wo ist endlich die Mode? Was wir bisher gesehen haben, ist ›nur‹ Milena.‹«[34]

Hier ist ein Beispiel eines solchen Modeartikels:

»Die größte Schönheit des Menschen ist die Harmonie. Ich meine damit nichts Äußerliches. Ich meine die aus dem Inneren strahlende Harmonie, eine gewisse Ausgeglichenheit und Ausgewogenheit der negativen und positiven Eigenschaften zu einem einmaligen, markanten Ganzen. Wenn man zum Beispiel eine Katze ansieht, so ist das etwas absolut Vollkommenes, und doch ist die Katze keineswegs ›vollkommen‹. Sie kann weder fliegen noch bellen, weder sprechen noch rechnen, ich glaube, es gibt noch vieles, was sie nicht kann. Aber alles das, was sie kann, tut sie auf vollkommene Art, und niemals würde es ihr einfallen, etwas zu probieren, wozu sie nicht fähig ist, zum Beispiel tanzen. Auch Menschen gibt es, bei denen alles vollkommen und in absoluter Harmonie ist, die so viel Selbstbeherrschung, so viel Selbstkritik und elementare Natürlichkeit besitzen, dass sie niemals etwas tun, was sie nicht können. Deshalb sind sie auch nie häßlich, denn häßlich ist nur die Ungeschicklichkeit, die Lächerlichkeit und die Sinnlosigkeit der Eitelkeit. Solche harmonischen Menschen sind irgendwie abgerundet und haben eine vorzügliche Haltung. Manchmal ist diese Haltung bewußt und erkämpft, doch anderen ist sie von Natur gegeben. Solche Menschen bewegen sich mit der Sicherheit derer, die wissen, daß sie alles richtig machen. Sie sprechen richtig, handeln richtig, benehmen sich richtig und kleiden sich richtig. Vielleicht haben sie noch nie ein Modejournal gesehen und haben weder genug Zeit noch genug Geld, sich mit so etwas zu beschäftigen. Aber ihr Inneres ist in bewußter Ordnung, und deshalb wissen sie, was sie wollen, und wissen, was gut ist zu wollen ...

Alles, was der Mensch tut, verrät, was er seelisch und geistig erarbeitet hat. Wie er aussieht, und wie er sich bewegt, wie er seine Kleider trägt, und wie er die Füße setzt; wie er zu lachen weiß, und wie er jemand die Hand drückt: all das strömt aus einer einzigen Quelle, aus dem Reichtum und dem Adel des Innenlebens. Kleider machen keine Leute – wie viele Menschen erwarteten nach diesem Krieg, daß die Kleider sie machen sollten! Und ist es ihnen gelungen? – Man könnte beinahe sagen, daß die Kleider den Menschen eher enthüllen als verhüllen. Eins ist aber sicher, ein wirklich wertvoller Mensch verliert nie durch die Ungeschicktheit seiner Kleidung, auch wenn an ihm manches anders sitzt, als ›es sich gehört‹. Er besitzt dafür eine so starke persönliche Note, daß er viel schöner ist als ein Mensch, der alles bewußt und peinlich genau so trägt, wie ›es sich gehört‹. Das soll nicht etwa heißen, daß das Äußere unwichtig sei, ganz im Gegenteil. Ich will damit nur sagen, dass das Äußere gar nicht etwas Äußeres ist, sondern ein Spiegel dessen, was sich im Inneren abspielt. Ein Mensch mit einem schönen und reichen Innenleben wird die Frage seines Aussehens ganz selbstverständlich lösen (und das ist fast dasselbe wie gut lösen), er wird sich niemals mit lächerlichen Lumpen behängen, die nicht zu ihm passen, weil er die Einfachheit wie die Luft zum Atmen braucht. Verlogenen und leeren Menschen dagegen verhelfen auch die teuersten Kleider nicht zu Schönheit und Adel. Selbst wenn ihre Kleider vom Standpunkt des Schneiders fehlerlos wären, so würde doch den Ärmeln und dem Schnitt das gewisse Etwas fehlen, das jene Menschen ausstrahlen, die etwas wert sind ...«[35]

★

Seit ihrer Rückkehr bewohnte Milena auf der Kleinseite Prags in einem alten behäbigen Haus am Großpriorplatz ein möbliertes Zimmer. Sie liebte die Kleinseite, denn mit ihr verbanden sich viele Erinnerungen, so auch an die Großmutter, zu der es sie als Kind immer wieder hingezogen hatte. In »Maminká«, einem der letzten Artikel ihres Lebens, in dem sie der tschechischen Frau ein Denkmal setzt, schreibt sie: »... Meine Großmutter sah genauso aus wie die Babička von Božena Němcova ... Sie trug ein seidenes Kopftuch und auf ihren Fensterbrettern zog sie Azaleen. Sie hatte acht Kinder, und wenn es zu Mittag Livanzen gab, konnte sie nie genug davon backen, weil ihr die Kinder die Kuchen gleich aus der Pfanne wegaßen ... Knetete und rollte sie den Teig für Knödel, dauerte das fast einen halben Tag lang. Bekam eines der Kinder Windpocken, hatten es gleich darauf alle sieben anderen ebenfalls. Und Großmutter trippelte, klein und voll sorgender Aufmerksamkeit, von einem Bettchen zum anderen. Sie selbst aber wurde nie krank, denn dazu hatte sie keine Zeit.

Die Dächer der Kleinseite von Prag, der runde Lichtschein auf dem Tisch unterm grünen Lampenschirm, bewundernswerte Wortkargheit und bewundernswerte Güte, natürliche Lebenskraft und eine Heimatliebe aus Granit, alles das war meine Großmutter. – Als im Ersten Weltkrieg die ›Sommerzeit‹ eingeführt wurde, der Tag um eine Stunde früher anfing, nannte Großmutter das verächtlich eine ›österreichische Erfindung‹, und bei ihr gingen die Uhren, allen Vorschriften zum Trotz, weiter nach der ehrlichen Sonne. Schlug es dann vom Kirchturm zwölf, sagte die sonst so Stille mit erhobener Stimme, in der Sprache einer Königin oder eines pathetischen Gedichtes: ›Es ist jetzt elf Uhr!‹ Und, ganz unter uns: es *war* ja auch elf Uhr! ...«[36]

★

Milenas möbliertes Zimmer besaß sogar einen Baderaum, ein für Untermieter damals seltener Komfort. Einmal kam Wilma sie besuchen, fand sie aber nicht im Zimmer, sondern hörte Plätschern aus dem Bad. Sie rief nach ihr und erhielt prompt die Antwort: »Aber, meine Liebe, komm doch herein!« Alma zögerte verlegen vor so viel Ungeniertheit, betrat aber dann doch, nach einer weiteren Aufforderung, das Badezimmer. Beim Anblick des nackten Körpers dieser Frau begriff sie, weshalb sich Milena nicht genieren musste. So makellose Schönheit und Proportion, ein solches Ebenmaß, schlank und doch von vollendeter Rundung, brauchte sich vor niemandem zu verbergen oder gar zu schämen.

*

Sieben Jahre hatte Milena im Ausland verbracht. In dieser langen Zeit war Prag beträchtlich gewachsen und seine provinzlerische Betulichkeit großstädtischem Leben gewichen. In den Straßen wimmelte es von Menschen. Und nicht nur werktags, auch sonntags schwärmten sie in organisierten Reisegesellschaften hinaus ins Gebirge oder zu anderen Ausflugszielen. Aufgescheucht und erschreckt blickte Milena auf die Massen, die sich am Sonntagmorgen im Bahnhof drängten. »Diese Menge hat etwas Niederschmetterndes an sich. Sie ist zu groß, zu ausgebreitet, zu mächtig, nimmt viel zu viel Fläche ein, doch in die Tiefe geht sie nicht ...«

Über sich selbst schreibt sie: »Sonderbare Menschen gibt es auf der Welt, solche, die einen Fluß, einen Wald, ein Forsthaus und eine Pappelallee mehr lieben, wenn sie sie alleine sehen. Das sind Menschen, die nirgendwo ankommen wollen, wenn sie hinausgehen. Sie laufen ziellos durch Wald und Feld, voller Wonne über die Ruhe, über den Duft und die Wolken und die Einsamkeit. Diese Menschen haben nicht einmal eine ganz besondere Beziehung zur Natur, denn sie gehen mit der gleichen Begeisterung durch die Straßen der Großstadt, wenn es regnet und sich die Lichter im feuchten Asphalt spiegeln, oder sie blicken bei Nacht ebenso hingerissen an ihre Zimmerdecke, wo die Lichter von der Straße so sonderbare Ornamente malen. Das sind solche Menschen, die ein Buch von Stendhal genauso entzücken kann, wie der graublaue Abend in einer Schneelandschaft.

Ich liebe das Leben, das ganze, zauberhafte, wunderbare, strahlende Leben, in all seinen Erscheinungen, in all seinen Formen, in der Alltäglichkeit wie in der Feierlichkeit, an der Oberfläche wie in der Tiefe ...«[37]

★

Bei einem ganz besonderen Anlass kam Milena in Ravensbrück auf ein Werk des tschechischen Schriftstellers Karel Čapek zu sprechen, auf den *Krieg mit den Molchen*, eine schaurige Utopie, und erzählte mir den Inhalt. Ein alter Matrose findet im Stillen Ozean einige sehr gelehrige Molche, die erstaunliche Ähnlichkeit mit den Menschen haben. Die internationalen Kapitalisten beginnen nun, diese Tiere für primitive Beschäftigungen zu benutzen, ihre Arbeitskraft auszubeuten. Doch die Molche interessieren sich immer mehr und mehr für die Tätigkeit der überkomplizierten technisierten Menschen, blicken mit großen Glotzaugen auf deren Werke und eignen sich in erstaunlich kurzer Zeit technische Fähigkeiten an. Die Erklärung für dieses Phänomen ist der Mangel der Molche an einem ausgebildeten Gehirn, sie haben keine Gedanken und nichts lenkt sie von der Arbeit ab. So gelingt es ihnen, die menschliche Zivilisation sehr bald nachzuahmen, und da sie sich schneller vermehren als die Menschen, fehlt es ihnen nach kurzer Zeit an Lebensraum. Sie erklären der Menschheit den Krieg!

Und als hätte man ein Schulbeispiel, sozusagen einen Beweis für die Größe der Gefahr, ins Konzentrationslager bestellt, trafen wir in Ravensbrück eine junge, primitive Russin, die es in der SS-Schneiderei an der Knopfannähmaschine zu fantastischen Leistungen brachte, da sie mit jeder Hand zu gleicher Zeit einen anderen Arbeitsgang machen konnte, und somit ihr Arbeitssoll für die SS um 100 Prozent übererfüllte. »Um Gottes willen, da ist schon so ein Čapekscher Molch nach dem Westen gekommen! Wehe, wenn es Millionen werden!«, war Milenas erschütternde Feststellung.

★

In Buchholz, wo Milena und Schaffgotsch fast ein Jahr gewesen waren, hatten sie wie auf einer Insel gelebt. Beide zählten zum engsten Kreis der Familie Rühle, und Milenas Freunde schlossen selbstverständlich Schaffgotsch in ihre Freundschaft ein. Alle neuen Bekanntschaften machten sie gemeinsam. Sie hatten die gleichen Interessen und Schaffgotsch nahm, das ergab sich ganz von selbst, auch an der journalistischen Arbeit Milenas teil. Sie führten ein ausgefülltes Leben, sie gehörten sich ganz.

Als sie zusammen nach Prag kamen, änderte sich das von einem Tag zum anderen. Milena kehrte in die Heimat zu ihren alten Freunden zurück, Schaffgotsch kam in eine fremde Stadt zu fremden Menschen. Er besaß weder die Kraft noch die Fähigkeiten, sich in dieser neuen Umgebung zu behaupten und selbstständig zu machen, er wurde zu einem Anhängsel Milenas, folgte ihr wie ein Schatten. Da er immer wieder in den Kaffeehäusern auftauchte, sie suchte und nach ihr fragte, erhielt er von den höhnenden Literaten den Spitznamen »Wo-ist-Milena«.

Um ihm zu einer Arbeit zu verhelfen, setzte Milena, die Schaffgotsch liebte, alle ihre Verbindungen in Bewegung. Doch nichts gelang. Je mehr Rücksicht sie auf ihn nahm, umso heftiger machte er sie für sein Versagen verantwortlich. Sie begannen, aneinander zu leiden, und Schaffgotsch wandte sich von ihr ab. Als wir in Ravensbrück einmal über Männer sprachen, sagte Milena bitter und selbstkritisch: »Es war wohl mein Schicksal, dass ich immer nur schwache Männer lieben durfte. Keiner hat eigentlich für mich gesorgt oder mich gar umhegt. Es ist eine Strafe für eine Frau, wenn sie zu viel Initiative hat. Das mögen die Männer nur kurze Zeit lang gern, auch die schwachen. Dann suchen sie sich eine andere Frau, ein zerbrechliches Püppchen mit Schmollmund, das mit den Händen im Schoß auf dem Sofa sitzt und bewundernd zu ihnen aufblickt. Solche waren meist meine Nachfolgerinnen. Und so erlebte ich häufig das Wunder der Wandlung meiner unpraktischen, dem Leben nicht gewachsenen, ach so geistigen Männer. Für die neuen Frauen liefen sie mit einem Mal treppauf, treppab, suchten Wohnungen, gingen auf Ämter, besorgten Pässe und schrieben offizielle Briefe. Ja, sie begannen sogar Geld zu verdienen.«

»Daß Sie wegen des Gesetzes (man muß für alles zahlen), unter dem Sie angeblich stehen, nicht bedauert werden wollen, ist ja selbstverständlich …«
»… Was mich betrifft, so glaube ich ja an Ihr Gesetz, nur glaube ich nicht, daß es so blank grausam und auszeichnend für immer über Ihrem Leben steht, es ist zwar eine Erkenntnis auf dem Weg, und der Weg ist unendlich.«[38]

Im Sommer 1926 veranstaltete die jüngere Generation von Manes, des Vereins Bildender Künstler, einen Ausflug nach Zbraslav, zu dem auch Milena eingeladen wurde. Man traf sich im Zentrum der Stadt, im Haus des Künstlervereins, dem neuen Manes-Gebäude. Zu diesem Treffpunkt kamen viele der Künstler sowieso fast täglich. Man sah sich in den Ausstellungsräumen, im Restaurant oder dem sehr beliebten Café mit der großen Terrasse überm Fluss und der wunderschönen Aussicht. Das Haus Manes galt als kultureller Mittelpunkt Prags, als Herz des Fortschritts.

An diesem Sommertag bestieg man den kleinen asthmatischen Vergnügungsdampfer »Primator Dittrich«, und los ging die fröhliche Fahrt moldauaufwärts. Langsam verschwindet die Stadt; noch sieht man die Silhouette des hoch gelegenen, breit gebauten Hradschin und am gegenüberliegenden Ufer den buschig grünen Petřin, den Laurenziberg. Die Luft ist sommerlich milde, das Wasser spiegelblank, und an der einen Seite erhebt sich auf steilem

Fels das sagenumwobene Vyšehrad, die Přemyslidenburg aus der Zeit der Fürstin Libuša. – Dann wird das Ufer etwas flacher und neu erbaute Siedlungskolonien der sich ausdehnenden Stadt wechseln ab mit hässlichem Fabrikgelände. – Schon beginnt es rechts und links der Moldau ländlich zu werden. Von einem Hügel grüßt das Zlichover Kirchlein und durch ein tief eingeschnittenes Tal kann man landeinwärts blicken.

Tuckernd fährt das Schiffchen vorbei am alten Gasthaus von Chuchle, dem obligatorischen Ausflugsziel der Prager Arbeiter- und Kleinbürgerfamilien. So ein Gartenrestaurant beschreibt Milena liebevoll, sich an vergangene Zeiten vor dem Ersten Weltkrieg erinnernd: »Im Garten stehen buschige Kastanien, Papierlampions schaukeln im Wind, die Kapelle irgendeines Infanterieregiments macht Musik und von der Kegelbahn her dröhnt das Gepolter ... An Holztischen sitzen brave Handwerker mit ihren Frauen und Töchtern, und junge Verkäufer kommen in Lackschuhen mit steilwattierten Schultern, um auf dem überdachten Bretterboden im Garten das Tanzbein zu schwingen. Man glaubt gar nicht, wie gut sie tanzen, wie hingebungsvoll und gottergeben; steif halten sie die Finger in gebührender Entfernung von der Taille der Tänzerin, um ihr Kleid ja nicht mit den schwitzenden Händen zu verderben. – Auf dem Bierdeckel unterm Glas folgt ein Strich dem anderen, bis hinter den Kronen der Kastanien die Sonne untergeht, die Lampions angezündet werden und über der Kuppel der Bäume die Sterne aufgehen ...«[39]

Das Flussbett wird breiter und bis zur Mündung des Nebenflüsschens Berounka, das zwischen Weiden und Erlengestrüpp der Moldau zustrebt, ziehen sich an beiden Seiten blühende Wiesen hin. Eine bewaldete Hügelkette begleitet den Strom, allen seinen Windungen folgend.

Auf Deck ist Lachen und Ausgelassenheit. Man tanzt

nach der Musik aus einem heiseren Grammofon. Nach anderthalb Stunden Fahrt wird die mächtige Barockfassade des Schlosses von Zbraslav sichtbar. Man ist am Ziel. Am Dampfersteg steht zur Begrüßung der Arzt von Zbraslav, Dr. Vančura, ein begabter Schriftsteller, der später von den Nationalsozialisten hingerichtet wurde. Anstatt Schloss und Städtchen zu besichtigen, läuft alles zur primitiven Fähre und strebt dem gegenüberliegenden gemütlichen Gasthaus »Závist« zu mit seinem schönen Garten unter blühenden Linden, und macht sich's bequem bei Kaffee oder Bier mit Wurstbroten. Nur eine kleine Gruppe, unter ihnen Milena, hat Lust zum Laufen, geht auf Entdeckungen aus. Ein Hohlweg führt durch dichten Laubwald hinauf bis zu einem großen schattigen Park, und durch die tief hängenden Zweige einer riesigen Blutbuche leuchtet hellrosa die lang gestreckte, graziös geschwungene, wunderbar proportionierte Fassade des Erzbischofsschlosses. Man bewundert den Bau, der aus dem 17. Jahrhundert stammt und an dessen Stelle früher einmal ein politisch sehr einflussreiches Kloster gestanden hatte. Von der Höhe genießt man die weite Sicht auf das blühende Land mit seinen wohlhabenden Dörfern, den gewellten Feldern, den Wiesen und Teichen, die in der Ferne von blauen bewaldeten Hügelketten eingerahmt werden.

Schließlich kehrt man dann zu den anderen im Gasthaus zurück. Milena hat manchen guten Bekannten unter den Künstlern, wie Stašas Freund Hoffmeister, den witzigen Karikaturisten, der gerade mit ihr an dem Büchlein *Glückliche Reise* arbeitet. Doch die meisten aus der Gesellschaft trifft sie heute zum ersten Mal, war sie doch jahrelang in der Fremde. Sie lernt Karel Teige kennen, den Sekretär der avantgardistischen Künstlergruppe »Devetšil«, den besten Theoretiker eines Kreises moderner Architekten, von denen sich einige am Ausflug beteiligten. Diese jungen Architekten sind fast alle Anhänger des Dessauer Bauhauses und jeder Einzelne ist eine Begabung in seinem Fach. Doch der Fähigste unter ihnen ist der Architekt Jaromir Krejcar.

Bald merken es alle: Jaromir hat nur Augen und Ohren für Milena. Wer sie ist, weiß er längst. Wer sollte in Prag nicht von ihr, dem neuen Stern der »Národní Listy«, gehört haben. Er kannte ihre Artikel, vor allem die über Fragen der Wohnkultur. So weiß er, dass sie beide übereinstimmen in ihrer Forderung an den modernen künstlerischen Geschmack: den Weg zur Einfachheit. Das ist die erste Bindung. Und dazu kommt, dass Milena, die in diesem Kreis das erste Mal erschien, etwas Geheimnisvolles umgibt: ihr langer, seltsamer Aufenthalt im Ausland. Sie erzählt von Wien und von Dresden. Jaromir hört ihr zu, wird ganz und gar gefangen und verfällt dem Zauber ihrer Schönheit und Klugheit. Der Abend kommt. Mit dem letzten Dampfer geht es moldauabwärts. Bei Nachtkühle und Sternenschein singen sie über dem Fluss. Gleich hinter dem Zlichover Kirchlein tauchen die ersten Lichter von Prag auf. Sie landen und die Gesellschaft kehrt ein im Stammlokal Manes, das neben dem nüchternen Mühlturm wie ein Schiff in die Moldau hinausragt. Jetzt muss man etwas trinken, um sich zu erwärmen. Milena braucht es nicht, sie ist ohnedies trunken, trunken vor Glück, verliebt in Jaromir.

Nachts, als sich alle trennen, begleitet er sie bis hinüber zur romantischen Kleinseite der Stadt zu ihrer Wohnung in dem alten Haus mit den düsteren Laubengängen. Milena hat Angst vor einer neuen Liebe. Aber vielleicht könnte sie auch einmal, »wie das andere taten«, nur mit ihm tändeln, ihm »nur diese eine Nacht gewähren«? Doch eben das ist ihr nicht gegeben. Die Liebe schlägt über ihnen zusammen. Mit Jaromir, den sie 1927 heiratet, folgen die schönsten Jahre ihres Lebens. In seiner Gesellschaft erschließt sich Milena eine neue Welt. In ihrem Hause verkehren fast alle berühmten Architekten der damaligen Zeit sowie Vertreter der Moderne in Literatur und Kunst. Milena begeistert sich für die Arbeit Jaromirs. Voller enthusiastischem Interesse eignet sie sich die umwälzenden Ideen der modernen Architektur an, dringt in das Wissensgebiet ihres Mannes ein.

Jaromir Krejcar, der Sohn eines Försters aus Hundsheim in Niederösterreich, war vom Praktischen her zu seinem Beruf gekommen, in dem er so Hervorragendes leisten sollte. Er hatte sich von der Pike auf hochgearbeitet. Zuerst beendete er seine Lehre als Maurer, besuchte darauf die Realschule in Prag, dann die Baumeisterschule und schließlich die Hochschule für Architektur an der Prager Kunstakademie. Dort studierte er die Werke Le Corbusiers, die von Gropius, Oud, Loos, Peret, Hannes Mayer und vielen anderen. Schon 1922 redigierte er den in Prag erscheinenden ersten Almanach *Život* (»Leben«), in dem die neuesten Werke moderner tschechischer und ausländischer Architekten gewürdigt wurden. Dabei hob er die Bedeutung der Arbeiten Le Corbusiers besonders hervor und erkannte, gewissermaßen, die Größe dieses Architekten früher, als man sie in Frankreich, in seiner Heimat, erkannte. Im Jahre 1923 wurde Krejcars erstes Bauprojekt realisiert. Es ist das Büro- und Geschäftshaus »Olympic«, ein achtstöckiger Eisenbetonbau mitten in Prag. Dieses Haus wurde zum Standardtypus der modernen Architektur in dieser Stadt. Danach schuf er weitere Geschäftshäuser und auch Privatvillen. Berühmtheit erlangten sowohl der nach seinem Entwurf erbaute tschechische Pavillon auf der Pariser Weltausstellung im Jahre 1937 als auch das Sanatorium Trencin-Teplitz in der Slowakei.

★

Jaromir hatte eine andere Beziehung zur Natur als Milena, die Städterin. »Wenn wir gemeinsam durch den Wald gingen«, erzählte sie mir in Ravensbrück, »verwandelte sich Jaromir in ein neues Wesen, war ganz und gar Sohn des Försters. Wir liefen querfeldein, ohne Weg und Steg, er vor mir her, und seine leichten schmiegsamen Bewegungen glichen denen eines schönen Tieres. Im Wald befand er sich in seinem ureigensten Element, entdeckte in ihm mir ganz unbekannte und immer neue Wunder ...«

In der Zeit der Liebe zu Krejcar erreichte Milena einen Höhepunkt in ihrer journalistischen Tätigkeit. Zwischen 1926 und 1928 erschienen nicht nur ihre drei Bücher, sondern sie wurde auch noch, neben der laufenden journalistischen Arbeit, gemeinsam mit ihrer Freundin Staša, Redakteurin der neu gegründeten Illustrierten »Pestrý Týden«. Staša und Milena setzten ihren Ehrgeiz darein, aus dem »Pestrý Týden« eine avantgardistische Zeitschrift zu machen, und es gelang ihnen auch. Die Illustrierte brachte tadellose Reproduktionen, erschien in ungewöhnlich großem Format, enthielt vorzügliche journalistische Beiträge, sowohl aktuelle wie historische, und hatte ein hohes Niveau. Wahrscheinlich ein zu hohes für die Mehrzahl der Leser. Diese wünschten eine weniger anspruchsvolle Illustrierte, und so blieb der Absatz ungenügend, während die Kosten der Herstellung immer mehr anstiegen. Nach etwas mehr als einem Jahr endete Milenas und Stašas Tätigkeit in dieser Redaktion, sie mussten geschäftstüchtigeren Leuten weichen.

Ihre erste Wohnung mit Jaromir lag in der Spálená, einem nüchternen, hässlichen Haus, in dem Jaromirs verwitwete Mutter einen winzigen Zuckerlladen besaß, von dessen kärglichen Einkünften sie dem Sohn das Studium finanziert hatte. Beide verwandelten diese langweilige Wohnung in ein entzückendes Heim, denn beide hatten den gleichen Geschmack. Sie war bauhausartig einfach, doch mit persönlicher Note und keineswegs kalt und hypermodern, und dazu noch mit allem notwendigen Komfort. Nachdem sie sie eingerichtet hatten, gaben sie der Schar ihrer Freunde einen Abend. Während des Festes kniete einer der Gäste vor der Hausfrau nieder und deklamierte pathetisch-ironisch: »Hab Dank, o Milena, dass du aus dieser Wohnung keine hygienische Musteranstalt machtest ...« Das war die verächtliche Bezeichnung für die damals aufkommenden allzu modernen Wohnungseinrichtungen.

*

In Milenas Erinnerung glichen die ersten Jahre mit Jaromir einem unbeschwerten Fliegen. »Wenn ich daran zurückdenke, so ist mir, als hätte ich nur getanzt.« Vielleicht erlebte sie in dieser Ehe das einzige Mal in ihrem Leben eine Zeit reinen Glückes, eine harmonische Liebe.

Milena erwartete ein Kind. Das war für sie die Erfüllung ihrer Liebe und ihres Lebens. Doch schon in den ersten Monaten der Schwangerschaft spürte sie Beschwerden und ging zu einem Kollegen ihres Vaters, einem bekannten Arzt, um sich Rat zu holen. Der hörte sie freundlich an, unterließ es aber, sie zu untersuchen, meinte nur väterlich beruhigend: »Aber junge Frau, seien Sie doch nicht so zimperlich, das geht alles vorüber ...« Milena war beschämt. Doch ihr Zustand besserte sich nicht, sie litt, hütete sich jedoch vor einem neuerlichen Arztbesuch. Im achten Monat der Schwangerschaft reiste sie mit Krejcar in einen Ferienort in den Bergen, in der Hoffnung, dort zu gesunden. Um Jaromir und sich selbst zu beweisen, dass sie stark und keineswegs zimperlich sei, um sozusagen die Gesundheit herbeizuzwingen, badete sie im kalten Wasser eines Bergsees. Kurz darauf überfielen sie Schüttelfrost, hohes Fieber und eine Art Lähmung. Sie musste im Krankenwagen nach Prag zurückgebracht werden. Sepsis lautete die Diagnose. Sie litt unter unerträglichen Schmerzen. Krejcar benachrichtigte Milenas Vater, der sofort herbeieilte. In seiner Sorge um die kranke Tochter brach die ganze verschüttete väterliche Liebe hervor. Er wich nicht vom Krankenbett, und um ihre furchtbaren Schmerzen zu lindern, hielt er sie ständig unter Morphium. Ein Töchterchen kam zur Welt, aber Milena hatte nicht mehr die Kraft, sich über das Kind zu freuen. Die vom Vater hinzugezogenen Ärzte hielten ihren Zustand für hoffnungslos.

Milena glaubte, sie müsse sterben, und sagte es dem Vater. Das Gespräch zwischen Vater und Tochter in dieser Situation vermittelt einen Begriff von der hasserfüllten Ausweglosigkeit ihrer Beziehung. Jan Jesensky fragte Milena, was nach ihrem Tode mit dem Kind werden solle, sie könne es doch wohl unmöglich dem leichtsinnigen Burschen, dem Vater, anvertrauen. Er schlage vor, sie solle verfügen, dass das Kind zu ihm käme und von ihm erzogen werde. Die todkranke Milena antwortete darauf ohne Zögern: »Bevor ich Ihnen, lieber Vater, dieses Kind gebe, damit Sie aus ihm einen ebenso unglücklichen Menschen machen, wie es Ihnen mit mir gelungen ist, bevor ich das täte, würde ich eher befehlen, dass man das Kind in die Moldau wirft!«

Dabei bewies der Vater, gerade in dieser hoffnungslosen Situation, wie sehr er seine Tochter liebte. Doch Milena konnte, trotz tiefer Dankbarkeit und Erschütterung, nicht über den Abgrund, der sie trennte, hinwegkommen.

Sie sollte nicht sterben. Sie erholte sich langsam, doch das Knie ihres linken Beines verlor durch multiple Gelenkmetastasen mehr und mehr seine Bewegungsfähigkeit.

Wegen tief sitzender Thrombosen wagten die Ärzte nicht, das Bein rechtzeitig zu bewegen, und dem Vater, als einem Arzt, wurde klar, dass, wenn weitere Zeit versäumt würde, Milena ein Krüppel bliebe. Deshalb lud er einige Spezialisten unter seinen Arztkollegen ein und wünschte, man solle in Narkose versuchen, ob sich das Bein überhaupt noch biegen lasse. Es gelang. Dieser Erfolg erschütterte und beglückte Jan Jesensky dermaßen, dass er tränenüberströmt einem der Ärzte um den Hals fiel. Die aus der Betäubung erwachende Milena traute ihren Augen nicht.

Nach über einjährigem Krankenlager kehrte Milena mit ihrem Kind, der kleinen Honza, aus dem Sanatorium zurück nach Hause. Solange sie im Bett gelegen hatte, immer noch voller Hoffnung auf völlige Genesung, wurde ihr die Schwere des Schicksalsschlages nicht ganz bewusst. Erst, als sie auf Krücken gestützt wieder anfing am Leben teilzunehmen, begriff sie selbst und sahen es die anderen, dass sie keine Ähnlichkeit mehr hatte mit der Milena von früher, weder innerlich noch im Äußeren. Sie war morphiumsüchtig. Lange Zeit hatte man sie im Krankenhaus, um die Schmerzen zu lindern, unter Morphium gehalten, und nun konnte sie nicht mehr davon lassen. Sie war ein Krüppel. Vor der Krankheit bezauberte ihr schöner Gang die Menschen, jetzt bewegte sie sich schwerfällig hinkend. Ein Knie blieb steif und deformiert. Früher von besonders schlankem Wuchs, mit zartem schmalem Gesicht, hatte sie jetzt aufgedunsene Züge, war dick und unförmig. Milena wurde sich dieser Veränderung wohl bewusst und verlor dadurch ihr Selbstbewusstsein als Frau.

Noch ein Jahrzehnt später, in Ravensbrück, klagte sie, an jene bitterste Zeit zurückdenkend: »Ach, was wissen die Gesunden von den Qualen der Verstümmelten! Noch nie hatte ich durch all die Jahre in meinen Träumen ein steifes Bein.« Sie empfand die Krankheit mit ihren Folgen als eine Strafe für die ungetrübte Zeit der Liebe mit Jaromir. »Man muss für alles zahlen ...«

Einmal gingen wir im Lager an der Zigeunerbaracke vorbei, aus der sentimentale Lieder klangen. Ich blieb stehen, wollte zuhören, doch Milena zog mich fort und sagte ungewöhnlich grob, ja geradezu hysterisch: »Ich hasse Zigeunermusik! Ich kann und will es nicht hören! Bei Zigeunermusik kommt mir jedes Mal ein schreckliches Erlebnis ins Gedächtnis. Das war so: Jaromir und ich hörten von der Wunderwirkung des Bades Pistyan, und ein Arzt hielt es für möglich, dass durch eine Schlammkur mein Bein wieder beweglich werden könne. Wir reisten dorthin und dann begannen die Qualen. Jedes Mal nach den Bädern versuchte man, das Knie auf einem ›Zanderstuhl‹ zu biegen. Das waren Schmerzen, wie ich sie überhaupt nicht beschreiben kann. Nicht nur während der Behandlung, auch danach und immerfort, Tag und Nacht. Um sie zu betäuben, brauchte ich mehr und mehr Morphium. Jaromir, der es ja kaufen musste, geriet in Verzweiflung, wusste nicht mehr ein noch aus. Ich begann, mich abgrundtief zu verachten. Wo war meine Kraft geblieben?! Was war aus mir geworden! Unter Aufbietung aller Willensstärke erklärte ich Jaromir eines Abends: ›Von jetzt ab nehme ich nie mehr Morphium. Du darfst mir nichts mehr geben, musst mir helfen, dass es aufhört!‹

Weder er noch ich ahnten, was geschehen würde, wenn einer Morphiumsüchtigen von einer Stunde zur anderen das Rauschgift entzogen wird. Nicht nur die wie wild losgelassenen Schmerzen überfielen mich, nein, alles versagte, alle Funktionen des Körpers wurden über den Haufen geworfen. Da lag ich nun und wälzte mich im Bett, und jeden Abend bis in die Nacht hinein spielte unter mir, im Hotel, eine Zigeunerkapelle. Es war zum Wahnsinnigwerden. Diese Teufelsmelodien steigerten meine Raserei. Einmal erwachte ich ganz verwirrt aus dem Halbschlaf und suchte nach Jaromir. Er war nicht da, aber neben dem Lämpchen auf dem Nachttisch lag ein Revolver ... So weit war es also schon. Jaromir konnte nicht mehr, konnte mich nicht mehr ertragen, gab mir einen Wink, was für mich das Beste wäre ... Ich weinte fassungslos, und unten schluchzten die Geigen der Zigeuner ...« Milena schwieg eine Weile, und etwas ruhiger sagte sie: »Jetzt, und schon seit längerer Zeit, wenn ich über dieses Schreckliche nachdenke, halte ich es für möglich, dass ich damals in einer Art Halluzination einen Revolver sah, der gar nicht vorhanden war. Doch wie es auch immer gewesen sein mag, meine Liebe zu Jaromir ging daran zu Grunde ...«

»... es wird der Vorgeschmack jener Höllenstrafe sein, die darin besteht, daß man sein Leben nochmals mit dem Blick der Erkenntnis durchnehmen muß, wobei das Schlimmste nicht die Durchsicht der offenbaren Untaten ist, sondern jener Taten, die man einstmals für gut gehalten hat ...«[40]

Es sollte lange dauern, bis Milena ein neues Gleichgewicht fand. Doch ihr Versuch, mit dem zerbrochenen Leben fertig zu werden, führte sie zunächst in eine Sackgasse. Sie wurde Kommunistin. In Ravensbrück gab sie mir eine Erklärung für ihre Entwicklung zum Kommunismus. Sie behauptete, früher ein oberflächlicher Mensch gewesen zu sein. Erst die Krankheit habe in ihr die Verantwortung gegenüber der Gesellschaft wachgerufen, erst dadurch sei sie ein bewusster, ein politischer Mensch geworden. Nach ihrer Meinung habe es im Leben jedes verantwortlichen und noch mehr jedes schöpferischen Menschen irgendwann einen solchen Bruch gegeben. Vor der Krankheit beschäftigten sie politische oder soziale Probleme nur am Rande. Nun aber begann sie, sich ernsthaft damit zu befassen. Im Gegensatz zu vielen Avantgardisten der zwanziger und dreißiger Jahre, die nur mit dem Kommunismus tändelten, gehörte es zu Milenas Eigenart, für das, was sie als richtig erkannt hatte, mit ihrer ganzen Person und bis zur letzten Konsequenz einzutreten. Ihre politische Stellungnahme und Aktivität wurde jedoch ausschließlich vom Moralischen her bestimmt, für sie waren die menschlichen Werte wichtiger als das politische Programm.

Schon vor ihrem Eintritt in die Kommunistische Partei hatte sie aufgehört, für die bürgerliche *Národní Listy* zu arbeiten und begonnen, die Frauenrubrik in der Zeitung Čapeks und Peroutkas, den liberalen *Lidové Noviny*, zu leiten. Doch ließ die Qualität ihrer Beiträge mehr und mehr nach.

Milena führte einen verzweifelten Kampf gegen die Morphiumsucht. Zwei Mal ging sie freiwillig ins Sanatorium zur Entziehungskur. Da ihre Feuilletons fast ausschließlich autobiographisch waren, berichtete sie nun ihren Leserinnen über das, was sie im Sanatorium erlebte. Nachdem sich das wiederholte, geriet der Chefredakteur der *Lidové Noviny* einmal in solche Empörung, dass er sie wütend anbrüllte: »Gnädige Frau, diese Art von Berichten muss endlich aufhören!« Kurz darauf hörten sie auch wirklich auf, als Milena 1931 der Kommunistischen Partei beitrat.

Anfangs nahm sie ihre Aufgabe als Kommunistin sehr ernst. Sie demonstrierte ihre Gesinnung bei Straßenkundgebungen und in Versammlungen, sie fühlte sich als Kämpferin für eine bessere Welt. Interessant ist allerdings, was ihr Freund Kodiček[41] zu Milenas Verirrung in der KP zu sagen hat: »... Wer ihren (Milenas) Radikalismus gekannt hat, konnte erwarten, daß sie zeitweise der kommunistisch-intellektuellen Mode erliegen wird ... Bald aber erkannte sie die Mechanik, die Trübheit, die Unmenschlichkeit der kommunistischen Politik, und im Jahre 1936 läßt sie sich aus der Partei ausschließen.«

Doch bis zu Milenas Ausschluss aus der KP sollte einige Zeit vergehen. Nach 1930 arbeitete sie für die kommunistische Zeitschrift *Tvorba* (»Schaffen«). – In Ravensbrück gestand sie mir, sie habe während ihrer Zugehörigkeit zur

Partei die Fähigkeit zu schreiben fast völlig eingebüßt. Nach anfänglichem Bemühen, sich selbst davon zu überzeugen, nur bei der Partei liege die Wahrheit, wurde es ihr bald unerträglich, in ihren Artikeln ständig die KP-Parolen zu wiederholen oder sie mit anderen Worten wiederkäuen zu müssen. Wie sehr es sie danach drängte, aus diesem Zwang auszubrechen, verrät folgende Geschichte. Einmal machte Milena den Vorschlag – ob aus Spaß oder wirklich ernsthaft, ist schwer zu ersehen – eine ironische Nummer des *Tvorba* herauszugeben. Darin sollte die ganze KP-Linie auf den Kopf gestellt, unter anderem die Sozialdemokratische Partei als Bruderpartei behandelt werden und so weiter im gleichen Stil. Als sie diesen Plan dem Genossen Julius Fučik, dem Chefredakteur des *Tvorba*, mitteilte, bekam er vor Entsetzen beinahe einen Schlaganfall. Doch man duldete Milenas unorthodoxes Verhalten ziemlich lange. Zum Teil lässt sich das aus einer Eigenart der tschechischen Partei erklären, in der es sogar Anfang der dreißiger Jahre noch so etwas wie eine Boheme-Solidarität gab, was in anderen kommunistischen Parteien schon längst unmöglich geworden war. Zu dieser Partei hatte einmal, allerdings in ihrer Frühzeit, ein Jaroslav Hašek gehölt, der Verfasser des *Braven Soldaten Schwejk*, ein Anarchist, ein Spaßvogel, ein Mensch, für den es keine »politische Linie« gab, der sich über alles und jeden lustig machte. Auch Milena war eine Boheme-Gestalt, und deshalb liebte man sie und behandelte sie mit Nachsicht. Vielleicht aber ließ man sie auch gewähren, weil sie von der bürgerlichen Presse kam, und weil man beabsichtigte, durch sie an jenen Kreis von Intellektuellen heranzukommen, der sie ständig umgab.

★

Milenas Familienleben wurde immer unglücklicher. Es kam oft zu Eifersuchtsszenen, denn Krejcar wandte sich anderen Frauen zu. Außerdem konnten beide nicht mit Geld umgehen. Ihr Lebensstandard – immer waren sie umgeben von einer Schar von Freunden, darunter vielen armen Schluckern, die miternährt werden mussten – entsprach keineswegs ihren Einkünften; schon gar nicht mehr, nachdem Milena nur noch für kommunistische Zeitungen schrieb, was ihr im Monat kaum 800 Kronen einbrachte. Dazu kam ihre Süchtigkeit, die große Summen verschlang. Einmal hatte Milena gerade eine Entziehungskur durchgemacht. Vom Sanatorium ging sie direkt zur Redaktion der sozialdemokratischen Zeitung »Právo Lidu« (Volksrecht). Sie meldete sich beim Portier und erklärte diesem, er solle Herrn Vaněk, dem Chefredakteur und einem Freund von Milena, bestellen, dass eine Dame ihn zu sprechen wünsche. Ihren Namen könne sie nicht nennen. – Wahrscheinlich war sie zu diesem Zeitpunkt noch Mitglied der Kommunistischen Partei und fürchtete, ein Gang zur sozialdemokratischen Zeitung könne üble Folgen haben. – Zuerst verlangte der Portier hartnäckig ihren Namen, doch konnte er ihr nicht lange Widerstand leisten und ließ sie schließlich ein.

Miloš Vaněk war entsetzt, als sie in sein Zimmer trat. Sie sah elend aus, geradezu heruntergekommen, war nicht gekämmt und trug einen schäbigen Männermantel. Sie machte den Eindruck tiefster Niedergeschlagenheit. »Ich komme gerade von einer Entziehungskur«, erklärte sie Vaněk mit trauriger Stimme. »Miloš, kann ich für Sie schreiben? Könnten Sie etwas von mir ...« Mitten im Satz unterbrach sie sich plötzlich und sagte: »Bitte, Miloš, mein Guter, würden Sie mir einen Kaffee spendieren?« Vaněk war natürlich sofort bereit und sie suchten nach einem geeigneten Kaffeehaus. Aber Milena drängte ihn aufgeregt von der Hauptstraße weg in irgendeine finstere Nebengasse, und betrat dann entschlossen ein kleines Restaurant. Offensichtlich wollte sie um alles in der Welt von niemandem gesehen werden. Der Kaffee war noch nicht bestellt, als sie Miloš neuerlich bat, ihr doch lieber ein Paar heiße Würstchen zu bestellen. Sofort verlangte Vaněk das Gewünschte. Milena verschlang das Essen mit Heißhunger. Miloš' Herz zerfloss vor Mitleid, als er sah, wie hungrig sie war. Er rief den Ober und verlangte vier weitere Paar Würstchen. Milena hatte die Bestellung offensichtlich überhört, denn als der Kellner diese Fülle vor sie hinstellte, starrte sie zuerst fassungslos auf den Teller, warf dann einen empörten Blick auf Miloš und schrie ihn wütend an: »Was fällt Ihnen eigentlich ein! Wollen Sie mich beleidigen?! Haben Sie vergessen, dass ich eine Dame bin?!« Miloš gelang es nur, sie zu beruhigen, indem er ihr ein ums andere Mal versicherte, das Ganze sei ein Missverständnis, er nämlich habe dieses Essen für sich allein bestellt.

Milena arbeitete von da ab unter fünf verschiedenen Pseudonymen im *Právo Lidu*. Alle Artikel wurden bei Vaněk abgeliefert. Damit Milena nicht gesehen wurde, musste ihre Tochter, die kleine Honza, die Manuskripte zur Redaktion tragen. Vaněk hatte um dieser Artikel willen vieles zu erdulden, denn die schreibenden SPTsch-Funktionärinnen wurden von Mal zu Mal empörter, wenn er deren Manuskripte ablehnte, und drangen in ihn, er solle endlich erklären, wer diese fünf verschiedenen Mitarbeiterinnen eigentlich seien. Er schwieg, nahm weiter Milenas Artikel, die so viel besser, so viel temperamentvoller, so viel richtiger waren als die seiner Parteigenossinnen.

★

Im Jahre 1934 kam eines Tages der Chefredakteur der *Přítomnost*, Peroutka, zu Miloš Vaněk und fragte ihn: »Was würden Sie zu einem Elternpaar sagen, das behauptet, nicht in Prag bleiben zu können, sondern unbedingt nach Sowjetrussland fahren zu müssen, weil ihr Kind bald in die Schule müsse. In Prag seien die Schulen bürgerlich-verrottet, also gäbe es nur einen Ausweg: nach Moskau.« Dieses Ehepaar war Krejcar und Milena ... Ja, sie hatten wirklich den Plan, nach Moskau zu gehen, wobei die Situation in Europa, die Bedrohung durch das nationalsozialistische Deutschland, sicher eine, vielleicht noch unbewusste, aber doch wesentliche Rolle spielte. In der Vorstellung vieler Intellektueller wurde damals Sowjetrussland zur einzigen Kraft, der es gelingen konnte, den Faschismus abzuwehren. Dazu kam, dass in den dreißiger Jahren nicht wenige moderne westeuropäische Architekten, die zu Freunden und Bekannten Krejcars und Milenas gehörten, aus Begeisterung für den »Aufbau des Sozialismus« nach Sowjetrussland gegangen waren, in der Überzeugung, dort einen wahrhaft befriedigenden Wirkungsbereich zu finden. Sie träumten von Aufträgen für Siedlungen, ja, für ganze Städte, und glaubten an die unbegrenzten Möglichkeiten im sozialistischen Staat. Sowohl Le Corbusier wie Gropius, Hannes Maier, May und andere waren bereits nach Sowjetrussland aufgebrochen.

Krejcar erhielt aus Moskau eine Einladung und reiste allein dorthin, da Milena sich in letzter Minute entschied, mit Honza in Prag zu bleiben.

Die Sowjetbehörden erteilten Krejcar den Auftrag, in der Stadt Kislowodsk, im Kaukasus, ein Erholungsheim für die Funktionäre und Arbeiter der Schwerindustrie zu bauen. Er reichte seine Entwürfe ein, über die er dann, zu seinem größten Missvergnügen, Wochen um Wochen mit den Vertretern der staatlichen Stellen diskutieren musste, mit Leuten, die auch nicht das Geringste von Architektur verstanden. Zwei Einwände kehrten immer wieder und führten regelmäßig zur Ablehnung seiner Projekte: sein Stil sei zu modern und seine Baupläne entsprächen nicht den Erfordernissen des Lebens im Sozialismus.

Krejcar hatte in Russland sehr bald Gelegenheit, die Wirklichkeit des Sowjetkommunismus kennen zu lernen, und schrieb darüber rief enttäuschte Briefe an seine Prager Freunde. Niemand antwortete ihm, außer Milena. Alle seine kommunistischen Kollegen versanken in empörtes Schweigen, weil sie seine Berichte für Lug und Trug hielten.

Man hatte Krejcar, wie das in Sowjetrussland üblich ist, eine Dolmetscherin zugeteilt, eine schöne, junge lettische Jüdin namens Riva. Riva kannte aus eigener Erfahrung die dunklen Seiten der sowjetischen Diktatur, hatte bereits in deren Gefängnissen gesessen. Krejcar und Riva begannen sich zu lieben, was von Seiten der kommunistischen Auftraggeber wahrscheinlich nicht eingeplant war. So konnte es nicht ausbleiben, dass sie einander volles Vertrauen schenkten und keinen Hehl mehr aus ihrer wahren Meinung über die kommunistische Diktatur machten.

Nachdem es Krejcar während seines zweijährigen Aufenthaltes in Sowjetrussland nicht gelungen war, auch nur ein einziges seiner Bauprojekte zu verwirklichen, wünschte er nur noch, dieses Land wieder zu verlassen. Er ließ sich von Milena scheiden und heiratete Riva, der es mit großem Geschick gelang, für sie beide die Ausreisevisen zu besorgen, was damals, im Jahre 1956, während der stalinschen großen Säuberung, geradezu an ein Wunder grenzt.

Wieder in Prag baute Jaromir Krejcar neben zahlreichen anderen Projekten ein schönes modernes Haus in der Palackého Vinohrady und richtete, obgleich sie geschieden waren, im sechsten Stock eine große Wohnung für Milena und das Kind ein. Um das ganze etwas zurückweichende oberste Stockwerk herum lief ein Balkon, den Milena verschwenderisch mit Blumen bepflanzte, was dem Ganzen den Namen »die hängenden Gärten Milenas« eintrug. Anfangs zeichnete sich die Wohnung durch gähnende Leere aus, denn es fehlte Geld für Möbel, und in den riesigen Räumen standen nichts als ein Kinderbett, eine Matratze, einige Stühle und diverse Holzkisten. Aber nach und nach wurden die »hängenden Gärten« zum Musterbeispiel einer modernen Wohnung.

Ungefähr zur gleichen Zeit oder nachdem Krejcar nach Moskau aufbrach, gab die Kommunistische Partei Milena den Auftrag, sich um ein erkranktes Parteimitglied zu kümmern. Nicht nur menschliche Beweggründe veranlassten die Auftraggeber zu diesem Schritt; der Kranke stand im Verdacht, ein Trotzkist zu sein, und man hoffte, Milena würde ihn für die Partei zurückgewinnen. Sie fand ihn in einem dunklen Kellerraum, hilflos und ausgezehrt. Nur ein Gedanke erfüllte sie: alles für ihn zu tun, was in ihren Kräften stand, damit er wieder gesund werde. Die Gefühle, die ihm Milena entgegenbrachte, waren nur Sorge und Verantwortung für den leidenden Menschen. Den Parteiauftrag vergaß sie schon am ersten Tag. Doch dann geschah das für sie völlig Unerwartete. Der Kranke verliebte sich in sie, war nicht nur hingerissen von ihrer Persönlichkeit, sondern auch entzückt von ihrem weiblichen Charme. Milena wagte es kaum zu glauben, hielt sie sich doch für eine hässliche, verkrüppelte Frau, die kein Mann mehr begehren könne. Mit dieser Liebe, die sie bald erwiderte, kehrte ihr seit Jahren verschüttetes weibliches Selbstbewusstsein zurück. Und nun erst fand sie die Kraft, die tiefe Depression und Verwirrung zu überwinden, unter der sie seit der Krankheit gelitten hatte. Von neuem bejahte sie das Dasein, war wieder »Mutter Milena«, die Gebende. Sie überhäufte ihn mit der ihr eigenen Fürsorge, kannte wieder keine Grenzen an Hingabe, und wieder begann sie, das Leben des Geliebten zu lenken. Unter ihrer Pflege kehrte seine Gesundheit zurück und damit die Kraft zu einer Arbeit, die ihm entsprach, die ihn befriedigte und ihm die Freude am Leben zurückgab.

Milenas Episode in der Kommunistischen Partei währte verhältnismäßig kurze Zeit. Sie war von Natur weniger anfällig für politische Illusionen und konnte sich deshalb auch leichter davon befreien. Nur in einem Zustand von Verwirrung und Schwäche bedurfte sie des Haltes einer Diesseitsreligion, und politisches Wunschdenken konnte nur vorübergehend ihr kritisches Denken lähmen. Außerdem blieb ihr erspart, zum Berufsrevolutionär zu degenerieren, wobei wahrscheinlich das Bedürfnis nach freier Ausübung ihres Journalistenberufes eine entscheidende Rolle spielte. Und trotzdem fiel auch ihr der Bruch mit dem Kommunismus nicht leicht, sie zögerte lange, bis sie den endgültigen Schritt tat. Den letzten Anstoß dazu gaben, wie ich bereits erwähnte, die Nachrichten über den ersten stalinschen Schauprozess gegen Sinowjew und Genossen in Moskau. Das war im Sommer 1936. Milena ließ sich, zusammen mit einigen ihrer Freunde, aus der Partei ausschließen.

Im Gegensatz zu vielen anderen Kommunisten wurde sie durch den Ausschluss aus der Partei keineswegs zerbrochen, sie trauerte nicht »einem Gott« nach, den sie »verloren« hatte. Ganz im Gegenteil, sie, die Individualistin, fühlte sich erlöst und atmete tief auf, als sie dem Zwang der Partei entronnen war. Nach kurzer Zeit gewann sie ihre schöpferischen Fähigkeiten zurück und, dank der Erfahrung im politischen Leben, in das sie in den letzten fünf Jahren voller Intelligenz eingedrungen war, entwickelte sie sich bald zu einer namhaften politischen Journalistin.

Anders erging es einer Reihe ihrer Freunde, die zur gleichen Zeit die Partei verlassen hatten. Für sie bedeutete der Ausschluss den Zusammenbruch des bisherigen Lebens. Vor allem für jene, die ausschließlich in den begrenzten Bahnen der Partei gelebt, gedacht und gearbeitet hatten. Sie konnten schwer oder gar nicht zurückfinden, blieben außerhalb der Gesellschaft und retteten sich in den Leerlauf trotzkistischer Kaffeehausdiskussionen.

★

An einem trüben leicht verregneten Frühlingstag saß Milena mit ihrem Freund Fredy Mayer in einer kleinen, dunklen Weinstube mitten im Herzen Prags. Sie war in melancholischer Stimmung und sprach von der Vergangenheit, von allen Männern, die in ihrem Leben eine Rolle gespielt hatten: »Es war schön, es war interessant, es war aufregend, aber heute weiß ich, dass alles nicht das Richtige gewesen ist. Der Richtige ist nie gekommen ... im großen Ganzen war immer zu viel Gerede, zu viel Neurasthenie und sehr viel Lebensferne ... So viele von ihnen hatten Angst vorm Leben und es fiel ... dann immer auf mich, ihnen Mut zu machen. Eigentlich hätte es andersherum sein sollen. Oft habe ich mir gewünscht, viele Kinder zu haben, Kühe melken und Gänse hüten zu dürfen und einen Mann zu haben, der mich ab und zu durchprügelt. In meinem Innersten bin ich eigentlich eine tschechische Bauersfrau. Das so genannte Intellektuelle in mir ist nur ein unglücklicher Zufall.« Fredy Mayer, der diesen Reminiszenzen zuhörte, wusste nichts anderes zu erwidern als: »Aber Milena, wie kannst du nur ...?!« Worauf sie laut auflachte und erklärte: »Ich weiß, das ist natürlich nicht alles ganz so, wie ich es sagte, aber manchmal bilde ich mir eben ein, dass es so sei.« Und dann erzählte sie weiter, sehr,

sehr lange. Am Ende meinte Fredy, man könne das Ergebnis ihrer Erlebnisse in einem einzigen Satz zusammenfassen, nämlich dem Refrain eines Liedes, das die Prager Kabarettisten Voskovec und Werich mit Ziehharmonikabegleitung oft gesungen haben, und das von einer unehelichen Mutter handelt, die sich bei der Gottesmutter und dem Jesuskind über ihren Freund beklagt, der sie mit einem Kind schnöde hatte sitzen lassen. Jede Strophe des Liedes endet mit der Erkenntnis der Betrogenen: »Mutter Gottes mit deinem Jesulein, Männer – das sind keine Menschen ...«

Als sie spät abends nach Hause kam, fand Milena an ihrer Tür einen Strauß Blumen, und auf der beigefügten Karte stand: »Mužský – to nejsou lidí!« (»Männer – sind keine Menschen«).

★

Mehr als drei Jahre ist in Deutschland Hitler bereits an der Macht. Voller Angst und Sorge beobachten die politisch denkenden Menschen in der Tschechoslowakei dieses erschreckende Phänomen. In einem Artikel über die Sonntagsfreuden des kleinen Mannes stellt sich Milena die Frage, ob die einfachen Menschen in Deutschland überhaupt noch ein unbekümmertes Privatleben haben dürfen, und schreibt: »Man hat den Eindruck, als ob dort sogar die Erholung auf Kommando geschieht, als ob dort keiner mehr durch die Wälder schweift und ausgelassen mit Tannenzapfen nach Baumstämmen zielt, sich niemand mehr ein Feuerchen macht oder im Wald voller Übermut Giftpilze aus dem Boden reißt. Dort bricht die Stadt am Sonntagmorgen auf, um frische Luft zu bekommen, doch abends kehrt sie atemlos im Marschtempo wieder heim. – Der kleine Mann aus dem Slawenland, verträumt und im Herzen ein Vagabund mit einer unordentlichen Seele und voller Humor, möchte sich am liebsten im Straßengraben verkriechen und fürchten wie ein Kind ...«[42]

ZU NEUEN AUFGABEN

»… Solange du nicht zu steigen aufhörst, hören die Stufen nicht auf, unter deinen steigenden Füßen wachsen sie aufwärts.«[43]

Einige Tage nach ihrem Ausschluss aus der Kommunistischen Partei erhielt Milena Besuch von dem jungen Genossen Kurt Beer, der noch Mitglied der Partei war, aber schon von Zweifeln geplagt wurde. Er wünschte, ihren politischen Standpunkt zu erfahren. Milena versicherte ihm, dass sie nach wie vor für etwas sei, was man vielleicht Kommunismus nennen könne, doch habe das nicht das Geringste mit dem zu tun, was man in Sowjetrussland und in den kommunistischen Parteien darunter verstehe. Dann meinte sie resigniert: »Die Kommunisten haben alles verdorben und zu Grunde gerichtet. Jetzt werden wir wieder ganz von vorn anfangen müssen.«

Besonders tiefen Eindruck machte es auf den jungen Mann, der gewagt hatte, die Abtrünnige zu besuchen, dass Milena, die viel Ältere, ihn keine Spur von Überlegenheit fühlen ließ, ihn wie ihresgleichen behandelte, auf alle seine Argumente einging und ihn, als sei es ganz selbstverständlich, in den Kreis ihrer Freunde einbezog. Von da ab gehörte er zu ihren ständigen Gästen und genoss die Atmosphäre ihres Hauses. Einmal führten sie ein Gespräch über schöne Männer, und man fragte Milena, wen sie unter ihren Bekannten schön fände. »Schön ist Záviš Kalandra. Vor allem seine Augen. Doch was wären diese Augen ohne die vielen Runzeln, die sie umgeben. Jede Falte lebt in seinem Gesicht und macht es schön ...«

Bei einer heftigen politischen Auseinandersetzung fügte Milena, aufbrausend wie sie war, dem jungen Gast eine tiefe Beleidigung zu. Empört verließ er die Wohnung, fest davon überzeugt, die Freundschaft sei ein für alle Mal beendet. Am Abend des gleichen Tages erschien Milena bei ihm und entschuldigte sich für die angetane Kränkung. Doch »entschuldigen« ist nicht das richtige Wort. Sie verstand es, den einem Menschen zugefügten Schmerz so restlos auszulöschen, dass man ihr nicht etwa das Unrecht »vergab«, sondern es ganz und gar vergaß. »Verzeihen« war ein Gefühl, das es Milena gegenüber nicht gab. »Du hast eine Eigentümlichkeit«, steht in einem der Briefe Kafkas an Milena, »– ich glaube, sie gehört tief zu Deinem Wesen und *es ist Schuld der anderen,* wenn sie nicht überall wirkt –, die ich noch bei niemandem gefunden habe ... Es ist die Eigentümlichkeit, daß Du nicht leiden machen kannst ...«[44]

★

Als im Jahre 1937 Ferdinand Peroutka, der Chefredakteur der liberal-demokratischen *Přítomnost* (»Gegenwart«), ein Literat und Journalist ersten Ranges, Milena zur Mitarbeit heranzog, bedeutete das für sie in vieler Beziehung, auch in wirtschaftlicher, eine Rettung und die große Chance. Die *Přítomnost* war eine politische, literarische und wissenschaftliche Monatsschrift, die Ähnlichkeit hatte mit der in Amerika erscheinenden *Nation.* Peroutka, der Milena seit langem kannte, wusste vor allem eines: dass sie schreiben konnte. Er wünschte, sein ernsthaftes Blatt durch den menschlichen Gehalt ihres Feuilletonstils, der dennoch immer auf Tatsachen beruhte, aufzulockern.

Langsam arbeitete sich Milena in die neue Aufgabe ein.

In den ersten Beiträgen findet man noch einige Spuren aus der Zeit der »Modekorrespondentin aus Wien«, ja, sie benutzt sogar einmal die ihr nun gegebene Gelegenheit, der Stadt Wien, in der sie so viele schwere, aber auch fröhliche Jahre ihrer Jugend verlebte, eine späte Huldigung darzubringen. Als sie noch für die *Tribuna* und die *Národní Listy* schrieb, war es ihr nicht möglich, in einem Beitrag der Hauptstadt der ehemaligen österreichischen Unterdrücker liebevoll zu gedenken. In der freiheitlichen *Přítomnost* stand dem jedoch nichts im Wege.

Milenas frühe Artikel in der *Přítomnost* sind meist soziologisch-psychologische Untersuchungen auf gründlicher Kenntnis der Wirtschaft basierend, voll menschlichem Erbarmen und einem begnadeten Humor. In jedem dieser Artikel spürt man die Art seiner Entstehung. Sie greift ihren Stoff aus dem Leben selbst. So erblickte sie einmal, durch die Straßen Prags schlendernd, das Schild einer Kolonialwarenhandlung: »František Liliom, Gemischtwarenhandlung«, und es überwältigt sie die Erinnerung an Molnars »Liliom«, an Wien, an den Prater, an die Zeit ihrer Jugend. Sie geht ins nächste Kaffeehaus und bringt es sofort zu Papier. Doch schon beim Niederschreiben wird aus der Erinnerung ein Abschied von Wien, keineswegs ein sentimentaler, wozu gerade Wien so leicht verführt, aber doch ein lyrischer:

»Solltet Ihr noch nie zur Frühlingszeit in Wien gewesen sein, wenn die Kerzen der Kastanien blühen und die ganze Stadt von Flieder duftet, wenn im Prater eine Luftschaukelbude nach der anderen aufmacht; solltet Ihr noch nie das grüngraue Licht gesehen haben, mit dem die elektrischen Lampen am Abend das Laub der Kastanien übergießen; solltet Ihr noch nie die Riesenespen am Rande der Donauwiesen gesehen haben, jenen weiten veilchenübersäten Auen, die mit ihren Eschen und Silberpappeln den

Prater kilometerweit umgeben und in Frühlingsnächten die Liebespaare keusch verbergen; solltet Ihr noch nie am Abend durch die Straßen des Praters gegangen sein, wo in strahlendem Licht die Gold- und Silberflitter an den Jahrmarktsbuden und Luftschaukeln glitzern, zittern, sich wiegen und hüpfen; solltet Ihr noch nie aus zehn Drehorgeln, zehn verschiedene Walzer auf einmal habt klingen hören, und das alles unter einem Himmel, dessen Sterne vor so viel grellem Glanz verblassen, – nein, dann könnt Ihr nicht wissen, wer Liliom ist, selbst, wenn Ihr Molnar gelesen habt.

Liliom, das ist der Mann von der Luftschaukel. Der Wurstlprater hat am Abend, müßt Ihr wissen, etwas ganz und gar Unwirkliches. Wie eine Bühne betritt man ihn. Und bei jeder Luftschaukel steht ein Mann, stark, so ein richtiger Prachtskerl aus der Wiener Vorstadt, im gestreiften Trikothemd, die Schiebermütze im Nacken. Paris hat seine Apachen, doch weiß ich nicht, ob sie echt sind. Der Wiener Luftschaukelmann aber, der ist echt. Mit wunderbarem Schwung seiner starken Arme stößt er das Schiff der Schaukel bis in den Himmel hinauf. Und darin sitzen, sich krampfhaft festhaltend, blasse Großstadtmädels, solche, die nur am Sonntagnachmittag mit der Freundin ausgehen ... Ihre Blicke hängen voll frommer Bewunderung an dem Mann, der sie mit so prächtigem Schwung in den Himmel wirft; dann aber bekommen sie es mit der Angst zu tun, kreischen, ihre Röcke bauschen sich, fliegen hoch und die sorgfältig gedrehten Locken rutschen unter der Mütze hervor ... Aber was tut's! Es packt sie der wagehalsige Überschwang unerwarteten Glücks, für das der kleine Mann mit kleiner Münze, mit sauer erarbeiteter und ersparter Münze zahlt. Und der Held, in dessen Hand die Münze verschwindet, der ihnen ›Fräulein‹ sagt und ›Gestatten Sie ...‹, der Mann mit dem herrlichen Schwung, dem man ansieht, daß er sich auskennt im Leben, der mit der Zigarette hinterm Ohr, den schmutzigen Händen, der plattgedrückten Nase und dem frechen, derben Sex-Appeal, der leichtfertige Herzensbrecher kleiner Dienstmädchen und Arbeiterinnen – dieser Mann ist Liliom ...«[45]

Und hier endet die Erinnerung an Wien. Denn es geht ja gar nicht um den Wiener Liliom, sondern um František Liliom, den braven, tschechischen Gemischtwarenhändler. Und so fällt im weiteren Artikel die Lyrik unter den Tisch. Milena stellt nicht nur fest, dass sich der tschechische Liliom grundsätzlich von seinem österreichischen Namensvetter unterscheidet, sondern schildert voll tiefem sozialen Mitgefühl und einer erstaunlichen Kenntnis über das Funktionieren der Lebensmittelversorgung das mühselige Dasein und die wichtige Aufgabe, die ein kleiner Kolonialwarenhändler in einer großen Stadt erfüllt.

★

Im Jahre 1937 zog Milena Willi Schlamm, der als Chefredakteur der *Weltbühne* aus Wien nach Prag übergesiedelt war, zur Mitarbeit an der *Přítomnost* heran. Sie übersetzte seine deutsch geschriebenen Artikel ins Tschechische. Nicht nur diese Zusammenarbeit, sondern auch die gleichen kulturellen Interessen und beider Liebe zur Musik, die gemeinsame Freude an Literatur, an Witz, Geist, Enthusiasmus und Gelächter führten bald zu einer engen Freundschaft. Willi Schlamm bewunderte Milenas Arbeitsfähigkeit. Sie konnte sechzig Stunden in einen Tag pressen; sie schrieb, übersetzte, kümmerte sich um unzählige Menschen, führte den Haushalt und kochte auch noch für alle, die gerade in ihrer Wohnung anwesend waren. Nie erschien sie zu einer Begegnung mit Schlamm ohne ein Geschenk mitzubringen, irgendeine kleine Aufmerksamkeit.

Sie hatte immer Zeit. Trotz der erstaunlichen Arbeitsleistung konnte sie voller Ruhe im Café »Bellevue« an der Karlsbrücke sitzen, wo Schlamm zu schreiben pflegte; oder sie verabredete sich für den Abend mit ihm in irgendeinem Beisl, stets aufgelegt zu Gesprächen, zu Humor, zum Lachen. Schon 1937 hatte sie alle Spuren ihrer kommunistischen Vergangenheit überwunden und sich von jeder Art Wunschdenken befreit. Sie erkannte die Bedrohung der Freiheit, ganz gleich von welcher Seite sie kam, und hatte den Mut, mit gleichem Nachdruck die nationalsozialistische ebenso wie die sowjetrussische Diktatur zu verurteilen. Das brachte sie in entscheidenden Widerspruch zu einem großen Teil der Prager Intelligenz, die, betont antifaschistisch, vor der sowjetrussischen Wirklichkeit die Augen verschloss. Milena besaß die Fähigkeit zur politischen Prognose. Schon zu Beginn des Zweiten Weltkrieges äußerte sie Freunden gegenüber: »Wenn uns die Rote Armee befreien sollte, müsste ich Selbstmord begehen ...«

»Du hast einen durchdringenden Blick, das wäre aber nicht viel, das Volk läuft ja auf der Gasse herum und lockt den Blick an sich, aber Du hast den Mut dieses Blicks und vor allem die Kraft, noch weiterzusehn über diesen Blick hinaus; dieses Weitersehen ist die Hauptsache und das kannst Du …«[46]

Mit dem immer stärker werdenden Druck des Hitlerfaschismus auf die Tschechoslowakei wuchs, neben der heißen Liebe zur Heimat, auch Milenas nationales Verantwortungsgefühl. Schon während des Jahres 1937 wurden die Forderungen Henleins, des Führers der von Hitler gestützten »Sudetendeutschen Partei«, ständig rigoroser. Im April 1938 erreichte die von Hitler geschürte Krise ihren Höhepunkt, nachdem Henlein im so genannten Karlsbader Programm unter anderen provozierenden Forderungen die völlige »legale« Unabhängigkeit des so genannten sudetendeutschen Gebietes innerhalb der Tschechoslowakei verlangte.

Zur selben Zeit wurde es offensichtlich, dass England und Frankreich nicht die Absicht hatten, die Tschechoslowakei gegen Hitlers Angriffe zu schützen, obgleich mit Frankreich, außer der traditionellen Sympathie und den alten kulturellen Bindungen, seit 1921 ein Beistandspakt bestand. Im Mai 1938 zog Hitler seine Truppen an der bayerischen und sächsischen Grenze zusammen und bereitete offensichtlich einen Angriff auf die

Tschechoslowakei vor. Prag antwortete auf diese Bedrohung schlagartig mit einer Konzentration von Truppenverbänden, die so reibungslos, ruhig und rasch vor sich ging wie wohl selten eine Mobilisierung. Dies geschah in der Nacht zum 21. Mai 1938, dem Tage der Gemeindewahlen in der Tschechoslowakei. Sehr vieles spricht dafür, dass Hitler ursprünglich die Absicht verfolgte, den Wahltag, ein Wochenende, an dem alle tschechischen Sicherheitsorgane beschäftigt gewesen wären, zum Überfall auf Böhmen zu benutzen. – Chamberlain gegenüber hat er später allerdings eine solche Angriffsabsicht glatt abgeleugnet und sie als tschechischen »Verfolgungswahn« bezeichnet.

Kurz vor diesen erregten Maitagen fuhr Milena hinaus aufs Land, um sich von der Stimmung der Menschen im Dorf ein Bild zu machen. Sie fasste ihre Eindrücke in der Reportage »Das böhmische Dorf« zusammen und schrieb über den Verteidigungswillen der tschechischen Landbevölkerung Folgendes:

»In diesem kleinen Dorf von annähernd 700 Seelen wurden am 21. Mai ungefähr 8 Leute zur außerordentlichen Militärübung einberufen. Kein einziger wußte, was geschehen war, alle waren überzeugt, daß es Krieg sei. Sie hatten ein paar Stunden Zeit vor dem Antreten. Aber schon nach einer Viertelstunde wurde beim Schuldirektor ans Tor geklopft: ›Was machen Sie so lange? Los, gehen wir endlich!‹ Das Reservistenhemd, die Unterhosen und Socken hatten sie unterm Arm, die Sorge und die Arbeit für die Familie übergaben sie der Frau und zogen los. Der Schuldirektor wollte eben sein Köfferchen packen, aber was konnte er tun gegen diese selbstverständliche und flinke Bereitschaft? Er ging mit ihnen, wenn auch noch so viel Zeit war. Einem Bauern brachten sie den Einberufungszettel direkt aufs Kartoffelfeld. ›Mutter, gib mir die

Seife, ich rücke ein‹, sagte er, wusch sich die Hände und ging.

Das ist eine wunderbare Bereitschaft zur Verteidigung. Dieses ruhige, friedliebende und friedliche Volk würde sich zutiefst schämen davonzulaufen. Sein Mut ist absolut selbstverständlich. Dieses Volk steht auf seinem eigenen Boden, will Frieden, gute Ernte und das Leben – aber es greift zu den Waffen, so als ob es zum Mittagessen ginge. Es gab kein Abschiednehmen und keinerlei begeisterte Lieder. Fast niemand im Dorf wußte, daß acht gegangen waren. Binnen einer halben Stunde hatten sie sich gestellt ...«

Zum Schluss des Artikels gibt sie ein Beispiel für das Verhalten eines vorbildlichen Offiziers im Kriegsfalle: »Ich sprach mit einem Mann, der den Weltkrieg mitgemacht hatte. Er war keine Spur begeistert für Morden und Soldatenspielen. Die Gelenke an seinen Händen und Füßen waren verknotet wie Waldwurzeln, und das Gesicht glich einem verwitterten Stein. Er erzählte mir, wie der Offizier mit ihnen umgegangen war. Er schlief mit ihnen, aß mit ihnen und unterhielt sich mit ihnen. Offiziere sind doch eine Kaste für sich, vom gemeinen Soldaten trennt sie eine ganze Welt: ›anderer Tabak, andere Aussprache und weiße Handschuhe‹, wie im Film ›La Grande Illusion‹ gesagt wird. Es scheint aber, daß unsere Offiziere begriffen haben, was dem Volk nötig war, daß der Offizier kein Herr sei, sondern ein Soldat. Ich weiß nicht, wo dieser ausgezeichnete Mann gestanden hat, aber ich weiß, daß er für die Burschen und einfachen Kerle Briefe nach Hause schrieb, denn ihre schwieligen Hände hatten es schwer mit der Feder, und ihre Gefühle können sie schlecht in Worte kleiden. Er aß die gleiche Kost, übrigens eine gute, rauchte dieselben Zigaretten und verfaßte für zwei Mann ein Gesuch ans Steueramt, mit dem sie einen langdauernden Streit hatten. Ohne ihr Wissen schrieb er eine Empfehlung zu diesem Gesuch, mit der Bitte, die Sache rasch zu erledigen. Und, Wunder über Wunder, – als die Soldaten heimkehrten, war die verzwickte Geschichte erledigt. Offensichtlich kann etwas klappen auch ohne Heilrufe und grobe Befehle. Ich weiß allerdings nicht, ob dieser Offizier nicht ein weißer Rabe gewesen ist. Aber ich weiß, daß dies ein guter Weg zur Bildung einer guten Armee ist.

Dieses Volk braucht man nicht anspornen, wenn die Stunde kommen sollte, die wir nicht herbeiwünschen. Mit der gleichen Selbstverständlichkeit würde es sich verteidigen und wehren, mit der es in den Maitagen fortzog.«[47]

Die Abwehrbereitschaft der tschechischen Bevölkerung verfehlte nicht ihre Wirkung. Sowohl die englische wie die französische Regierung bewiesen nach der Mai-Mobilisierung, zumindest in Erklärungen, – und wenn auch nur für kurze Zeit – ein etwas festeres Rückgrat gegenüber Hitler. Ein Sprecher des Quai d'Orsay ging sogar so weit zu erklären, dass »wenn Deutschland die tschechische Grenze überschreitet, der Krieg automatisch ausbrechen werde, und Frankreich zu jeder Hilfe bereit sei.« Doch das war nur von kurzer Dauer, und die Gefahr nur für den Augenblick gebannt. Die festere Haltung der Verbündeten der Tschechoslowakei sollte bald wieder ins Wanken geraten, durch ihre verbrecherische Leichtgläubigkeit gegenüber Hitlers verlogenen Beteuerungen, die eine unverzeihliche Unkenntnis der Mentalität des nationalsozialistischen Gegners verriet. Schon während der nächsten Monate verschärfte sich die Spannung. Der sudetendeutsche Nazist Henlein steigerte seine Forderungen und verlangte schließlich kategorisch den »Anschluss« des Sudetengebietes an das Deutsche Reich.

Die englische und französische Regierung, in panischer Angst vor einem möglichen Kriegsausbruch, auf den sie völlig unvorbereitet waren, befahlen der tschechischen Regierung und beschworen sie, in ihren Zugeständnissen an Hitler bis zum Äußersten zu gehen. Im Juli 1938 wurde beschlossen, England solle allein mit Hitler über das Problem der Tschechoslowakei verhandeln, da es ihm »objektiv« gegenüberstehe, nicht durch einen Vertrag mit Prag gebunden sei. Chamberlain sandte, ohne die Prager Regierung vorher zu befragen, eine Untersuchungskommission unter Leitung von Lord Runciman in die Tschechoslowakei. Sie sollte prüfen, ob die Behauptung Hitlers bzw. Henleins wahr sei, dass die deutsche Bevölkerung Böhmens »von den Tschechen terrorisiert« werde. Lord Runciman, der nicht über die geringste Kenntnis der böhmischen Verhältnisse verfügte, wich jeder Begegnung mit tschechischen Vertretern aus und verzichtete auf jede wirkliche Information, sei sie politisch, kulturell oder gesellschaftlich. Er beschränkte sich ausschließlich auf den Verkehr mit der deutschen Aristokratie Böhmens und krönte seine Mission, indem er sich mit dem Nationalsozialisten Henlein auf dem Schloss des Prinzen Max Hohenlohe traf.

Bei ihrer Reise als Berichterstatterin der *Přítomnost* wurde Milena nicht nur Zeugin der schnellen und reibungslosen Mobilisierung, sie sah auch die schier unüberbrückbaren Schwierigkeiten im böhmischen Grenzgebiet, wo sich die Menschen, hier Tschechen dort Deutsche, in Todfeindschaft gegenüberstanden. Dieser Hass ging oft quer durch die Familien. In einem Fall war der Mann ein Deutscher, die Frau eine Tschechin und die Kinder, aufgeputscht durch die chauvinistischen Leidenschaften, hielten den Vater für einen »Feind des Vaterlandes« oder verachteten die Mutter, die vom ganzen Ort boykottiert wurde, als »Verräterin«, weil sie mit einem Deutschen verheiratet war. »Eltern und Kinder, Gatten und Geschwister werfen sich die Drohung an den Kopf: ›Warte du nur ab, in ein paar Tagen wird man dir den Mund schon stopfen!‹ Auf dem Weg zur Schule beschimpfen sich die Kinder mit ›Tschechische Hure!‹ oder ›Marxistische Sau!‹ – und das sind noch milde Worte – oder bewerfen sich mit Steinen – ...«

»In Eger gab es zwei Tote. Die Henlein-Leute sagen ganz offen – ich hörte es selbst –: Noch ein paar weitere Tote brauchen wir, dann wird's losgehen. Sie brauchen Märtyrer, sie brauchen Helden. Zwei Tote genügen noch nicht ... Aber ein Wunder ist es nicht, dass die beiden fielen. Bei einem solchen Ausmaß an abgrundtiefem Hass, an Boykotthetze, an organisierter Angst und Grauen, bei diesen schrecklichen Verhältnissen in den Familien, in den Fabriken und Werkstätten, in dieser Atmosphäre, wo schon jede politische, ja selbst nationale Orientierung verloren gegangen ist und nur noch psychopathische Besessenheit herrscht, ist es geradezu erstaunlich, wenn es keine Toten gibt. Hier greift der Sohn zum Messer, wenn er mit dem Vater spricht, und der Bruder zieht es gegen den Bruder ...«

In Eger trifft Milena einen Deutschen, der kein Henlein-Anhänger ist, sondern ein Gegner des Nationalsozialismus. Er verbietet seinen Kindern, an den Sportveranstaltungen und Fackelzügen der »Sudetendeutschen Partei« teilzunehmen, und macht sie dadurch zu Gezeichneten. Selbst diese »Eltern wagen es nicht, den Kindern zu erklären, dass sie zwar Deutsche seien, aber keine Nazis, weil die Kinder in der Schule angehalten werden, alles, was sie zu Hause hören, zu berichten ... und die Kinder wetteifern darin, ihre Eltern auszuspionieren ...«

Vom Schicksal der Juden in Nordböhmen handelt der nächste Absatz in Milenas Artikel »Juden, Rufmord, Flüsterpropaganda«, in dem sie von ihrer Reise berichtet:

»Der Bürger eines jeden Landes trägt, bewusst oder unbewusst, irgendeinen Stempel seiner Nation. Das äußert sich zum Beispiel in der Stärke seines Selbstbewusstseins, die ja wie ein Abglanz der Staatsmacht ist, zu der einer gehört ... Seit Deutschland an Kraft gewann, und seit seine Propaganda diese Kraft aufblähte, wie Segel, die ganz von selbst übers Wasser fliegen, gehen die Deutschen stolzen Herrschern gleich über die Erde und behaupten, sie seien besseren Blutes als alle anderen. Seit der Zeit, wo fast auf der ganzen Welt die Juden ein schreckliches Schicksal traf, man sie entwurzelte, man ihnen verbot zu arbeiten und ihnen die Gleichberechtigung nahm, gehen sie über diese Erde erfüllt von Furcht, Trauer und Angst. Nirgends wartet auf sie ›ein Schiff mit acht Segeln und mit fünfzig Kanonen ...‹ Ganz im Gegenteil, sie irren von Grenze zu Grenze, finden nirgends einen Unterschlupf, leben schlimmer als im Ghetto, denn da waren sie zwar Verworfene, aber lebten wenigstens unter ihresgleichen.

Im Norden der Tschechoslowakei wohnen nur wenige Juden. Doch Antisemitismus gibt es in dieser Gegend nicht erst seit fünf, sondern seit fünfzehn Jahren oder vielleicht seit jeher. Dort ist es jetzt so weit, dass die wenigen, die hier leben, meistens Geschäftsleute, Ärzte, Juristen, kaum noch ihr Haus verlassen können. Ich sprach in Asch mit einem Arzt, der seit 20 Jahren hier wohnt. Weit und breit gibt es kaum einen Menschen, den er nicht schon einmal kurierte. Heute weichen ihm die Leute aus, senken den Blick, wenn sie ihn sehen, und um nicht grüßen zu müssen, gehen sie auf die andere Straßenseite. Patienten hat er fast keine mehr. Wenn einer kommt, dann von sehr weit her. Seine Tochter – jetzt ein erwachsener, gebildeter Mensch – besuchte die Schule des Ortes und kein Kind verkehrte mit ihr. Später fand sie eine Freundin. Die Eltern bewillkommneten das junge Mädchen in ihrem

Haus, als wäre es ein eigenes Kind. Sie wohnte und lernte zusammen mit der Tochter ... Seit dem 13. März dieses Jahres grüßt sie nicht mehr. Nicht einmal verabschiedet hat sie sich von der Familie. Auch solche Menschen gibt es auf der Welt – bei den Nationalsozialisten hält man sie bestimmt für ehren-, ja für heldenhaft.

In einem kleinen Ackerbürgerstädtchen, dicht an der böhmisch-deutschen Grenze, sollte ich erfahren, was Rufmord bedeutet. Das ist Mord durch Klatsch, durch Lüge, durch üble Nachrede, durch erfundene Behauptungen. Hier lebt ein junger jüdischer Arzt. Man verbreitete, er verstecke ein ›kommunistisches Waffenlager‹. Schon die Tatsache, dass er als Mieter einer Dreizimmerwohnung lebt, spricht gegen die Glaubwürdigkeit dieser Flüsterpropaganda. So offensichtlich dieser Unsinn auch war, die Nachricht vom Waffenlager verbreitete sich im Ort wie ein Lauffeuer. Und von da ab grüßte ihn niemand mehr. Im Gasthaus verstummte alles, wenn er eintrat, und im Kaufladen bedient man ihn nur noch widerwillig und brummig, würde am liebsten sehen, wenn er überhaupt wegbliebe. Rufmord ist hier eine völlig neue Waffe, und sie verletzt furchtbarer als eine solche aus Stahl. Einen Ermordeten bringt man zum Friedhof, dort hat er seine Ruhe. Der Mensch, an dem Rufmord begangen wird, muss weiterleben und kann doch nicht leben.

Henleins Zeitschrift ›Der Kamerad‹ hat eine ständige Rubrik, in der zum Beispiel Folgendes steht: ›Wir teilen mit, dass sich die Tochter des Bürgermeisters X mit einem Juden verlobt hat.‹ Oder: ›Der Angestellte der Firma Y hat beim jüdischen Kaufmann Z eingekauft.‹ Nur solche kurzen Meldungen, ohne jeden Kommentar. Und das genügt vollkommen. In der besagten Rubrik sind allerdings die vollen Namen aufgeführt. Diese lautlose Mitteilung ist dann das Signal zum Boykott, und der erfolgt umfassend, rasch und systematisch. Manche boykottieren aus politischer Überzeugung, andere aus Angst, sie könnte das gleiche Schicksal treffen.

Solcher Boykott trifft nicht nur Ärzte, Geschäftsleute oder Rechtsanwälte. Mit der grausamen Unlogik alles ›Totalitären‹ richtet er sich auch gegen die Ärmsten der Armen. – Zusammen mit ihrer blinden Mutter lebt im Städtchen R. eine Schneiderin. Sie ist deutsch und arisch. Vor 16 Jahren traf diese Arme ein Unglück: sie fiel in die Hände eines Heiratsschwindlers, eines Juden, der sie um ihr Geld brachte und mit einem Kind sitzen ließ. Die Schneiderin versorgte und erzog das Kind mit ihrer Hände Arbeit, saß bis zum Umsinken über der Nähmaschine und verdiente Stich um Stich Jahre hindurch den Lebensunterhalt für drei Menschen. Und dann fiel die stolze nordische Rasse mit ihrer heldischen Ideologie, dem ›Schlagt die Schwachen!‹ auch über diese Arme her. Man entdeckte den Fehltritt der kleinen alternden Schneiderin – für den sie sowieso schon mit ihrem ganzen Leben hatte zahlen müssen – und verkündete ihn der nazistischen Öffentlichkeit. Seit das geschah, bekommt sie nirgends mehr Arbeit, und ihr Junge, der bei einem Meister in der Lehre war, wurde augenblicklich hinausgeworfen ...«

Milena erlebte an Ort und Stelle die Leiden der jüdischen Menschen, und das geschah in immer steigendem Maße noch *bevor* die Deutschen das Sudetenland besetzten. Sie besaß genug Fantasie, sich das Grauen auszumalen, das im nationalsozialistischen Machtbereich über die Juden gekommen war und noch kommen sollte. Ein Jahr nach diesen Erfahrungen, als im März 1939 die ganze Tschechoslowakei an Hitler fiel, wusste sie eines: dass bei der Rettung aller am Leben Bedrohten ihre vordringliche Aufgabe sein müsse, der jüdischen Bevölkerung zu helfen. Um noch eine weitere wesentliche Erkenntnis wurde Milena in diesem Jahr 1938 bereichert. Bis dahin hatte sie alles Militärische als notwendiges Übel empfunden. Nun aber erwachte in ihr das Verständnis für die Wichtigkeit der Landesverteidigung, und sie sah auf das tschechische Offizierskorps, diese Vertreter einer ihr bis dahin völlig fremden Kaste, mit ganz anderen Augen. Als Hitler 1939 die Tschechoslowakei okkupierte, war sie es, die die politische Notwendigkeit erkannte, wenigstens einen Teil der vorzüglich geschulten tschechischen Armee, die bedrohten Offiziere und Flieger, zu retten, um sie für den abtrünnigen ehemaligen Verbündeten, für England, als Hilfe und Beistand in dem nun unvermeidlich gewordenen Krieg zu erhalten. Durch diese Einstellung bewies Milena einen fast prophetischen Weitblick und eine erstaunliche Überlegenheit.

★

Auch gegen manche Unterlassungssünde und häufig falsche Politik der tschechischen Regierung im Gebiet der deutschen Minderheit erhebt Milena, die strenge, gerechte, ihre kritische Stimme. In einem Artikel mit der Überschrift »Deutsche gegen Deutsche – Tschechen gegen Deutsche – und leider auch Tschechen gegen Tschechen«[48] berichtet sie von dem Druck, dem die Tschechen im Norden von Seiten der deutschen Bevölkerung ausgesetzt sind: »Die Tschechen werden dort von allen boykottiert – eine einzige Ausnahme bilden die *demokratischen* Deutschen. Um der Wahrheit willen muss aber gesagt werden, dass ich den Eindruck hatte, als ob sich die Tschechen keineswegs genügend um die Errichtung eines demokratischen Blocks bemüht hätten, ich meine eines Blocks gemeinsam mit den demokratischen Deutschen. (Es handelt sich um die Vorbereitung zu den Gemeindewahlen vom 21. Mai 1938. – M. B.-N.) Der Kardinalfehler unserer Propaganda und unserer Tschechen im Randgebiet ist, dass wir nicht verstanden haben, als es noch Zeit war, *die* Deutschen zu stärken, das Element im deutschen Lager zu unterstützen, das zwar eine andere Sprache spricht als wir, das aber dieselbe Weltanschauung hat wie wir ... Hätte man das erreicht, hätte man möglicherweise der Hitlerpropaganda weniger Nahrung gegeben ...

... Überall sind die Leute anständiger, wenn man deutsch mit ihnen redet. Spricht man aber tschechisch, so zucken sie die Achseln und lassen einen stehen. Sobald sie jedoch sehen, dass ein Tscheche sich bemüht, deutsch mit ihnen zu sprechen, werden sie sogar ganz besonders freundlich. Ich habe das unzählige Male ausprobiert: der kleine Mann kommt einem geradezu mit Dankbarkeit entgegen, wenn er einen Tschechen deutsch sprechen hört. Sofort gibt er seine feindliche Verschlossenheit auf. In 19 von 20 Fällen winkt er dann gutmütig lächelnd mit der Hand ab: Was gibt es da noch zu reden? du bist Tschechin, ich bin Deutscher. Lass mich in Ruhe und dann lass' ich dich auch in Frieden.

Und eben das ist die Wurzel des Übels. Wir hätten uns früher darüber klar werden müssen, wer diese Menschen sind und was wir eigentlich von ihnen wollen. Hätten wir sie als deutsche Bürger der tschechischen Republik betrachtet ...« (Hier griff die tschechische Zensur in Milenas Artikel ein und strich sieben Zeilen. Das lässt tief blicken, wieweit die politische Unsicherheit bereits die tschechischen Regierungsorgane ergriffen hatte.) Der Artikel fährt fort: »... Deshalb lieben die Deutschen ihre Sprache, und ich sehe nicht ein, weshalb wir vor dieser Liebe keine Hochachtung haben sollten. Sie sind deutsch, aber nicht nazistisch ...« (Schon wieder ging es dem nervösen tschechischen Zensor gegen den Strich. Er entfernte die nächsten 20 Zeilen.) »... Diese Menschen und ihre Familien«, heißt es weiter, »hätten zu *Trägern der demokratischen Propaganda* werden können, und zu moralischen, gesellschaftlichen und kulturellen Stützen der tschechischen Demokratie und aller Demokraten im Norden ...«

Die Regierung der tschechoslowakischen Republik hat sich nach 1918 sehr wohl bemüht, das Problem der deutschen Minderheit demokratisch zu lösen, aber leider in allzu langsamem Tempo. Dabei wirkten sich sowohl antideutsche Ressentiments der Tschechen aus der Zeit des alten Österreich aus als auch eine sehr empfindliche Reaktion auf gewisse alldeutsche Töne, die vom neuen Österreich her über die Grenzen Böhmens drangen und bei der deutschen Minderheit Gehör fanden. Doch erst mit dem Jahre 1933, mit Hitlers Machtantritt in Deutschland, wurde dieses Problem wirklich brennend. Auf das von der Weltwirtschaftskrise hart betroffene sudetendeutsche Gebiet konzentrierte sich die nationalsozialistische Propaganda besonders intensiv. Schon in den Jahren 1934/35 war unter Führung Henleins die »Sudetendeutsche Partei« entstanden, deren Verbot Präsident Masaryk ablehnte, obgleich es sich um eine eindeutig staatsfeindliche Partei handelte. Er konnte sich nicht zu einem Verbot entschließen, weil das seinen demokratischen Grundsätzen widersprach. Bereits bei den allgemeinen Wahlen von 1935 gewann Henlein zwei Drittel aller deutschen Stimmen, und im Mai 1938 erhielt er sogar 92 Prozent. Welche geschichtlichen oder politischen Ursachen für die Entwicklung der Krise im Gebiet der deutschen Minderheit auch immer bestanden haben mögen, im Jahre 1938 wirkten sich alle Versäumnisse verheerend aus und wurden offensichtlich bei den letzten Gemeindewahlen am 21. Mai, als der totalitäre Gegner bereits Gewehr bei Fuß an den Grenzen stand.

★

Trotz der bedrohlichen Lage der Tschechoslowakei hatte Milena in den Sommermonaten des Jahres 1938 noch keineswegs die Hoffnung aufgegeben, die tschechische Armee, das tschechische Volk könne Hitler Widerstand leisten. Noch wusste sie nicht, dass sie und ihre Landsleute auf verlorenem Posten standen. Ihrer aller Haltung bleibt trotz der späteren Niederlage erhebend, weil sie so still war, so natürlich schlicht, wie jeder wahre Mut.

In Überoptimismus schließt sie ihren Artikel: »*Eine* Möglichkeit haben sie (die Henlein-Anhänger) nicht, gerade die, die sie sich am heftigsten wünschen: die Wiederholung der österreichischen Ereignisse vom März 1938, die Wiederholung der unblutigen Okkupation, die Wiederholung des Sieg-Heil-Spazierganges und ... der Konzentrationslager, der Vertreibung von Menschen aus ihrem Volk und ihrem Staat, die Möglichkeit, Tafeln anzubringen, auf denen steht ›Juden unerwünscht‹. Ganz einfach: sie haben nicht die Möglichkeit zum ›Anschluss‹ ...«

★

Die Haltung Frankreichs gegenüber dem tschechoslowakischen Bundesgenossen wurde immer schwankender. Ein Anstoß von außen brachte alles zum Zusammenstürzen. Das geschah im September 1938 durch einen Artikel in der *Times*, der offensichtlich aus den Kreisen um Chamberlain inspiriert worden war und in dem ungefähr Folgendes stand: Es sei für die Regierung der Tschechoslowakei besser, sich von den »Randgebieten mit fremder Bevölkerung zu trennen« und dadurch ein homogener Staat zu werden ... Der Artikelschreiber ignorierte mit Vorbedacht, dass diese »Randgebiete« sowohl wirtschaftlich wie kulturell zweisprachig waren, dass dort Tschechen neben Deutschen lebten. – Kurz nach dieser Veröffentlichung reiste Chamberlain nach Berchtesgaden zur ersten Besprechung mit Hitler. England und Frankreich wünschten die »Beilegung des Konfliktes«, das heißt, die »Selbstbestimmung für das Sudetenland«. Nach diesen ersten Zugeständnissen gab es für Hitler kein Halten mehr. Am 20. September, beim zweiten Treffen mit Chamberlain in Godesberg, stellte er derartige Forderungen, dass in einer Anwandlung von Mut selbst die defaitistischen Vertreter der Westmächte die tschechoslowakische Regierung heimlich warnten und ihr rieten, sich zu wehren. Das führte zur zweiten Generalmobilisierung der Armee am 20. September. Ein Aufatmen der Erleichterung ging durch das ganze Volk, und noch einmal, genau wie im Mai desselben Jahres, folgten die Männer augenblicklich den Stellungsbefehlen, bereit, ihr Land zu verteidigen. An diesem Tag kam es zu Freudendemonstrationen in den Straßen Prags. Keiner ahnte, dass schon in wenigen Tagen, ohne jede Gegenwehr, die Tragödie über ihr Land hereinbrechen würde. Auf der Konferenz von München, am 29. September 1938, besiegelte man den Verrat an der Tschechoslowakei: Mit Zustimmung von Daladier und Chamberlain, in Anwesenheit Mussolinis, diktierte Hitler, dass die Tschechoslowakei die »deutsch besiedelten Randgebiete Böhmens, Mährens und Schlesiens vom 1. bis 10. Oktober räumen und an Deutschland abtreten« müsse.

Das bedeutete den Anfang vom Ende. Doch in Frankreich und England jubelten die Menschen: der Friede war gerettet ... Über die neuen Grenzen der Tschechoslowakei ergoss sich eine Fluchtwelle. Tausende verließen das Sudetengebiet, Tschechen ebenso wie Juden und demokratische Deutsche. Aus der Karpato-Ukraine und der Slowakei, die Anfang Oktober ihre Autonomie innerhalb der Tschechoslowakei erklärten, kamen weitere Scharen Fliehender. Die Menschen liefen um ihr Leben, retteten sich in das klein gewordene Gebiet der Tschechoslowakei ...

Chamberlain und Hitler hatten in München auch eine deutsch-britische Nichtangriffserklärung zum Schutz der Tschechoslowakei unterzeichnet. Aber wie ernst Hitler diesen Vertrag nahm, sollte sich bald erweisen. Er hatte sich in München von einem überzeugen können: dass Chamberlain und Daladier alles schlucken würden, was er in Bezug auf die Tschechoslowakei verlangte. Später sagte er einmal über diese beiden Politiker: »Unsere Gegner sind kleine Würmchen. Ich sah sie in München.«[49]

Nach der Besetzung der »deutsch besiedelten Randgebiete Böhmens« geriet die Tschechoslowakei von Monat zu Monat in stärkere Abhängigkeit von Deutschland. Schon am 4. Oktober 1938 trat Präsident Benesch zurück. Zu seinem Nachfolger wurde Emil Hácha gewählt. Den Außenminister der Hácha-Regierung beorderte Hitler regelmäßig nach Berlin, um ihm Befehle zu erteilen. Er begann systematisch Prag zu erpressen. Gegen einige Forderungen leistete die Regierung Hácha Widerstand, doch bei vielen anderen gab sie nach, so zum Beispiel der Legalisierung der antisemitischen Hetze und der Genehmigung zur Gründung einer nationalsozialistischen Partei. Der Sudetendeutsche Kundt, ein Gefolgsmann Henleins, spielte bald den »Führer« der 250 000 in der Tschechoslowakei lebenden Deutschen und tat sein Bestes, sich im Interesse Hitlers in die Regierung des Landes einzumischen. Eine rigorose Pressezensur wurde eingeführt, die fast alle unabhängigen Zeitungen verbot. Die neu erscheinenden unterschieden sich im Allgemeinen kaum vom »Völkischen Beobachter«. Sie entfachten eine wilde antisemitische Hetze.

Nach der Katastrophe von München und dem Verrat der Westmächte, an deren Treue und Ehrenhaftigkeit sie geglaubt hatte, schlägt Milena in ihren Veröffentlichungen einen anderen Ton an. Nur auf Dokumenten basierend stellt sie, schon am 5. Oktober 1938, einen »Kalender der September-Ereignisse« zusammen, in dem allein Tatsachen sprechen. Dieser Artikel mutet wie eine Reifeprüfung als politische Journalistin an. Sieben Tage später, in »Es geht über unsere Kräfte«, lässt sie jeden mildernden Zweckoptimismus fallen, blickt den niederschmetternden Tatsachen ins Gesicht, spricht aus, dass es für das verstümmelte Böhmen kaum ein Weiterleben mehr gibt und versucht, trotz allem, zu retten und zu raten. Um der Verzweiflung zu steuern, hebt sie das wenige noch verbleibende Positive hervor und geht dann mit den Schuldigen, ganz gleich ob Deutschen, ob Westmächten, ob Opportunisten im eigenen Lager, erbarmungslos ins Gericht.

Durch fünf lange Jahre, während Milena zur Kommunistischen Partei gehörte, hatte die Freundin Wilma sie aus den Augen verloren. So wie viele andere Freunde zog auch sie sich von ihr zurück. Bei dieser Entfremdung spielten eigene böse Erfahrungen mit den Kommunisten eine gewisse Rolle. Bald nach 1933 trat Wilma einem Hilfskomitee für Emigranten aus Hitlerdeutschland bei und arbeitete in ihm voller Enthusiasmus. Dem Komitee wurde vom tschechischen Innenministerium zur Unterbringung der Geflüchteten das Schloss Mšeč zur Verfügung gestellt. Der uralte Bau mit seinen gähnend leeren Riesenräumen, den meterdicken Mauern und tiefen Nischen glich eher einem Verlies als einer Wohnstatt. Das Komitee stand vor der kaum lösbaren Aufgabe, das Schloss in eine menschliche Behausung zu verwandeln. Obgleich die hierfür maßgebenden Vertreter des Innenministeriums sehr rechts gerichtet waren, was Komplikationen ergab, kam es doch zur Zusammenarbeit, denn Wilma und ihre Mitarbeiter gaben nicht nach. Mühsam überzeugten sie die Presse und gewisse Teile der tschechischen Öffentlichkeit davon, dass auch Emigranten ein Recht auf menschenwürdige Unterkunft hätten, erbettelten Geld, wo immer sie konnten, und es gelang ihnen nach aufreibender Arbeit, wobei die Leiterin des Roten Kreuzes, Dr. Alice Masaryk, großzügig half, die Burg in einen bewohnbaren Zustand zu versetzen.

Nach und nach aber hatten sich in das Hilfskomitee Kommunisten hineingeschlängelt, gegen deren Mitarbeit niemand etwas einzuwenden hatte; doch noch bevor seine bürgerlichen Mitglieder erfassten, was ihnen drohte, begannen sie das Komitee in ihrem Sinne zu benutzen. Hartnäckig und rücksichtslos verdrängten sie die wahrhaft gefährdeten, aber nach kommunistischer Meinung weniger wertvollen Emigranten von ihrem Anspruch auf Unterbringung und eroberten sich bald die alleinige Verfügungsgewalt im Komitee. Im Schloss wurden nur noch kommunistische Emigranten untergebracht, und aus dem Komitee machten sie eine Institution, die lediglich ihren Parteiinteressen diente. In hilfloser Empörung mussten Wilma und die ihr Gleichgesinnten erleben, wie die Kommunisten das von ihnen aufgebaute Werk restlos okkupierten. Diesen rabiaten und gerissenen Methoden nicht gewachsen, zogen sie sich, einer nach dem anderen, aus der Arbeit zurück. Solcherart waren Wilmas bittere Erfahrungen, als sie 1937 auf einer Reise ganz zufällig im Eisenbahnabteil die Freundin Staša traf, die ihr von Milenas »Trotzkismus« und dem erfolgten Ausschluss aus der Kommunistischen Partei erzählte. Beglückt über diese Nachricht hatte Wilma sofort den heftigen Wunsch, Milena wieder zu sehen. Zurück in Prag rief sie sie an, wurde begeistert eingeladen und betrat die große Wohnung mit etwas Bangigkeit im Herzen, was wohl aus Milena in all den Jahren geworden sein mochte und ob sie sich auch wirklich vom Kommunismus gelöst habe. Dann saß sie ihr auf der luftigen Terrasse, in den »hängenden Gärten« gegenüber und stellte mit Erleichterung fest: »Es hatte sich nichts geändert! – Seltsam war es mit unserer Freundschaft. Wie der mährische Fluss Punkva, der plötzlich von der Erde verschluckt wird, unterirdisch durch Höhlen und Grotten dahinfließt und dann irgendwo anders wieder an der Oberfläche auftaucht, als sei er ein völlig neuer Strom, so verschwand mir Milena immer wieder auf Jahre, doch wenn sie auftauchte, lebte sofort die gleiche Sympathie auf, so als hätten wir uns nie getrennt. Bei jedem Wiedersehen spürte ich, dass sie sich gleich geblieben und unsere Freundschaft unverbrüchlich war ... Zögernd enthüllten wir einander alle Enttäuschungen, die wir mit den Kommunisten hatten machen müssen, kamen dabei zu den gleichen klaren Schlussfolgerungen, und, erfüllt von einer neuartigen geistigen Sympathie, fielen wir uns begeistert in die Arme ...«

Wilma, die immer zugriff, wo Menschen sie brauchten, hatte sich durch die Infamien der Kommunisten nicht entmutigen lassen. Sie gründete mit anderen zusammen ein neues Komitee, das sich vor allem der immer zahlreicher werdenden Intellektuellen unter den Flüchtlingen annahm. Auf diese Mitteilung hin überschüttete Milena sie mit Fragen. Für jedes Detail dieser Arbeit zeigte sie ein geradezu gieriges Interesse. Doch Wilma konnte ihre journalistische Wissbegierde nicht genügend befriedigen, und so fiel der Name Mařka Schmolková, der Leiterin des Jüdischen Hilfskomitees in Prag. Mařka, so versicherte Wilma, wisse alles, was Milena interessiere, denn sie stehe mitten in der Flüchtlingsarbeit. Wilma verband eine jahrelange enge Freundschaft mit Mařka Schmolková, und erfreut über diese kommende Begegnung erzählte sie Milena in großen Zügen vom Leben ihrer Freundin.

Mařka war eine Pragerin, geboren und aufgewachsen in der gleichen Altstadt wie Franz Kafka, in etwa der gleichen Atmosphäre. Ihre Mutter besaß ein kleines Textilwarengeschäft, in dem Mařka, die Jüngste von vielen Geschwistern, nach dem frühen Tod des Vaters voller Fleiß und mit besonderem Geschick mithalf. Sie schien zur Geschäftsfrau geboren. Dann heiratete sie, verlor aber ihren Mann schon sehr früh. Erst als Witwe begann sie sich für die Probleme des Judentums zu interessieren und machte eine Reise nach Palästina. Von dort kehrte sie als Zionistin in die Heimat zurück. – Wie mit allem, was sie tat, beschäftigte sie sich nun gründlich und voller Leidenschaft mit zionistischen Ideen und Zukunftsplänen. Sie selbst war ganz tschechisch erzogen worden und fühlte sich auch als Tschechin. Doch besaß sie die seltene Fähigkeit, ihre ausgesprochen nationalen tschechischen Gefühle mit dem, was sie ihrem jüdischen Volk voller Inbrunst wünschte, zu verschmelzen. Das war eine Kombination, die Milenas besondere Sympathie erregte.

Als sich nach 1933 das furchtbare Problem der aus Deutschland vertriebenen jüdischen Menschen ergab, lag es auf der Hand, dass Mařka Schmolková die Hilfe für die Vertriebenen zu ihrer Aufgabe machte. In kürzester Zeit rückte sie, die von Natur sehr Bescheidene, in den Mittelpunkt der gesamten Flüchtlingsarbeit und wurde nicht nur in der Tschechoslowakei, sondern auch international zu einer bekannten Figur. Man lud sie zu Konferenzen in die Großstädte Westeuropas. Und da entstand ein Problem: Bis zu dieser Zeit hatte Mařka ihrem Äußeren keinerlei Beachtung geschenkt. Was bedeuteten ihr Kleider, wo es um das Leben Tausender Menschen ging?! Doch Mařkas Freundinnen waren anderer Meinung. Schließlich überredete man sie zum Kauf eines sehr schönen Stoffes für ein elegantes Kostüm. Die Adresse eines Schneiders wurde beschafft und alles schien in bester Ordnung. Es verging eine geraume Zeit, und auf die Fragen der Freundinnen versicherte Mařka mit Nachdruck, dass das Kostüm ein Meisterwerk werden würde.

Eines Tages dann erschien sie auf einer Sitzung in der neuen Kreation. Ihre Freundinnen starrten sie entgeistert an und schlugen die Hände überm Kopf zusammen. Das Kostüm war total verpfuscht! »Aber so was kann doch kein Schneider verbrochen haben!«, redeten sie auf sie ein.

Und Mařka antwortete verschmitzt lächelnd: »Nein, das stimmt! Es war ja auch ein Anstreicher!« Und dann kam es heraus: Sie hatte einem jüdischen Emigranten aus Deutschland eine Chance geben wollen. Dieser war nämlich gerade vom alten Beruf eines Anstreichers zum neuen eines Schneiders umgeschult worden, musste aber noch für die Prüfung sein »Meisterstück« liefern. Doch konnte er niemand finden, der ihm für diesen Zweck ein Stück Stoff anvertraute. Darüber klagte er bei der Mutter der Flüchtlinge. »Was konnte ich da schon anderes machen?!«, verteidigte sich Mařka. »Und außerdem lag das Zeug ja sowieso bei mir zu Hause herum; und da habe ich es ihm ganz einfach gegeben! Und ist es etwa kein Meisterwerk?!«

Diese Geschichte entzückte Milena und begeisterte sie restlos für Mařka Schmolková noch bevor sie sie kennen lernte. Wilma versprach, so schnell wie möglich eine Begegnung herbeizuführen, was aber bei deren Übermaß an Arbeit keine Kleinigkeit war. Doch schließlich gelang es, und eines Tages trafen sich Mařka, Alma und Milena in den am Graben gelegenen schönen Räumen des Společenský-Klubs. Die Begegnung blieb Wilma als großes Ereignis im Gedächtnis. Wie Magneten zog es die beiden Frauen zueinander, und da Mařka und Milena die gleiche tiefe Menschenkenntnis besaßen, erfassten sie augenblicklich das Besondere an der Persönlichkeit der anderen. Beide zeichneten sich durch hohe Beobachtungsgabe aus, dazu durch rasche Auffassung und, was wohl das Wesentlichste war, durch dieselbe Liebe zum Menschen und den gleichen leidenschaftlichen Gerechtigkeitssinn. Noch eine Gabe war ihnen gemeinsam: der Humor.

Schon bei der ersten Tasse Kaffee mit Schlagsahne wurde Wilma Zeugin eines sprühenden Feuerwerks an Beredsamkeit, an Geist und an menschlicher Wärme. Je mehr sich das Gespräch aktuellen sozialen und politischen Fragen zuwandte, umso offensichtlicher wurde der gleiche Ernst, dasselbe Verantwortungsbewusstsein und damit die tiefe Übereinstimmung zwischen den beiden Frauen.

Nach dieser Begegnung ließ die Gestalt der Mařka Schmolková Milena keine Ruhe mehr. »Ahasver in der Weinberger Gasse« hieß ihr erster Artikel über das Schicksal der Juden im Jahre 1938. Dann aber reisten beide Frauen in ein südslowakisches Lager für geflüchtete Juden, und unmittelbar inspiriert durch dieses gemeinsame Erlebnis schreibt Milena: »... Wer ist eigentlich Mařka Schmolková? Ich lernte sie kennen, als ich meinen ersten Artikel über die Gehetzten schrieb und dafür nach Fakten und Zahlen suchte. Mařka Schmolková wohnt in der Altstadt Prags in einem schmalen Gäßchen, das ich, eine gebürtige Pragerin, kaum kannte; sie lebt in einem kleinen, schiefen Haus mit alter Holzstiege. Als ich aber ihre Wohnung betreten hatte, umfing mich gleich eine wunderbar harmonische und kultivierte Atmosphäre. Da sind viele Bücher, Plastiken von Sturša, alte, schöne, dunkle Möbel – und ein Telefon, das nicht aufhört zu läuten. Auf den ersten Blick findet man Mařka Schmolková wahrscheinlich nicht hübsch. Frauen, die den ganzen Tag bis spät in die Nacht arbeiten, die Jahre hindurch fremdes Leid mit ansehen müssen, sind vielleicht nicht hübsch. Nein, das nicht. Aber sie ist wunderschön. Etwas, das von innen kommt, macht dieses Gesicht so ausdrucksvoll und stark, als wäre es aus Stein gehauen. Mařka Schmolková kennt jeden Menschen persönlich, der in den letzten Jahren über die Grenzen kam. Sie kennt sein Schicksal und weiß von den Gefahren, die er durchlitt. Die Flut dieser Schicksale löschte ihr eigenes aus, oder ließ es ganz unwichtig werden. Diese Frau bewegt sich ständig unter Kranken, führt ein Dasein zwischen Leben und Tod, besucht Ämter in London, in Paris und Prag, fährt in die Flüchtlingslager und war im

Niemandsland, auf jenem Dampfer voll Geflohener, die, nach der Besetzung Österreichs weder in die Tschechoslowakei noch nach Ungarn hereingelassen, zwei Monate lang vor Bratislava auf der Donau lagen. Wohin sie blickt, fast nichts als Hoffnungslosigkeit. Nur manchmal gelingt es ihr, nach unendlichem Bemühen, etwas durchzusetzen, belohnt sie ein Hoffnungsstrahl. Aber diese Frau ist bewundernswert ruhig, so, wie nur Gläubige sein können.

Als mir im September am schlimmsten zu Mute war, ging ich zu ihr, um nur ein Weilchen bei ihr zu sitzen. Diese Frau verbreitet um sich ein Gefühl von Sicherheit, Sachlichkeit, Selbstverständlichkeit und wahrer Furchtlosigkeit, und so hat mir das Stündchen, das ich da in ihrem Lehnstuhl sitzen konnte, zum Schönsten gehört, was ich mir denken kann.

Es gibt viele Frauen, die in der öffentlichen Wohlfahrt tätig sind, wie man das so schön nennt – aber nur wenige von ihnen verdienen Bewunderung. Mařka Schmolková betreibt keine ›öffentliche Wohlfahrt ...‹ Sie ging für ihr Volk auf Pilgerfahrt, dient ihm in demütigem Stolz oder in jener stolzen Demut, die den besten Vertreterinnen dieses Volkes eigen ist. Sie ist nicht der Typ einer Ehrenpräsidentin, einer Vereinsdame, deren Tätigkeit man als ›opfervoll‹ bezeichnet. Sie ist der ruhige Fährmann ihres unglücklichen Volkes über den wilden Strom der Zeit, die es schwerer traf als andere Nationen und alle anderen Völker ...

... Vor Jahren sah ich in Prag den Film ›Niemandsland‹. Es war ein deutscher Film ... Niemandsland nannte man im Ersten Weltkrieg das Gebiet zwischen den Fronten, den Streifen verbrannter Erde zwischen den feindlichen Schützengräben und Stacheldrahtverhauen. In dieses Gebiet hatten sich, im Film, während der Kampfhandlung, während der Sturmangriffe, vier Menschen gerettet: ein

Engländer, ein Deutscher, ein amerikanischer Neger und ein französischer Soldat, ein russischer Jude. Vier angsterfüllte Menschen-Tiere aus den verschiedensten Ecken der Welt, den verschiedensten Gesellschaftsschichten, mit verschiedener Sprache und Schicksalen. Schon in diesem Film war der russische Jude stumm. Er wurde von einem der großartigsten Schauspieler im damaligen Europa gespielt, von Sokolow, einem Mann, der das Gesicht eines traurigen Affen hat, einem Mann mit typischen Judenaugen, diesen dunklen, traurigen Augen, die aus Jahrhunderten in Jahrhunderte blicken ... Für mich bedeutete die Gestalt dieses Schauspielers etwas Prophetisches: der kleine, zerdrückte Jude aus Niemandsland, der Stumme inmitten Redender, der zwischen Ausgestoßenen noch Gezeichnete, mit seinem Lächeln in den Augen, aus denen der Schmerz von Hunderttausenden blickt, der von einem Jahrhundert ins andere zieht, voller Verstand, Herz und Seele – ohne Land, ohne Heimat, ohne Sprache. Wahrlich, sie sind stumm. Ich hörte von einem Rabbiner, der in Palästina lebt und nur noch hebräisch spricht, der um sich herum niemandem erlaubt, eine andere Sprache zu gebrauchen, und der der Jugend Liebe zu dieser etwas künstlichen Muttersprache der Juden aufpfropft. – Aber manchmal, in irgendeinem Winkel, wenn es dämmert, da summt er vor sich hin, summt – – – russische Liedchen. Palästina ist die Heimat und Hebräisch die Muttersprache. Aber Rußland ist das Land der Geburt, und die russischen Volksweisen sind die Lieder des Geburtslandes. Es sangen sie die Mütter, die Frauen im Dorf, die Kinder in der Schule und die Männer auf dem Feld. Das Land der Geburt mit seinen tausend Klängen, Gewohnheiten, Farben und Formen prägte die Seele dieses Mannes. In der Muttersprache formte er seine Gedanken und seine Worte. – Aber dann kam jemand und sagte: Hier hast du nichts zu suchen! Mach, daß du wegkommst! Und der Jude wandert und wandert, erreicht endlich das Gelobte Land. Von da an spricht er nur noch Hebräisch und schindet sich ab auf einem Acker, der wieder nicht ihm gehört, tut es mit Kraft und ganzem Willen und mit der ihm eigenen stolzen Demut. Aber abends dann, in der Zimmerecke, wenn es dämmert – – – singt er leise seine russischen Liedchen. Das ist der stumme Jude aus Niemandsland.

Es war vor Jahren, als ich den Film ›Niemandsland‹ sah, und weil die Handlung vor 1918 spielte, glaubten wir Narren, daß all dieses schon der Vergangenheit angehöre. Damals ging ich erhobenen Gefühls nach Hause, fest überzeugt, daß wir heutigen Menschen gemeinsam einer strahlenden, freien Zukunft entgegenschritten. Damals hatten wir noch nicht erlebt, durch was für merkwürdige Windungen, Sackgassen, Um- und Abwege der Gang der Geschichte verläuft.

Heute haben wir das Niemandsland gleich hinter der Scheune, nur einen Steinwurf weit entfernt. Zwischen der deutschen und der tschechischen Grenze – oh, Gott, was für eine schmähliche Grenze – hat man ein Stückchen Draht übers Feld gespannt, eine Stange übern Weg gelegt, einen Strick von Baum zu Baum gezogen – ein Kind könnte das Ganze niederreißen –, es ist eine Grenze zum Weinen ... Und an manchen Stellen ließ man zwischen den Grenzen einen Streifen Niemandsland. Zuerst zog die tschechische Armee fort von hier; dann kamen deutsche (ungarische, polnische) Helden und beförderten Juden aus den besetzten Gebieten in diesen Streifen Niemandsland. Dazu langten von anderen Gebieten der Tschechoslowakei weitere Juden an, geflüchtete aus den besetzten Gebieten. Manche von ihnen kamen, weil sie auf Anordnung hierher vertrieben worden waren, manche, weil sie um ihren Besitz fürchteten, andere aus Angst um ihre Lieben, die noch im besetzten Gebiet geblieben waren. Für diese öffnete sich zwar der tschechoslowakische Stacheldraht; über den deutschen aber kamen sie nicht hinweg. Und zurück über den Stacheldraht wieder in die Tschechoslowakei, das ließ man sie auch nicht mehr. Ja, die Stacheldrähte des Jahres 1938 sind fest und widerstandsfähig. – Und geschehen ist es auch, daß junge ungarische Burschen bei Nacht das ganze Dorf aufweckten, die Juden aus den Häusern holten – Frauen, Männer und Kinder –, sie im Hemd aufs Lastauto jagten, mit ihnen ins Niemandsland fuhren, sie dort absetzten und das Weite suchten. Anfangs waren dort ihrer zehn, ausgesetzt der Kälte auf einem unbebauten, nackten Feld. Dann hundert. Dann tausend. Lange dauerte es, bis sie Bewilligung erhielten, zu jüdischen Familien in die Tschechoslowakei zu ziehen. Das wurde erst erlaubt, als die englische Garantie eintraf, daß die Juden der öffentlichen Wohlfahrt nicht zur Last fallen, sondern auswandern würden. Während der ganzen Zeit, in der die Vertriebenen bei Wind, bei Regen und bitterer Kälte auf den Feldern oder in den Wäldern lagen, wurden sie von Juden, die ihre Heimat noch nicht verloren hatten, ernährt. Von weither kamen sie um zu helfen. Aber auch böhmische und slowakische Bauern, ja, sogar deutsche Bauern und deutsche Arbeiter brachten Essen. So ist nun mal der Mensch, er hilft auch dem Tier, damit es nicht Hungers stirbt, auch wenn dieses Tier zu einer niederen Rasse gehört. Das menschliche Herz ist seltsam, es ist schön und ewig.

Aber wie konnte es überhaupt geschehen, daß 300 Menschen, wie zum Beispiel in Bratislava, bei Nacht und Kälte auf einem Feld bleiben mußten?! Und sich das im Jahrhundert des technischen Fortschritts und der Wohnkultur ereignete?! In dieser Weise handelt man nach dem Frieden von München?!

Und so sah das dann aus: Ein Vater gräbt mit bloßen Händen in den harten Lehm des Ackers drei Gruben. In jede legt er ein Kind. Dann flicht er aus trockenem Maisstroh drei kleine Dächer und breitet sie über die Gruben. Er selbst sitzt auf der Erde neben ihnen. Hätten die Menschen ringsum nicht geholfen, wären die Geflohenen wahrscheinlich gestorben vor Hunger, Kälte und Scham. Aber die Leute kommen und helfen, bringen Essen, warme Kleidung, Decken, ein Zelt, einen ausrangierten Möbelwagen. Man legt etwas Stroh in den Wagen, und das ist nun der Platz für die Bedürftigsten: für den Mann mit der Magenblutung, für die Frau, die in ein paar Tagen ein Kind erwartet, für die andere, die es schon auf dem Feld gebar und das Baby in geschenkte Fetzen wickelte, für den Greis, der blind auf einem Häufchen Stroh in der Ecke sitzt ...

... Ein jüdischer Arzt aus Österreich läuft zwischen den Menschen hin und her. Als er als erster die Bewilligung erhält, das Lager zu verlassen, auszuwandern, lacht er nur und sagt: ›Wie denn, um alles in der Welt, dürfte ich jetzt hier weggehen!‹ Als Letzter verließ er schließlich das Niemandsland. Während der ganzen Zeit sah man ihn in seinem schäbigen Röckchen herumgehen, und keinen Moment verlor er seine Ruhe und Überlegenheit. Wenn Kinder zu ihm kamen mit bis aufs Blut erfrorenen Fingern, sagte er tröstend: ›Komm, ich schmier dir etwas Salbe drauf!‹ Und den Gästen vom Hilfsausschuß, die vor soviel nacktem menschlichen Elend erstarrten, erklärte er: ›Aber das ist alles halb so schlimm! Es sieht nur so aus. Kommen sie nur weiter und schauen sie sich's an ... Glauben sie mir, man gewöhnt sich an alles ...‹

... So lebten die Leute durch Wochen. Heute haben sie alle ein Dach überm Kopf. Doch an der tschechisch-polnischen Grenze warten immer noch an 6000 im Niemandsland. Man errichtete dort für sie irgendwelche provisorischen Baracken. – Bald werden alle fortfahren. Nur die Alten und Kranken nicht; sie müssen schon hier in irgendeinem Winkel sterben. Aber Kinder, Männer und Frauen, die Gesunden und Arbeitsfähigen, wandern aus. Alle! Nächstes Weihnachten leben sie schon irgendwo unterm eigenen Dach ...

Wir sind nicht schuld daran, daß sie bei uns so Schweres erlebten. Solange unser eigenes Haus noch nicht zur Hälfte abgerissen war, solange konnten wir gastfrei und liebenswürdig sein. Heute können wir ihnen nur ein neues und gutes Leben wünschen, irgendwo weit von hier. Und das wünschen wir von ganzem Herzen.«[50]

*

Mařka Schmolková harrte aus bei ihrer Arbeit, bis die Gestapo sie drei Tage nach Hitlers Einmarsch in Prag verhaftete. Als letzte Tat vor der Festnahme verbrannte sie im offenen Kamin ihres Zimmers durch Stunden und Stunden Mengen von Papieren und Dokumenten ihrer Schützlinge, um niemanden zu kompromittieren.

Zuerst steckte die Gestapo sie in eine Zelle zusammen mit Kriminellen und Prostituierten; 33 in einem Raum mit nur vier Pritschen. Dann erfolgte ihre Überführung ins Prager Zuchthaus Pankraz. Es klingt fast wie ein Wunder: Die tschechischen Behörden verlangten Mařkas Freilassung, weil sie dem Flüchtlingsproblem ratlos gegenüberstanden und dringend ihre Mitarbeit benötigten. Dann setzten sie bei der Gestapo durch, dass man Mařka Schmolková nach Paris sandte, um dort neuerlich Mittel und Wege für die jüdische Auswanderung zu erschließen.

Als sie dort anlangte, brach der Krieg aus und versperrte ihr den Heimweg. Vergeblich bemühte sie sich um die

Rückkehr nach Prag. Der Gedanke, dass sie den Bedrohten nicht mehr direkt an Ort und Stelle helfen könne, ließ sie verzweifeln; die Tatsache, dass die Armen dort drüben leiden müssten, während sie in Sicherheit in England sei, beschämte sie zutiefst.

Bei ihrer neuen Hilfsarbeit in London erfuhr sie nun Tag für Tag von den immer grausamer werdenden Verfolgungen der Juden in Hitlers Machtbereich, von den Gräueln in den Konzentrationslagern und der Verschleppung Tausender. Jede dieser Nachrichten brachte ihr neue schwere Qualen. Sie verzehrte sich in Mitleiden.

Im März 1940 besuchte Wilma sie in ihrem Londoner Büro, als gerade ein Brief überbracht wurde mit der Nachricht, dass Mařkas Nichte und ehemalige Sekretärin, eine junge blühende Frau, zusammen mit ihrem Mann aus Prag in Richtung Polen von der Gestapo abtransportiert worden sei. – Das waren die ersten aus der Tschechoslowakei. Sechs Millionen Juden aus ganz Europa sollten das gleiche Schicksal erleiden. Mařka las den Brief und erfasste sofort die Tragweite dieser Nachricht. Sie schlug die Hände vors Gesicht und blieb lange wortlos sitzen. Als sie sich dann hinterm Schreibtisch erhob, war sie ein anderer Mensch, erloschen. Wenige Tage später fand man sie morgens tot in ihrem Bett. Herzschlag lautete die Diagnose ... Der Schmerz über das Schicksal ihres unglücklichen Volkes hatte sie getötet.

»Warum kann man sich nicht damit abfinden, daß in dieser ganz besonders hinhaltend selbstmörderischen Spannung zu leben das Richtige ist (Du erwähntest manchmal etwas Ähnliches, ich versuchte Dich damals auszulachen) … Daß wir auch hier im Dunkel so einig sein sollten, ist das sonderbarste, und ich kann es förmlich nur jeden zweiten Augenblick glauben.«[51]

Als sich an Weihnachten 1938 der tschechische Dichter Karel Čapek zum Sterben hinlegte, empfanden Tausende seinen Tod als ein Symbol für den Zusammenbruch der tschechoslowakischen Republik. Čapek, dessen Werke weltbekannt wurden, galt in seinem Charakter, seinen Eigenschaften und Eigenheiten als ein Sinnbild des tschechischen Wesens. Nach dem Tode des philosophischen Begründers und ersten Präsidenten der Republik, T. G. Masaryk, mit dem Čapek eine enge persönliche Freundschaft verbunden hatte, wurde die Gestalt des Schriftstellers auch politisch zur Verkörperung der tschechischen Demokratie. Durch diese exponierte Stellung richtete sich gegen Čapek beim Auseinanderfallen der Tschechoslowakei, mehr als gegen andere, eine Flut von Verleumdungen. Diese meist anonymen Angriffe, die dem alten demokratischen System galten, das der Dichter mehr liebte als sich selbst, verletzten ihn zu Tode.

In »Die letzten Lebenstage Karel Čapeks« schrieb Milena: »Karel Čapek war nie ganz gesund gewesen.

Kränkliche Menschen lieben das Leben anders und fürchten schwere Krankheiten auf andere Art, als es Gesunde tun. Ihre Liebe zum Leben ist eine demütige Liebe, so als ob sie weiter weg von ihm ständen und dieses Herrliche und Zauberhafte nur flüchtig berührten. Da sie nur zur Hälfte gesund sind, fühlt ihr Herz das Leben intensiver, und sie erblicken wundersamste Schönheit, wo andere nur Alltägliches sehen. Trifft sie ein Schicksalsschlag, ist die erste Reaktion ihres Denkens Demut. Sie sagen sich, wahrscheinlich ist das ganz in Ordnung so, ist für mich noch lange gut genug. Und deshalb verkriechen sie sich still in die Einsamkeit der Dinge, um niemanden mit ihrem Schmerz zu belästigen. Sie bringen gegen schwere Krankheit nicht die trotzige Wut des Starken und Gesunden auf, für den sie einem Schlag ins lebendige, gesunde Fleisch gleicht. Sie wehren sich dagegen, indem sie die Krankheit nicht wahr haben wollen, sie verheimlichen sie sogar vor sich selbst, verlagern sie vom Leib auf die Seele und ertragen sie wie ein Geheimnis, über das man schweigen muß, damit es nicht herauskommt.

Vielleicht legte sich Karel Čapek erst dann hin, als er schon am Sterben war. Freunde erzählten, wie der Todkranke auf dem Weg vom Lehnstuhl zum großen Bett mit der Hand dem Bilde T. G. Masaryks zugewinkt habe, einem Foto, das er selbst gemacht hatte, und das nun an der Wand hing. Er winkte, wie Leute das aus dem Zug heraus tun, der den Bahnhof verläßt ... Vielleicht war das nur eine unwillkürliche Handbewegung. Aber wer weiß denn, nach welcher Regel Sterbende zu jenem Ausdruck der Wahrheit gelangen, die sowohl beim Menschen wie beim Tier in der Handlung stärker ist als in Worten. Das Bildchen von Masaryk nahm dann der tote Dichter in den starren Händen mit in die Ewigkeit, und es ist irgendwie schön, sich ganz kindlich vorzustellen, wie er damit an die Himmelstür klopfte.

Er legte sich hin, um zu sterben, wie ein frommer Mensch das tut. Ich weiß nicht, ob Karel Čapek an Gott glaubte. Aber er war ein religiöser Mensch, ein Mann mit einer sorgsam und subtil ausgearbeiteten Hierarchie moralischer Werte, mit einer festen Weltordnung in Herz und Sinnen. Das Jahr 1938 hat wie ein Felssturz alles hinweggerissen, was früher so fest gefügt schien. Die Schläge fielen einer nach dem anderen: Verloren ging die französische Freundschaft, verloren der Glaube an die Marseillaise, die Hymne demokratischer Freiheit, verloren Gebirge und Grenzen – übrig blieb eine gelähmte Nation, die beängstigende Machtlosigkeit des Dichters, und zu allem Übel mischen sich in das Krachen des berstenden Hauses, das an den Rand des Abgrundes stürzte, auch noch die Mißtöne einer neuen Sprache mancher Tschechen, die das eigene Nest mit Schmutz bewerfen, das war zuviel an Verwüstung für das Herz eines Menschen wie Karel Čapek, dessen Glaube ans Leben bauen und arbeiten gewesen war; zuviel der Zerstörung für einen Dichter, der das gepflegte Gärtchen liebte, die blühenden Blumen, das gastliche Haus und die einfachen Dinge des Daseins. Er war ein zu bescheidener und scheuer Mensch, als daß er an gebrochenem Herzen gestorben wäre. Er starb an Lungenentzündung.

Während sich die Ärzte um sein Leben bemühten, sprach er in ruhigen und einfachen Sätzen, fragte: ›Wie ist denn heute das Wetter draußen? Haben wir Glatteis? – In einundneunzig Tagen fahren wir zusammen nach Strž. Alle wie wir da sind. Auf der Strž werden dann schon die Bäume grünen und das junge Gras. – In einundneunzig Tagen ...‹

... Strž ist ein aus Stein gebautes Haus, das in den Dobrišer Wäldern liegt, gleich unter dem Damm eines Teiches. Ums Haus herum gibt es 20 Hektar Land. Diese Erde, dieses Haus und der Blick, den man von dort hat, wuchsen Čapek so ans Herz, als wären sie etwas Lebendes, etwas, das atmet. Je mehr die Welt um ihn herum aus den Fugen geriet, umso eifriger und verbissener baute er: verlagerte Felsblöcke, regulierte den Bach und rodete Baumstämme. Er vollbrachte ein Wunder: auf diesen 20 Hektar gab es alles, was der Mensch, der mit der böhmischen Landschaft verbunden ist, lieb hat: Teiche, einen Bach, ein Brünnlein, ein Stückchen Acker, einen Hain, Birken und einen Feldrain, Hügel mit Hängen und der Aussicht auf die sich schneidenden Linien sanfter Berge, auf eine Landschaft voller Wohllaut, so harmonisch wie Abendglocken in goldener Dämmerung ...

... Aber es waren zuviele Tage, die Čapek vom Frühjahr trennten. Zu lang die Zeit. Er zählte sie nach Stunden, er zitterte, als ob es nur im Frühjahr Rettung gab. Einundneunzig Tage, einundneunzig Sprossen einer Leiter. Von der vierten stürzte er hinunter ...

... Am ersten Weihnachtsfeiertag begann es draußen zu schneien, und im Zimmer verbreiteten sich bläulich weiße Schatten ... Čapek schwieg, schwieg lange. Dann veränderte sich seine Farbe. – Seine Frau Olga betrat das Zimmer und vielleicht huschte ein Begreifen über ihr Gesicht. ›Haben dir denn die Ärzte nicht gesagt, daß es mir schon besser geht?‹, sagte Čapek, und das war das Letzte, was er im Leben sprach ... Um dreiviertel sieben hörte er auf zu atmen. Er kämpfte nicht; er wehrte sich nicht. Hörte bloß auf zu atmen, auf zu leben. Wer will, kann glauben, er sei an Bronchitis und Lungenentzündung gestorben.«[52]

★

Das für die journalistische Arbeit notwendige Material besorgte sich Milena, wenn es nicht anders ging, auch direkt beim Gegner. So begab sie sich schon 1938 zu einem Interview mit dem deutschen Presseattaché auf die Deutsche Botschaft in Prag und brachte es fertig, durch ihre treuherzig, unschuldig und aufrichtig wirkende Art den Presseattaché völlig einzuwickeln und für sich zu gewinnen. Auf diese Weise erhielt sie Informationen, die sonst kein tschechischer Journalist bekam. Aber nie prahlte sie etwa mit solchen Erfolgen. Erst aus dem Resultat, in ihren Feuilletons, wurden sie sichtbar. Doch sie machte dabei auch wichtige Beobachtungen. Schon beim ersten Interview, das war im Frühjahr 1938, fiel ihr das Gewimmel von Angestellten in der Botschaft auf, das in keinem Verhältnis stand zu den Gepflogenheiten der sonstigen diplomatischen Vertretungen ausländischer Staaten in der Tschechoslowakei. Sie zog daraus den richtigen Schluss, dass die Nationalsozialisten mit dem riesigen Stab an Angestellten bereits den unterirdischen Angriff vorbereiteten, dass diese Beamten in Wirklichkeit eine »fünfte Kolonne« Hitlers seien.

Auch nach der Okkupation der Tschechoslowakei hatte Milena den Mut, sich mit Vertretern des Feindes zu unterhalten. Sie wünschte, diese von Mensch zu Mensch kennen zu lernen, ihre Mentalität zu erforschen, die nazistische Argumentation ganz zu erfassen, um dann mit größerer Sachkenntnis darauf antworten zu können.

Nach München hatte Milenas Einfluss auf die Gestaltung der *Přítomnost* immer mehr zugenommen, unter anderem auch dadurch, dass viele ehemalige, vor allem die jüdischen Mitarbeiter ausschieden, sowie solche, die es nicht mehr wagten, ihre Opposition offen zu zeigen, andere, die es vorzogen zu schweigen, um nicht opportunistisch zu werden, und jene, die dem sicheren Ausland zustrebten. In den dunklen Herbst- und Wintermonaten, die von so viel Verzweiflung erfüllt waren, ließ sich Milena nicht von der allgemeinen Hoffnungslosigkeit überwältigen. Das zwingende Bedürfnis, irgendeinen Ausweg, Hilfe und Trost für die Erliegenden zu finden, entfachten in ihr einen neuen Strom von Fähigkeiten. Ihre Artikel variieren von moralischer Empörung und Forderung nach Gerechtigkeit, über nie versiegenden Humor, klugem Verbergen und listigem Andeuten bis zu offenem, kämpferischen Mut.

Vier Wochen vorm Einmarsch der Deutschen, im Februar 1939, antwortet sie unter dem Titel »Über den Umgang mit Tschechen« auf den provozierenden Beitrag eines deutschen Nationalsozialisten. – Dreiundzwanzig Jahre nach dem Erscheinen dieses Artikels las ein alter Prager, nun schon Jahrzehnte in Emigration lebend, diese Antwort und äußerte, erregt, tief erschüttert, ja, völlig ungläubig: »Wie war es nur möglich, dass Frank (Gestapobevollmächtigter in Prag nach dem Einmarsch der Deutschen) auf diesen Angriff hin die Milena nicht gleich als Erste verhaften und erschießen ließ?!«

Milena war zwar eine Meisterin im Camouflieren, aber in dieser Auseinandersetzung geht es mit ihr durch. Voller Impertinenz wirft sie dem deutschen Artikelschreiber Wahrheiten an den Kopf, indem sie seine nationalsozialistischen Schlagworte benutzt und ad absurdum führt. – Menschen von heute, vor allem die Jungen, für die die Hitlerzeit schon Geschichte ist, und alle diejenigen, die die kommunistischen Diktaturen nur vom Hörensagen kennen und die Gedanken- und Pressefreiheit als etwas ganz Selbstverständliches hinnehmen, alle diese können schwerlich beurteilen, welch ein Maß an Mut und Nichtachtung der eigenen Sicherheit im Prag des Jahres 1939 dazu gehört hat, einen Artikel wie »Über den Umgang mit Tschechen« zu schreiben:

»Ein Volk paßt sich psychologisch der realen politischen Situation seines Landes an und Spuren dieser Anpassung findet man bei jedem von uns. Unser kleines Volk von 8 Millionen ... entwickelte etwas, was Europa nicht an uns kennt: eine merkwürdige Art oder Abart von Mut. Unser Mut äußert sich in geduldiger Zähigkeit und nie ermüdender Ausdauer. Und vielleicht hat gerade die Tatsache, daß wir immer mehr zu ertragen hatten als zu erkämpfen, jedem von uns den Verstand geschärft, hat uns dazu befähigt, schnell eine Situation realistisch zu bewerten – was auf den ersten Blick wie Nachgiebigkeit anmuten mag. Doch ist das eine trügerische, nur scheinbare Nachgiebigkeit. Vielleicht dürfte es kein hohes, befriedigendes Ideal sein: *nur überleben zu wollen.* Bisher jedoch besaßen wir kein größeres. Wir wollten nichts anderes als nur nach unserer Eigenart, dem Ausdruck unseres Wesens gemäß, in der Sprache unserer Vorfahren leben ...

... Wenn ich mir manchmal Photographien aus großer Zeit betrachte, aus Berlin – Wien – Rom, mit Menschen, die wie Mauern stehen, mit Pallisaden erhobener Rechter, mit Wäldern von Fahnen und Transparenten, marschierenden Kolonnen und grell leuchtenden Scheinwerfern, kommt mir immer der Gedanke: so etwas wäre bei uns wohl nicht möglich. Das soll nicht etwa heißen, wir brächten das nicht zu Stande, aber dem Tschechen liegt nun einmal das Feiern nicht. Er hat kein Verständnis für legendenumwobene Gestalten, er ist mehr dem Nahen und Einfachen zugetan. Je näher uns ein Mensch kommt, desto mehr lieben wir ihn; je privater und intimer er auftritt, um so herzlicher begrüßen wir ihn. Je weniger Leibwachen er hat, um so sicherer ist er seines Lebens und uns um so willkommener. Diese Einstellung hat ihre Wurzeln im *tief Demokratischen unseres Volkes,* im Bedürfnis nach menschlicher Nähe, in der Achtung vor jedem menschlichen Wesen und vor dessen absolut freiem Willen, was für uns die Voraussetzung jeden wahren Segens ist ...

... In letzter Zeit hört man oft, wir seien eingegliedert in den deutschen Lebensraum und bildeten in diesem Raum gewissermaßen ein Land und eine Heimat.

Ich bin Tschechin und habe als solche ein gutes musikalisches Gehör. Ich entnehme dem Klang der Worte, welche Bedeutung wirklich in ihnen liegt. Raum – das bedeutet Himmel, Luft, Wolken, etwas Breites, Weites, Unbestimmtes, etwas Wehendes. Wir aber leben unten auf der Erde, auf der Scholle, der wir arbeitend unser täglich Brot abringen. Seit Jahrhunderten leben wir so, der Großvater übergab den Pflug an den Vater, der Vater an den Sohn. Wir brachten es zu keinem Raum, sind ja auch nur ein Volk von 8 Millionen, ein Volk, das seine Sprache hat, seine Gewohnheiten und Sitten, seine Lieder, Sehnsüchte und Ideale. Meinem Gefühl nach stellen wir keineswegs eine Brücke dar zwischen Deutschland und den Slawen. Wir, die heutigen Tschechen, bilden eine Brücke zwischen den Tschechen von gestern und denen von morgen, wir werden den Choral des Heiligen Wenzel unsere Kinder lehren und ihn an sie weitergeben. Nur das und nichts anderes werden wir tun ...

... Wenn ein deutscher Nationalsozialist im vorigen Heft der ›Přítomnost‹ unter anderem folgendes schrieb: ›... die Deutschen sind, ohne Ausnahme, Nationalsozialisten ...‹ und ›... es ist ihr selbstverständliches Recht, sich zu dieser Überzeugung zu bekennen ...‹, dann kann man darauf nur antworten, daß auch wir nichts anderes verlangen als dieses selbstverständliche Recht ... Wenn Sie aber von ›... dringend notwendiger Umgeburt der Seele der Tschechen ...‹ schreiben, muß ich nochmals erwähnen, wie empfindlich mein Ohr für Worte ist: wie kann denn eine Umgeburt ›dringend notwendig‹ sein? Eine Umgeburt kann doch nur organisch vor sich gehen ... wenn nicht, wäre sie ein Umbruch. Keine Volksseele wird auf Kommando umgeboren ... es sei denn ... man klebe ihr einige rein äußerliche Zeichen auf ... und benenne dann das Ganze: ›gelungene Operation‹. Ich glaube, man würde dabei, im besten Falle, mit unserer Volksseele einen Wechselbalg erzeugen. So wie die Seele der deutschen Nation und die der Nationalsozialisten langsam gewachsen ist, bis sich schließlich ihre kantigen Ansichten herauskristallisierten – ähnlich wuchs auch die Seele des tschechischen Volkes seit den Zeiten von Lipany[53] bis zu jenen vom Weißen Berg[54], und dann vom Weißen Berg bis nach München; während dieses Wachsens kristallisierten sich bestimmte Ansichten heraus, die in jedem von uns pulsieren wie etwas Lebendes.

Unsere Geschichte ließe sich in zwei Sätzen, die aus zwei verschiedenen Zeiten stammen, zusammenfassen: ›Schlaget, erschlaget, lasset am Leben keinen ...‹[55] und ›Oh, laß uns nicht untergehen, noch die, die nachkommen ...‹[56] Es ist kaum ein Zweifel möglich, unser Heute trägt den Stempel des zweiten Liedes. Laßt uns das ruhig annehmen. Und betrachten wir es als die Aufgabe unserer Zeit, dieses Lied voller Inbrunst und laut herauszusingen – oder auch nur leise zu summen. Auf dieses Lied reagieren wir sehr empfindlich, mindestens ebenso wie die Deutschen auf den Frieden von Versailles. Wollt Ihr uns als gute Nachbarn haben, so ehrt dieses Lied, denn es ist der Ausdruck unserer Volksseele!«[57]

DIE VERNICHTENDE EXPLOSION

»In was für Tiefen geht Dein Ernst und Deine Kraft!«[58]

Vom 14. zum 15. März 1939 erbebte Milenas Heimat unter »der vernichtenden Explosion«. In dieser Nacht hat sie, so wie Tausende andere im Land, kein Auge geschlossen. Mit Verzweiflung im Herzen steht sie am Fenster ihrer Wohnung und blickt hinunter auf die vertraute nächtliche Straße, wo die Lichter die gleichen Schattenmuster aufs Pflaster werfen wie in allen Nächten, wo schräg gegenüber der runde Platz, auf den sieben Straßen münden und einen schönen Stern bilden, genauso unberührt und menschenleer daliegt wie in allen vergangenen Nächten. »... Anders war nur, dass schon von drei Uhr ab allmählich mehr und mehr Lichter angingen: beim Nachbarn, gegenüber, unten, oben und dann schon die ganze Straße entlang ... Also, auch sie wissen es schon ... Um vier Uhr beginnt der tschechische Rundfunk zu senden; in regelmäßigen Abständen alle fünf Minuten die gleichen knappen Sätze: ›Achtung! Achtung! Die deutsche Armee rückt von der Grenze her auf Prag zu! Verhaltet euch ruhig! Geht zur Arbeit! Schickt eure Kinder zur Schule!‹ ... Über den Dächern die trübe Morgendämmerung, ein fahler Mond hinter den Wolken, die unausgeschlafenen Gesichter der Menschen, das Töpfchen heißen Kaffees und die regelmäßigen Meldungen übers Radio: So kommt ein großes Ereignis zu den Menschen. Sachte und unerwartet ... Doch ist es erst einmal da, wissen wir noch stets, dass es eigentlich nicht überraschend kam ...«

Milena erwacht aus der Erstarrung, geht zum Telefon und ruft ihre jüdischen Freunde an. Immer die gleiche Frage: »Wisst ihr schon?« Immer die gleiche Antwort: »Ja!« Sie tröstet, sie versucht Mut einzuflößen, und der Inhalt all dieser Gespräche ist derselbe: »Rechnet mit mir, ich werde euch nicht verlassen.« – »Milena war wie geboren für Unwetterkatastrophen. Je unruhiger die Umgebung war, desto ruhiger, ausgeglichener und größer wirkte sie.« So charakterisiert sie der Schriftsteller Willy Haas, einer von denen, die sie in dieser Nacht anrief.

Der Tag bricht an. Milena geht auf die Straße. Sie muss den Ereignissen ins Gesicht sehen. »... Um ½8 Uhr machten sich Schwärme von Kindern auf den Schulweg, so wie immer. Arbeiter und Angestellte fuhren zur Arbeit, so wie immer. Die Straßenbahnen waren überfüllt, so wie immer. Nur die Menschen, die waren anders. Sie standen da und schwiegen. Nie noch hörte ich so viele Menschen so tief schweigen. Keine Ansammlungen auf den Straßen. In den Büros hob keiner den Kopf vom Schreibtisch ...« Um 9.35 Uhr erreichte die Spitze der Hitlerarmee das Zentrum der Stadt. Über die Hauptstraße des alten Prag, über die Národní třida, donnern die Lastautos der deutschen Armee. »... Auf den Trottoirs strömen die Menschen, wie immer. Doch keiner blickt auf, keiner dreht sich um ... Ich weiß nicht, woher es kommen kann, daß sich Tausende plötzlich völlig gleichartig und in Übereinstimmung verhalten, wie auf einmal so viele Herzen, die einander doch gar nicht kennen, im gleichen Rhythmus handeln ... Nur die deutsche Bevölkerung bewillkommnete die Armee des Deutschen Reiches ...«[59]

★

Ein junger Deutscher, Graf Joachim von Zedtwitz, der gerade in Prag sein Medizinstudium beendet hatte und bald darauf mit Milena im Widerstand zusammenarbeiten sollte, schildert seine Reaktion auf den 15. März. Den nächtlichen Einmarsch der Truppen hatte er verschlafen und lief morgens ahnungslos zum Haus hinaus, um sich Semmeln zu kaufen. Da fiel sein Blick auf ein merkwürdiges Gefährt, ein Armeemotorrad mit Beiwagen, und darauf saß ein Soldat in fremder Uniform. Zedtwitz stutzte und erfasste sofort, was geschehen war. Nur ein Gedanke überfiel ihn: diesem Kerl an die Gurgel zu springen! Aber nichts tat er, denn beim nächsten Blick sah er die ganze Straße voller Lastautos mit deutschen Soldaten, Tausende, eine Kolonne nach der anderen ... Prag, die Bastion der Freiheit war gefallen!

Neben ihm standen Menschen, denen die Tränen übers Gesicht liefen. Er aber wurde nicht von Verzweiflung, er wurde von Empörung gepackt: Sie müssen, koste es was es wolle, vernichtet werden! Ohne zu überlegen rannte er zur Wohnung seines jüdischen Freundes, Neumann. Die Mutter öffnete ängstlich. Der Sohn war nicht zu Hause. Sie wünschte zu wissen, was man von ihm wolle. »Wie können Sie da noch fragen?! Sie müssen fort von hier!« Die alte Frau schüttelte traurig den Kopf: »Nein, junger Mann, nicht fort von hier. Hinter unserm Haus fließt die Moldau. Wir wissen, was wir zu tun haben ...«

Unbegreiflich schien Zedtwitz eine solche Haltung. Wie konnte man an Selbstmord denken, wo es galt zusammenzustehen, zu kämpfen und die Bedrohten zu retten. Er lief von einer bekannten jüdischen Familie zur anderen. Schließlich traf er den gesuchten Freund. »Wenn du bereit bist zu helfen«, sagte Neumann, »schicke ich dir morgen jemanden. Er wird sich mit einer grauen Visitenkarte ausweisen.« – Zwei Tage später klingelte es an der Wohnungstür.

Ein zaundürrer Engländer überreichte Zedtwitz einen Fetzen grauen Packpapier, auf dem der Name »Harold« stand. Damit fing es an. Eine kleine Gruppe hatte sich zusammengefunden, darunter Harold Stovin, Kenneth Ogier, Bill Henson und Mary Johnston, ein besonders tapferes Mädchen. Bis zum 15. März hatten alle vier Engländer, Freunde Neumanns, als Sprachlehrer im English Institute in Prag gearbeitet und sich vorwiegend für englische Grammatik interessiert. Nach Meinung von Zedtwitz hatten sie für Widerstandsarbeit nicht die geringste Eignung, waren zart besaitet und hatten empfindliche Seelen. Aber mit dem Einmarsch der Deutschen verwandelten sie sich, und getrieben vom Verantwortungsgefühl für das Leben bedrohter Menschen wurden sie zu Helden.

Zedtwitz besaß ein Auto. Darauf begründete sich ihr Plan. Es galt, bekannte jüdische Persönlichkeiten heimlich über die Grenze nach Polen in Sicherheit zu bringen. Für die Rettungsaktion benötigten sie einen Menschen, der den Mut besaß, seine Wohnung zur Verfügung zu stellen. Die Gefährdeten mussten bis zum Tage der Flucht versteckt werden, denn schon begann die Gestapo, hohe Kopfprämien für die Ergreifung bekannter Juden auszuschreiben. Die Adresse von Milena wurde genannt, und sie war sofort bereit, die Fliehenden aufzunehmen und sich an der Arbeit der Gruppe zu beteiligen.

⋆

In einem Artikel vom 22. März schreibt Milena: »Die deutschen Soldaten verhielten sich anständig. Es ist überhaupt auffallend, was für eine Veränderung eintritt, sobald sich eine geschlossene Formation in Einzelpersonen auflöst, sobald der eine Mensch dem anderen gegenübersteht ...« Das folgende Erlebnis dürfte sie selbst gehabt haben: »... Auf dem Wenzelsplatz kam einem tschechischen Mädchen eine Gruppe deutscher Soldaten entgegen, und weil das schon am zweiten Tag nach der Besetzung war, und unser aller Nerven bereits ein wenig erschöpft, und weil ja der Mensch erst am zweiten Tag wieder denken kann und wirklich begreift, was geschah – stürzten dem Mädchen eben die Tränen aus den Augen. Da ereignete sich etwas Sonderbares: Ein deutscher Soldat trat auf sie zu, ein einfacher, gewöhnlicher, kleiner Soldat, und sagte: ›Aber Fräulein, wir können doch nichts dafür ...‹ Er beschwichtigte sie, wie man das mit einem Kind tut. Er hatte ein typisch deutsches Gesicht, voller Sommersprossen, mit etwas rötlichem Haar und trug die deutsche Uniform – sonst unterschied er sich in nichts von unserem tschechischen Muschkoten, dem einfachen Mann, der seiner Heimat dient. Zwei Menschen standen einander gegenüber und ›konnten nichts dafür ...‹ In diesem schrecklich gewöhnlichen Satz steckt der Schlüssel zu allem ...«

»... Am Altstädter Ring liegt das Grab des Unbekannten Soldaten. Am 15. März war es verschwunden unter einem Riesenberg von Schneeglöckchen ... Jene seltsame Kraft, die auf geheime Weise der Menschen Schritte lenkt, führte Scharen von Pragern an diesen Platz, und sie legten Sträußchen – auf das kleine Grab der großen Erinnerungen. Weinende Menschen stehen ringsum. Nicht nur Frauen und Kinder, auch Männer, die doch der Tränen ungewohnt sind. Und wieder, auch hier, verhalten sich die Menschen ausgesprochen tschechisch: kein lautes Schluchzen, keine Zeichen von Angst, keine heftigen Ausbrüche. Nur Trauer. Irgendwie muß sich ihre Trauer ergießen. Hunderte Augen fließen über ...

Hinter dem Rücken der Menschenmenge bemerke ich einen deutschen Soldaten. Auf einmal hebt er die Hand an die Mütze. Er salutiert. Er hat begriffen, daß die Menschen weinen, weil er da ist ...«

»... Ich denke zurück an unsere große Illusion. Ob es wohl noch einmal dazu kommen mag, daß wir, Deutsche, Tschechen, Franzosen, Russen, nebeneinander leben werden, ohne uns gegenseitig Leid anzutun, ohne uns zu hassen, ohne uns Unrecht zuzufügen? Ob es wohl noch einmal dazu kommen mag, daß sich Regierungen verständigen, so wie das einzelne Menschen untereinander tun können? Werden je die Grenzen zwischen den Ländern fallen, wie sie im Verkehr von Mensch zu Mensch fallen sollten?

Wie schön wäre es, das noch zu erleben!«[60]

In diesem Artikel, der in der *Přítomnost* veröffentlicht wurde, als in Prag bereits die Gestapo residierte, steigert sich Milena, die Unsentimentale, bis zum Pathos. Das war sehr ungewöhnlich für sie. Denn ihr Mut war ein ziviler, sie besaß, im besten Sinne des Wortes, Zivilcourage, und diese äußert sich ja meist einfach und unpathetisch. – Während der Monate, die dem Einmarsch Hitlers folgten, wird aus der mutigen Journalistin, die mit der Feder streitet, eine Handelnde, eine wahrhafte Kämpferin gegen die Tyrannei.

Auf Milenas Rat hin dehnte die Gruppe den Kreis jener, die gerettet werden mussten, auf tschechische Offiziere und Flieger aus. Bei der Organisierung der Flucht kam Milena ihre Geschicklichkeit im Aufspüren neuer Wege und Auswege, im Verbergen und Verschleiern zugute; ihre Fähigkeit zu unschuldigem Gehabe und ungehemmtem Charmieren, ihr standhaftes Verhalten bei Polizeiverhören, wenn es sich um Hilfe für die Verfolgten, wenn es sich um die gute Sache handelte. Gerade die Eigenschaften, die man ihr früher als unmoralisch, als skrupellos angekreidet hatte, wurden nun für viele Menschen zur Rettung. In der heroischsten und leidvollsten Zeit ihres Lebens kamen ihr diese konspirativen Fähigkeiten in Verbindung mit unermüdlicher Energie, Durchschlagskraft und hochintelligenter Findigkeit zustatten.

Joachim von Zedtwitz, der Milena nun fast täglich sah, war vor allem von ihrer politischen Überlegenheit fasziniert. »Damals«, erzählt er, »sah Milena aus wie Churchill. Sie hatte dieselben Kraftwülste über den Augen, die gleiche ungeheure Klugheit im Blick, den etwas asymmetrischen Mund mit den eingezogenen Mundwinkeln, ein Gesicht, das unaufhaltsame Entschlossenheit ausdrückte. Die Ähnlichkeit mit Churchill ist aber kein Zufall, sondern hohe politische Begabung prägt eben ganz bestimmte Züge.« Auch aus ihrer Handschrift, behauptet Zedtwitz, konnte man die politische Begabung ersehen. Ihre Schrift, mit den starken, genau parallelen Abstrichen und bei hohem Formniveau das komplizierte Beiwerk, trug die Zeichen einer vielfältig leidenschaftlichen Persönlichkeit, die sich durch äußerste Willensanstrengung diszipliniert hatte. – Interessant ist, was Max Brod über ihre auffallende Schrift bemerkt: »... Ihre (Milenas) Schrift hat übrigens, wie mir scheint, eine gewisse Ähnlichkeit mit der Schrift Thomas Manns; was sehr selten ist, da die Schrift Thomas Manns, besonders in frühen Jahren, ein Unikum zu sein scheint ...«[61]

★

Jeder Transport zur polnischen Grenze war von zahllosen Gefahren umwittert. Eines Tages saßen im Auto des jungen Zedtwitz Rudolf Keller, der Chefredakteur des *Prager Tagblatt*, und Holosch vom *Prager Mittag*. Schon nach kurzer Fahrt in östlicher Richtung ereignete sich der erste Zwischenfall. Obgleich Zedtwitz wusste, dass die Deutschen rings um Prag Straßenkontrollen eingerichtet hatten, fuhr er, in großer Geschwindigkeit um eine Ecke kommend, direkt in eine solche Sperre hinein. Eine Möglichkeit auszuweichen gab es nicht mehr. Er konnte nur noch nach hinten rufen: »Keiner sagt ein Wort, außer mir!« Dann bremste er, sprang hinaus und öffnete, so als sei es das Selbstverständlichste von der Welt, seine Motorhaube wie bei einer üblichen Kontrolle der Verkehrspolizei und zeigte sein Typenschild. »Als ich dem deutschen Soldaten ins Gesicht blickte«, berichtet Zedtwitz, »wurde mir anders. Denn der sah aus wie ein richtiger Zuchthäusler. Aber unser Glück: In seinen Reaktionen war er langsam und durch mein Verhalten wurde er aus dem Konzept gebracht. Schließlich fasste er sich und fragte mich in Befehlston: ›Haben Sie einen Browning?‹« Zedtwitz schnodderte ihn betont preußisch an, dass es ihm Leid tue, er aber mit so etwas nicht dienen könne. Und ohne eine nächste Frage war die Untersuchung beendet.

Weiter ging die Fahrt. Um neuen Kontrollen zu entgehen, wählten sie Seitenwege. Bis Mähren ging es gut, aber dann begann es zu schneien, und eine Schneeverwehung folgte der anderen, bis sie schließlich endgültig stecken blieben. Nach diesem zweiten Missgeschick verlor Holosch den Mut, gab die Hoffnung auf, die Grenze zu erreichen, und reiste von der nächsten Bahnstation nach Prag zurück ... Rudolf Keller und Zedtwitz fuhren weiter. Als es bereits dunkelte, näherten sie sich dem Ort, in dem der neue Grenzführer wohnen sollte; den alten hatten sie durch die Verspätung verpasst. Zedtwitz ließ den Wagen auf der Landstraße stehen, schlich zum angegebenen Haus und klopfte. Eine alte Frau öffnete und flüsterte aufgeregt: »Geben Sie Obacht, der, den Sie suchen, ist eingesperrt, weil er Leute über die Grenze brachte ...« Zedtwitz machte sofort kehrt. Nur schnell weg von hier! Zu seinem Entsetzen sah er im Scheinwerferlicht des Autos einen Polizisten stehen und neben ihm Rudolf Keller. Mit einem freundlichen »Guten Abend!« trat er zu den beiden. Sofort wandte sich der Grenzer in barschem Ton an ihn: »Haben Sie Papiere?!« Zedtwitz zog alles heraus, was er an Ausweisen besaß, um den Rabiaten zu beruhigen. Doch der war in Fahrt. Und da er etwas Verdächtiges vermutete, sagte er mit Bestimmtheit, auf Keller weisend: »Doch der Herr da, der hat wohl keine Papiere?!« – »Lassen Sie man«, beschwichtigte ihn Zedtwitz, »der wird schon welche finden.« Umständlich und lange kramte Rudolf Keller in seinen Taschen herum, und was zog er schließlich heraus ... einen österreichischen Heimatschein aus dem Jahre 1886. Keller war nämlich bereits 68 Jahre alt. Während der Polizist den Schein studierte und das Schlimmste zu erwarten war, redete Zedtwitz, um die Situation zu retten, einfach drauflos: »Aber Onkel Rudi, wie kannst du in solchen Zeiten ohne Papiere herumfahren?!« Und dann zum Grenzwächter gewandt in vertraulichem Ton: »Wissen Sie, den werden wir beide nicht mehr ändern, der glaubt alleweil, Kaiser Franz Joseph regiert noch.« Rudolf Keller begriff sofort und spielte mit Vollendung die Rolle eines senilen Tattergreises. Schon hatten sie gewonnen; der Polizist begann zu lachen und fragte besänftigt: »Wohin wollen Sie denn eigentlich so spät am Abend?« Worauf Zedtwitz eine lange Geschichte zusammenlog, sie müssten Molkereien besichtigen und hätten sich verfahren. Nach einigen Witzen über die alten Leute, die mit der Zeit nicht mitkämen, ließ der Polizist sie schließlich unbehelligt fahren.

Es blieb nichts anderes übrig als zurück nach Mährisch-Ostrau. Schweigend fuhren sie ein Stück, dann bat der alte Keller, Zedtwitz möge anhalten, und erklärte voller Ruhe: »Setzen Sie mich hier ab. Ich bleibe im Straßengraben und nehme Gift. Warum, in aller Welt, sollen Sie Ihr junges Leben für mich alten Menschen aufs Spiel setzen!« Zedtwitz meinte tröstend: »Zum Giftnehmen haben wir immer noch Zeit. Erst wollen wir mal ein anständiges Abendbrot essen, dann überlegt sich's leichter.« – Nach einer Weile kamen sie zu einem Gasthaus, kehrten ein, aßen und plauderten, und alles war wieder in Ordnung. Am nächsten Tag fand sich ein anderer Grenzführer und Rudolf Keller erreichte wohlbehalten das rettende Ausland.

★

Am ersten Tag nach der Besetzung trafen sich die Redaktionsmitglieder der *Přítomnost* in einem Kaffeehaus. Man beriet, was nun zu tun sei. Niedergedrückt von der Ausweglosigkeit der Situation erging man sich in finsteren Prognosen. Da erschien mit einiger Verspätung Milena. Als sie zum Tisch trat, blickten alle auf, und einem Redakteur entrang sich der Ausruf: »Gott sei Dank, endlich ein Mann!« Dem Chefredakteur, Ferdinand Peroutka, der schon nach einigen Tagen von der Gestapo verhaftet werden sollte, blieb ein prophetischer Ausspruch Milenas, den sie während des Einmarsches der Deutschen machte, unvergesslich. Auf die vorbeirollenden Kolonnen der Wehrmacht blickend sagte sie, zu ihm gewandt: »Das ist noch gar nichts ... Warte nur ab, bis uns erst die Russen besetzen werden ...«

Nach der Verhaftung des Chefredakteurs übernahm Milena die Redaktion, die sie auch weiterführte, als Peroutka 14 Tage später wieder frei gelassen wurde, sich aber nun im Hintergrund haltend damit begnügen musste, die wesentlichen Artikel zu inspirieren. Er trachtete danach, die Zeitschrift in dieser gefährlichen politischen Situation noch möglichst lange vor einem Verbot zu bewahren. Das war nur durchführbar bei äußerster Vorsicht. Manche Leser verübelten der Redaktion diese »Anpassung an die gegebene Situation«, und ich kann mir vorstellen, dass Milena in den letzten Monaten ihrer offiziellen journalistischen Tätigkeit vieles gegen den Strich ging. In einem Beitrag versuchte sie sich bei ihren Lesern zu entschuldigen und schrieb ungefähr Folgendes: Der tschechische Journalismus gleicht einem Baum, der alle Blätter verloren hat. Nur ganz oben haben sich noch zwei, drei gehalten. Und da fragen nun die unbegabten Leute, die nicht zu lesen verstehen: »Aber Baum, warum rauschst du denn gar nicht mehr?!«

Milena versuchte, so viel wie nur möglich an Andeutungen und Warnungen in die Artikel hineinzuschmuggeln. Die politische Tendenz ihrer Arbeiten wurde allmählich fast tschechisch-nationalistisch. Zum Teil dürfte auch das eine Camouflage gegenüber dem nazistischen Zensor gewesen sein, zum Teil jedoch auch ihre Überzeugung. Milena war immer eine Kosmopolitin gewesen, aber sie war auch eine Realpolitikerin. Sie hatte erkannt, dass unter der Besetzung einer ausländischen totalitären Macht der Widerstandswille des Volkes nur dann am Leben bleibt, wenn man dessen nationales Bewusstsein erhält und stärkt.

Für Milenas sanftere Töne in der *Přítomnost* gab es noch eine weitere Erklärung. Sie tarnte sich dadurch gegenüber der Gestapo, wurde unverdächtiger und konnte so ihre Rettungsaktionen für die Bedrohten mit größerer Sicherheit durchführen.

Doch begnügte sie sich nicht mit der legalen journalistischen Tätigkeit. Sie begann ein illegales Organ herauszugeben, das den Namen *Vboj*! (»Auf in den Kampf«) trug, und arbeitete außerdem an weiteren verbotenen Schriften mit. Einmal traf sie zufällig auf der Straße ihren alten Freund Miloš Vaněk. Sie setzten sich auf eine Bank und nach kurzem Gespräch schlug Vaněk Milena vor, gemeinsam eine Widerstandsschrift herauszugeben. Milena brach in Gelächter aus: »Gut, warum nicht! Das wäre dann die vierte!«

★

Wenige Tage nachdem Hitler in Prag einmarschiert war, wurde dem Leiter des Presseamtes im Ministerratspräsidium, dem Ministerialrat Šmoranč, Herr von Wolmar, ein Deutscher, als Aufpasser zur Seite gesetzt. Šmoranč, der als Agrarier und Protegé des Ministerpräsidenten Hodza politisch ziemlich weit rechts stand, war kein Freund Milenas, und auch sie besaß keine Sympathien für ihn. Dabei war Šmoranč ein tapferer Mann, er spielte längere Zeit eine Doppelrolle, wurde dann von den Nazis entlarvt und hingerichtet.

Herr von Wolmar scheint eine besondere Beziehung zu Milena gehabt zu haben, die auf einer Art Hassliebe beruhte. Er ließ sie jede Woche mindestens einmal in sein Büro kommen und führte lange Debatten mit ihr, die auch Milena Vergnügen machten. Sie schilderte von Wolmar als einen sehr gebildeten, intelligenten und kultivierten Menschen mit den besten Umgangsformen. Immer besonders höflich zu ihr, ließ er sie nie warten und ließ sie fühlen, dass er viel von ihr halte.

Nur einmal verlor Herr von Wolmar ganz und gar die Fassung und vergaß seine guten Manieren. Das hing mit einem Artikel Milenas in der *Přítomnost* zusammen, der einen Titel in deutscher Sprache trug. Er hieß nämlich: »Soldaten wohnen auf den Kanonen ...« In ihm führte sie unter anderem aus, dass deutsche Soldatenlieder viel hübscher, vor allem viel »soldatischer« seien als die tschechischen. Das könne man darauf zurückführen, dass eben die Deutschen ein kriegerischeres, ein soldatischeres Volk seien als die Tschechen, deren Soldaten sich in ihren Liedern lieber mit Maiglöckchen und Mädchen beschäftigten als mit heldischen Dingen.

Bevor Milena diesen Artikel schrieb, ging sie auf die Suche nach einem besonders typischen deutschen Soldatenlied. Ihr guter Freund Fredy Mayer, ein Deutscher, kam auf die tolle Idee, sie solle das in seiner Grausamkeit grässlichste und soldatischste aller Lieder wählen, in dem besungen wird, wie Soldaten auf Kanonen wohnen und aus jeder fremden Rasse, die ihnen begegnet, ihr Beefsteak Tatar machten. Fredy und Milena wussten natürlich genau, dass dieser Song aus der Dreigroschenoper stammte und mit einem deutschen Soldatenlied überhaupt nichts zu tun hatte. Doch waren sie der Meinung, dass eine Tschechin das ja nicht zu wissen brauchte. Begeistert griff Milena diese raffinierte Idee auf, und so kam der Kommunist Bert Brecht während der Nazizeit in die *Přítomnost*. Doch das sollte nicht ohne Konsequenzen bleiben.

Die Zensur aller Artikel in tschechischer Sprache wurde von sudetendeutschen Nationalsozialisten ausgeübt, die zwar Tschechisch konnten, doch deren mangelnde Intelligenz Milenas versteckten Anspielungen und der untergründigen Ironie, von der ihre Artikel in jener Zeit nur so strotzten, in keiner Weise gewachsen waren. Sie kamen nicht dahinter, dass sie mit ihrem faustdick aufgetragenen Lob der Deutschen beim tschechischen Leser genau die gegenteilige Wirkung erzeugte. Die deutschen Zensoren fühlten sich zum Beispiel in ihrem Deutschtum geschmeichelt, wenn Milena in »Soldaten wohnen auf den Kanonen ...« unter anderem Folgendes schrieb: »... Marschierte früher ein ganzes Regiment tschechischer Soldätlein unterm Fenster vorbei, so klang das fröhliche Klipp-Klapp ihrer Schritte durch die Gassen; geht aber heute nur ein einziger deutscher Soldat durchs Kaffeehaus, so klirren bei seinem festen Tritt alle Gläser, und der Stuck fällt vom Plafond ...« Und voller Bewunderung für dieses »tüchtige« und »heldische« Gebaren fährt sie dann fort: »Die Deutschen verstehen es ebensogut zu befehlen wie Befehlen zu gehorchen. Zittern tun ihre Soldaten vor den Vorgesetzten und beugen sich widerspruchslos den Kommandos. Wie ganz anders und so vollkommen unsoldatisch benahmen sich dagegen die tschechischen Vorgesetzten, die ihre Untergebenen nicht nur nicht anschrien, sondern ihnen freundlich zuredeten, bis die Soldaten einsahen, daß man Sinnvolles von ihnen verlangte ...« Das war natürlich reiner Hohn. Doch den beschränkten nationalsozialistischen Zensoren ging das ein wie Butter.

Keineswegs aber Herrn von Wolmar, der die Artikel, so auch »Soldaten wohnen auf den Kanonen«, in Übersetzung vorgelegt bekam. Er war gescheit genug zu spüren, was da gespielt wurde, und geriet in wilde Wut. Er ließ Milena kommen, fragte streng, ob sie je deutsche Soldaten dieses Lied habe singen hören, und ob sie etwa nicht wisse, dass es aus der Dreigroschenoper vom Kommunisten Bert Brecht stamme?!! Milena, ganz und gar unschuldsvoller Engel, wusste von gar nichts, hatte dieses Lied allerdings irgendwann einmal gehört, könne sich aber nicht mehr erinnern wann und wo. Doch habe sie keinen Augenblick daran gezweifelt, dass es sich um ein deutsches Soldatenlied handele, weil es sie als so besonders soldatisch und so besonders deutsch tief beeindruckt hätte. Als sie dann mit leichtem Lächeln endete, war es um Herrn von Wolmars Fassung geschehen. Er schleuderte ihr voller Wut den Bleistift, mit dem er nervös gespielt hatte, mitten ins Gesicht und brüllte: »Genug davon! Es muss schließlich alles seine Grenzen haben! Ich lasse mich nicht von Ihnen für blöd verkaufen!!«

An diesem Tage fühlte sich Milena besonders glücklich.

Sie war stolz, dass es ihr gelungen war, den so beherrschten und wohlgesitteten Deutschen aus dem Gleichgewicht gebracht zu haben.

Auf allen Gebieten des Lebens, in der Liebe, in der Freundschaft, im Sich-um-andere-Kümmern, in der Gerechtigkeit, war Milena eine Fanatikerin. Nun wurde sie es auch in ihrem Beruf als Journalistin. Immer wieder treibt es sie dazu, trotz der von Monat zu Monat zunehmenden Gefahr, in ihren Artikeln laut und deutlich auszusprechen, was sie denkt und was nach ihrer Meinung Not tut: »Im Wirbel politischer Umwälzungen und der Bildung neuer politischer Werte stand und steht der tschechische Journalist als einziger Vermittler zwischen den Ereignissen und dem Volk, als alleiniger Sprecher und Schöpfer des lebendigen Ausdrucks der Worte. Es gibt keinen unter uns, der sich dieser Aufgabe nicht bewußt wäre, keinen, der nicht erfaßt hätte, daß es heute eine Ehre ist, Zeitungsmann zu sein, hohen Rang und Würde bedeutet ...« Das ruft sie im Juni 1939 ihren Kollegen zu und schreibt weiter: »... In der heutigen Situation können wir Journalisten alle nur das Gleiche empfinden. Wer von uns anders fühlt, der ließ schon längst sein Handwerk stehen und liegen, ließ das weiße Blatt Papier unbeschrieben. Wir, die übrigblieben, unterwarfen uns dem eindeutig erteilten Auftrag, die Nation zu neuem Leben, zu neuer Hoffnung und zu neuen Aufgaben zu erziehen ...«

Im weiteren Verlauf des Artikels argumentiert Milena gegen die deutsche Presse und gegen deutsche Leserbriefe, in denen man sie verdächtigte, dass die Liebe zum tschechischen Volk, von der sie in ihren Veröffentlichungen immer wieder spreche, nichts anderes sei als eine Aufforderung, die deutsche Nation zu hassen. »Diese Verdächtigung ist gegen uns alle gerichtet. Wir Journalisten, die heute, wo auch immer, in tschechischer Sprache schreiben, müssen uns davon getroffen fühlen ... Weder zwischen den Zeilen noch offen wurde von uns je mit einem einzigen Wort angedeutet, man solle hinterhältig handeln ... Wenn wir zusammen mit Deutschen zu leben haben ... dürfen wir es nicht zulassen, daß unser Begriff von nationaler Ehre verflacht wird. Wir stehen neben den Deutschen als Gleiche neben Gleichen, was das Kulturniveau, das handwerkliche Können, was Fähigkeiten, Fleiß und persönliche Ehrlichkeit anbetrifft.

Dieses Bewußtsein der Gleichwertigkeit – die man uns abspricht – dürfen wir nicht verlieren, weder aus Bequemlichkeit noch Depression noch Erschöpfung. In verschiedensten Variationen sagten wir stets dasselbe ... und werden es immer weiter sagen. Geflüstert hat keiner von uns ... Niemand hat je, auch noch so leise, angedeutet: Lauert den Deutschen im Hinterhalt auf. Disziplinlosigkeit, auch rein persönliche, kann das ganze Volk vernichten. Das, was nottut, spricht jeder von uns laut und deutlich aus: Liebt die zähe Ausdauer; schätzt Tapferkeit und Mut; fürchtet euch vor nichts, wenn es nötig sein wird, denn dazu besteht kein Grund; und sagt die Wahrheit ...«

»... Wir sind ein erwachsenes Volk mit europäischer Kultur und jeder einzelne von uns ist ein denkender Mensch ... Tschechische Journalisten sind weder Wegelagerer noch Duckmäuser ...«[62]

★

Milenas Wohnung wurde mehr und mehr zum geheimen Treffpunkt und zum Unterschlupf. Manchmal hielten sich dort zu gleicher Zeit gegen zehn Menschen auf. In einer Ecke saßen die Engländer und unterhielten sich flüsternd; auf der breiten Terrasse spielte eine russische Jüdin mit ihrem Kind, und Zedtwitz versuchte vergeblich, sich mit ihr zu unterhalten; in der Küche half Frau Menne, deren Mann, ehemaliger Redakteur einer Zeitung in Essen, bereits über die Grenze gebracht worden war, und Walter Tschuppik, ebenfalls ein Deutscher, bis 1935 Redakteur der Münchner *Neuesten Nachrichten*, wartete geduldig auf seinen Abtransport, während Rudolf Steiner, der von einem betrunkenen polnischen Grenzpolizisten, nachdem er Polen bereits glücklich erreicht hatte, wieder auf tschechisches Gebiet zurückgejagt worden war, in verzweifeltem Zustand durch die Zimmer lief, jammerte, er müsse unbedingt weg, sinnlose und gefährliche Telefongespräche führte, schließlich die Nerven ganz und gar verlor und erklärte: Wenn man ihn nicht sofort über die Grenze brächte, ginge er zur Gestapo und zeige sie alle an ...

»Milena, die immer ein blaues Kleid trug und jeden Neuankommenden mit einladender, großzügiger Geste ins Zimmer bat«, erzählte Zedtwitz, »beruhigte alle. Sie wirkte einfach dadurch, dass sie da war. In ihrer Gegenwart wurden die Menschen irgendwie besser, wurden von ihr angeregt, mitgerissen und gezwungen, Stellung zu nehmen ...«

Doch bei der Widerstandsarbeit beging Milena auch manche Fehler. Nicht nur, dass sie ihre Wohnung jedem öffnete, sie kannte auch keine Zurückhaltung bei Gesprächen, missachtete alle notwendigen Vorsichtsmaßnahmen und hielt es für wichtig, offen ihre Feindschaft gegen die faschistischen Eroberer zu zeigen. Ganz selbstverständlich sah man sie auf der Straße mit ihren jüdischen Freunden, und als nach Prag die Nachricht drang, die Nationalsozialisten zwängen die polnischen Juden, einen gelben Stern am Kleid zu tragen, heftete sie sich einen Davidstern an und ging damit demonstrativ durch Prag. Sie wollte ein Beispiel geben, hoffte, ihre tschechischen Landsleute würden ihr nacheifern.

Während sie vielen Freunden und selbst ihrem Geliebten dringend zur Auswanderung oder zur Flucht riet und verhalf, lehnte sie selbst es kategorisch ab, aus dem Lande zu gehen, hörte nicht auf die warnenden Stimmen. Einer ihrer Freunde malte ihr die Schrecken aus, die sie bei einer möglichen Verhaftung erwarteten: »Schon Schläge sind schwer zu ertragen ... Bedenke aber, was es bedeutet, wenn man dir im Konzentrationslager nichts anderes antut, als dich nur täglich an den Haaren zu reißen ... Das ist viel schlimmer, als durch eine Kugel zu sterben ...« Milena vertrat den Standpunkt, dass sie die Menschen, die sie zum Widerstand aufforderte, nicht im Stich lassen dürfe. Das wäre im höchsten Grade unmoralisch, eine unverzeihliche Verantwortungslosigkeit. – Es ist anzunehmen, dass sich Milena bewusst geopfert hat, nur eines ahnte sie nicht, dass das Ende so schnell kommen würde.

Die Deutschen herrschten erst kurze Zeit in Prag, als Milena eines Tages von ihrem Vater angerufen wurde und er sie in strengem Ton fragte, weshalb sie noch nicht im Gefängnis sitze. Jeder anständige Mensch habe heutzutage eingesperrt zu sein ... Was Milena ihm antwortete, wurde nicht bekannt. Doch Jan Jesensky musste nicht allzu lange warten, bis ihm sein Wunsch in Erfüllung ging.

Die Gestapo beobachtete sie. Sehr bald erfolgte die erste Vorladung, das erste Verhör. Man fragte, ob sie viel mit Juden verkehre, und Milena gab ungezwungen zur Antwort: »Sicher, haben Sie vielleicht etwas dagegen?« Dann wollte der Gestapobeamte wissen, wo sich der Jude, ihr Freund, aufhalte, und erhielt darauf selbstverständlich keine Antwort. Er befand sich längst im Ausland. Die nächste infame Frage lautete: »Ist Ihr Kind etwa auch von einem Juden?«, und Milena sagte in bedauerndem Ton: »Leider, zufällig nicht.« Da verlor der Gestapomann die Ruhe und schnauzte sie an: »Hören Sie mal, wir sind hier nicht gewohnt, solche Antworten zu bekommen!« Und Milena gab zurück: »Das glaube ich schon. Aber ich bin nicht gewohnt, Derartiges gefragt zu werden ...«

Im Juni erhielt Milena Schreibverbot, führte aber die »Přítomnost« weiter, bis diese schließlich im August von der Gestapo eingestellt wurde. Am 1. September, zwei Tage vorm Ausbruch des Zweiten Weltkrieges, wurde Ferdinand Peroutka verhaftet. Noch am Abend vorher hatte ihn Milena besucht. Man transportierte Peroutka ins Konzentrationslager Buchenwald, von wo ihn nach einiger Zeit der »Minister für Kultur«, der Kollaborateur Moravec, nach Prag zurückholen und im vornehmen Hotel Esplanade unterbringen ließ. Moravec versuchte, Peroutka zu kaufen, und als das nicht gelang, ihn schließlich zu zwingen, eine nationalsozialistisch orientierte *Přítomnost* herauszugeben. Peroutka lehnte ab, worauf ihn die Gestapo in Handschellen nach Buchenwald zurückbrachte. Dort blieb er bis zum Ende des Krieges.

Nach der Verhaftung Peroutkas spürte Milena, wie die Bedrohung auf sie zukam. Ihre größte Sorge war, was mit der kleinen Honza werden sollte, wenn man sie ins Gefängnis brächte. Jetzt machte sie sich schwere Vorwürfe, dass sie das Kind in die Geheimarbeit eingeweiht hatte. Honza, ein ungewöhnlich intelligentes Mädchen, war im Laufe dieser Monate zu einer erfahrenen und geübten Konspiratorin geworden, die neben anderem mit großem Geschick die illegale Zeitschrift verteilte. Milena besprach nun mit Fredy Mayer und seiner Frau, deren Tochter gerade mit einem Kindertransport nach England in Sicherheit gebracht worden war, dass Honza, falls sie verhaftet würde, zu ihnen übersiedeln solle. Würden aber Mayers, die selbst in hohem Maße gefährdet waren, das Kind nicht aufnehmen können, wünschte Milena, man solle es der Obhut des Großvaters, Jan Jesensky, übergeben.

Ungefähr vier Wochen nach der Festnahme Peroutkas schickte Milena eines Morgens Honza in die Druckerei, um Exemplare der illegalen Zeitschrift zum Verteilen abzuholen. Als das Kind dort ankam, war die Gestapo gerade dabei, die Druckerei auszuheben. Honza versuchte sich zu retten und erklärte, sie wolle nur mal telefonieren. Auf Fragen, wo sie wohne, gab sie keine Antwort. Man ließ sie laufen und folgte ihr heimlich bis zur Wohnung der Mutter. Während der eingehenden Haussuchung stand das kleine Mädchen an einer bestimmten Stelle des Zimmers und rührte sich nicht vom Fleck, obgleich der Gestapomann, dem sie auf Fragen nicht antwortete, auf sie einschlug. Sie tat, als sei sie nicht ganz bei Verstand. Und dabei schützte sie mit ihrem Körper eine Stelle des Parkettbodens, unter dem zurückgelassene, wichtige Dokumente von Flüchtlingen versteckt lagen. Als die Haussuchung beendet war, erfolgte Milenas Verhaftung.

Kaum hatten sie die Mutter fortgeführt, stürzte Honza zum Telefon und teilte Mayers mit, was geschehen sei. Man kam sofort, sie zu holen. Doch Honza stellte eine Bedingung: von ihrem besten Freund, einem großen, schwarzen Kater, wolle sie sich nicht trennen, der müsse mitkommen, koste es was es wolle. Das war ein schwieriger Freund! Nicht ganz stubenrein, und außerdem hielt er die Pflegeeltern in ständiger Spannung. Ihre Wohnung lag nämlich im obersten Stock eines hohen Hauses, und der Kater pflegte durchs Fenster aufs Dach zu entwischen. Dann kroch Honza ihm in schwindelnder Höhe nach und überredete ihn mit betörenden Worten zurückzukommen. Aber bei einem Ereignis eroberte sich der Kater, dieser Störenfried, die Hochachtung der gesamten Familie. Das trug sich zu, als die Gestapo in der Wohnung erschien, um Fredy Mayer zu verhaften. Drei Beamte wühlten in den Schränken und den Bücherbrettern herum, als plötzlich aus einer dunklen Ecke der große Kater in kühnem Satz von hinten dem einen Gestapomann auf die Schulter sprang und ihm seine Krallen durch die Umform schlug. Das ließ den Herrn von der Geheimpolizei zu Tode erschrecken und brachte ihn ganz und gar aus der Fassung. Sofort wurde die Haussuchung abgebrochen und Fredy ohne weitere Formalitäten ins Gefängnis abgeführt.

Honza war nicht nur ein gescheites, sondern auch ein sehr schwieriges Kind. Es verging kaum ein Tag ohne besondere Aufregung. Oft kam sie sehr spät nach Hause und erzählte die unglaubwürdigsten Geschichten, die größtenteils ihrer konspiratorischen Fantasie entsprungen waren. Sie wurde von Männern verfolgt, denen sie auf langen und schwierigen Umwegen entkam, sie musste sich in Häusern verstecken und die Dunkelheit abwarten, ehe sie es wagen konnte, wieder auf die Straße zu gehen. Auf diese Weise hielt das Kind seine Pflegeeltern in ständiger Spannung.

Eines Morgens klingelte das Telefon: »Hier ist die Geheime Staatspolizei. Ist die kleine Honza bei Ihnen?« Frau Mayer, die das Telefon abgenommen hatte, erschrak fürchterlich und begann herumzustottern, dass sie nicht wisse, wo das Kind sei. Darauf kam die Antwort: »Schade, wenn das Kind erreichbar wäre, könnte es heute Vormittag seine Mutter im Petschek-Palais besuchen ...« Daraufhin wurde Honza natürlich rasch gefunden und besuchte Milena, nicht ohne vorher ein großes Wäschepaket zu packen, in das sie unbedingt geheime Mitteilungen einzuschmuggeln versuchte. Trotz ihres Sträubens wurde dieses Material noch im letzten Moment glücklich entfernt.

Im Frühjahr 1940 mussten Mayers, nachdem Fredy wieder aus dem Pankrac entlassen worden war, ihre Wohnung auflösen, um ins Ausland zu fliehen. So wurde Honza, Milenas Wunsch entsprechend, dem Großvater übergeben. Kurze Zeit darauf erschien Professor Jesensky bei Mayers, und er, der stadtbekannte Antisemit, fiel der Frau des Hauses, einer Jüdin, um den Hals und küsste sie voller Dankbarkeit, dass sie das Kind so lange behalten hätte.

★

Wie alle aus politischen Gründen Verhafteten saß auch Milena im Prager Gefängnis Pankrac, von wo sie allmorgendlich im Polizeiauto nach der »Pečkarna« zum Verhör gebracht wurde. Das Petschek-Palais, ein ehemaliges Bankhaus mit drei unterirdischen Stockwerken, die für die Safes gedient hatten, war jetzt die Zentrale der Gestapo. Manchmal durfte Honza die Mutter besuchen, und so lange, bis er dann selbst verhaftet wurde, begleitete sie Fredy Mayer, der Pflegevater, in die »Pečkarna«.

Nach vielen Verhören, die aber nur wenig Belastendes gegen Milena erbrachten, weil sie sich mit großem Geschick verteidigte, überführte man sie zuerst in ein Lager für »Jüdisch-Versippte« nach Beneschau und dann ins Untersuchungsgefängnis Dresden. In einer kalten, feuchten Zelle, bei völlig ungenügender Ernährung, erlitt Milenas Gesundheit den Schlag, von dem sie sich nie wieder erholen sollte. Sie nahm in kurzer Zeit über vierzig Pfund ab und erkrankte an Gelenkrheumatismus. Nach knapp einem Jahr erhielt sie die Mitteilung, ihr Verfahren sei, mangels Beweisen, eingestellt, man würde sie nach Prag zur Entlassung zurückbringen. Sie sah sich schon in der Freiheit. Im Zuchthaus Pankrac überreichte ihr die Gestapo den »Schutzhaftschein«, der die Überführung nach Ravensbrück anordnete.

Noch einmal bekam sie Besuch von der kleinen Honza. Sie konnte nie vergessen, wie das Mädchen auf seinen dünnen Kinderbeinen so sicher neben dem Beamten durch den

Gefängniskorridor davonging, in eine Welt ohne Mutter und ohne ein richtiges Zuhause. Milena sollte ihr Kind nie wiedersehen.

*

Schon Ende Oktober 1939, als Milena einige Wochen in Haft war, war es in Prag zum ersten offenen Aufbegehren gegen die Tyrannei der Deutschen gekommen. Studenten und Schüler demonstrierten. Im Verlauf der Kundgebungen tötete man 120 Jugendliche. Am 18. November verhängten die Nationalsozialisten das Standrecht. Zehntausende wurden verhaftet, in die Gefängnisse und Konzentrationslager gebracht. Von Tag zu Tag verschärften sich die Verfolgungen der jüdischen Menschen. Als Folge des Standrechtes wurden die tschechische Universität Prags und alle höheren Lehranstalten zuerst für die Dauer von drei Jahren, später »für alle Zeiten« geschlossen.

»... Aus ihren Augen ... spricht nicht so sehr der vergangene als der zukünftige Kampf ...«[63]

Eigentlich hätte Milena im Konzentrationslager zu einer Zielscheibe dauernder Angriffe werden müssen, denn die große Menge der Häftlinge pflegte, in ihrem Bestreben sich anzupassen, den Sklavenhaltern geradezu in die Hände zu arbeiten. Ausgeprägte Persönlichkeiten, die dem Zwang widerstanden, sich nicht unterordneten, wurden meistens abgelehnt oder sogar verfolgt und gepeinigt. Vielleicht entsprang diese Haltung einer Art Schuldgefühl, der unbewussten Erkenntnis, selber schmählich versagt zu haben. Und dafür rächte man sich an den Standhaften.

Nicht aber an Milena. Sie bildete eine erstaunliche Ausnahme. Verfolgt wurde sie nur von den führenden Kommunistinnen, und das hatte politische Gründe. Dabei ging von Milenas Art etwas geradezu Provozierendes aus. Wie sie sprach, wie sie sich bewegte, wie sie den Kopf hielt: Mit jeder Geste demonstrierte sie »Ich bin ein freier Mensch«. Obgleich sie genauso uniformiert war wie alle anderen, verbreitete sie inmitten des Gewimmels der Tausenden von Gestreiften auf der Lagerstraße eine Leere um sich, war herausgehoben, man blickte auf sie. Das alles hätte zur Ablehnung reizen müssen. Doch das Gegenteil geschah. Ich spreche hier nicht von den vielen, die Milena in Freundschaft zugetan waren, sondern von der öffentlichen Meinung des Lagers, wenn man das so nennen kann. Die Häftlinge verliehen ihr schmeichelhafte Zunamen. Milena trug die Gefangenennummer 4714 am Ärmel. Die Mithäftlinge nannten sie »4711«, wie das Kölner Wasser. Mit ihrem Familiennamen hieß Milena »Krejcarova«. Man rief sie auf Block 1 »Zarewa«, also »Herrscherin«. Diese kleinen Beispiele sprechen für ihre Wirkung auf die Lageröffentlichkeit. – Es bleibt überhaupt ein Geheimnis, weshalb man in Gefangenschaft dem einen Menschen gleich von Anfang an mit Freundlichkeit begegnet, während man den anderen, ohne ihn noch zu kennen, vom ersten Augenblick an ablehnt. Sicher fühlten sich in dieser Ausweglosigkeit die Schwachen und Verzweifelnden zu jenen hingezogen, die so wie Milena Kraft ausstrahlten.

Einmal kam Milena zu spät zum Zählappell. Das war ein schweres Vergehen. Vielleicht hätte man noch ein Auge zugedrückt, wenn sie sich schuldbewusst beeilt hätte. Aber nein, sie ging langsam und gelassen. Das brachte eine alte SS-Aufseherin in Harnisch. Voller Empörung strebte sie auf Milena zu und holte schon aus, um sie ins Gesicht zu schlagen. Milena blieb stehen und blickte ihr von oben herunter starr ins Gesicht. Die Megäre ließ, beinahe schuldbewusst, den Arm sinken, und es verschlug ihr sogar die Sprache.

Oft hing es von der Haltung eines Häftlings ab, ob er geschlagen wurde oder nicht. Man kann ohne Übertreibung sagen, dass manche Gesichter in ihrem angsterfüllten oder kriecherischen Ausdruck Schläge der SS geradezu herausforderten. »Es ist wohl das Wesen der Angst«, war Milenas Meinung, »daß sie einem nicht gestattet, an Ort und Stelle zu verharren ... Stehenbleiben heißt doch, voller Ruhe dem entgegensehen, was ich nicht kenne, und sich auf dieses Unbekannte einstellen ...« Um das jedoch zu können, braucht man Kraft, und Kraft besitzt der Mensch nur, solange er »sein Schicksal nicht von dem der übrigen trennt, nicht das Gefühl verliert für das Allerwesentlichste, das tiefe Bewußtsein der Zugehörigkeit zu einer Gemeinschaft. Sobald er in seinem Bewußtsein allein ist, sucht er in seiner Seele nach einem Vorwand, der ihm das Weglaufen gestattet. Einsamkeit ist vielleicht der Welt größter Fluch ...«[64]

★

Der Leiter des Krankenreviers, SS-Arzt Dr. Sonntag, interessierte sich offensichtlich für Milena als Frau. Er behandelte sie betont höflich, versuchte sie in Gespräche zu verwickeln, und bot ihr einmal sogar die Reste seines Frühstücks an, die Milena allerdings entschieden ablehnte. Eines Tages sprach er sie im Korridor des Krankenreviers an. Er trug immer ein Rohrstöckchen bei sich. Wenn er nicht gerade damit posierte, benutzte er es, um die Häftlinge zu prügeln. Während Dr. Sonntag mit Milena sprach, berührte er sie mit diesem Stöckchen scherzhaft unterm Kinn. Was dann erfolgte, kam ihm völlig überraschend. Milena packte das Stöckchen und schleuderte es mitsamt Sonntags langem Arm zur Seite. Dabei stand in ihrem Gesicht die ganze Verachtung, die sie für ihn empfand. Sonntag war ganz verdutzt, sagte kein Wort, verfolgte Milena aber von da ab mit kaltem Hass. Eines allerdings tat er nicht, und das war erstaunlich: Er brachte sie nicht ins Lagergefängnis, wozu er durchaus die Möglichkeit gehabt hätte.

★

Der Konformismus mancher politischer Häftlinge, von Kriminellen und Asozialen ganz zu schweigen, ging so weit, dass sie mit allen Kräften für die SS schufteten. Da gab es eine deutsche Kommunistin, die in der Schneiderei für den Abtransport der fertigen SS-Uniformen und das Heranschaffen von Stoffen und sonstigem Nähmaterial zu sorgen hatte, und der zwei Vorratsbaracken unterstanden. Sie beaufsichtigte eine Häftlingskolonne, sorgte für strenge Disziplin und bewährte sich so ausgezeichnet, dass der leitende SS-Mann der Schneiderei einmal äußerte: »Wenn ich die Wiedmaier nicht hätte, würde der ganze Laden nicht funktionieren.« Als wir sie deshalb zur Rede stellten, gab sie die erstaunliche Antwort: »Was wollt ihr von mir? Ich bin nun mal so ein Pflichtmensch, ich muss arbeiten ...« Neben der Befriedigung ihres »Pflichtbewusstseins« brachte ihr diese Arbeit selbstverständlich auch viele Vergünstigungen. Den Gedanken, dass man sabotieren müsse, sich der Sklavenarbeit widersetzen, wies sie ganz entschieden zurück.

Am Einlegetisch der Schneiderei, dort wo die Zuschnitte vor dem Heften aneinander gelegt wurden, arbeitete Olga Körner, eine schöne, alte weißhaarige Frau. Auch sie war Mitglied der KPD und seit langen Jahren in Haft. Aber im Gegensatz zu Maria Wiedmaier hatte Olga keinerlei Vorteile von ihrer schweren aufreibenden Tätigkeit, in der sie ganz und gar aufging. Während der Elfstundenschicht sah man sie unermüdlich hin und her hasten. Sie lief in die Zuschneiderei und verhandelte eifrig mit den Aufseherinnen oder SS-Männern über irgendwelche Fragen, die die Schnitte der SS-Uniformen betrafen.

Während meiner Arbeit in der Schneiderei kamen wir miteinander ins Gespräch. Anfangs glaubte ich, es sei ein Zufall, dass Olga nur von Fragen und Komplikationen bei ihrer Tätigkeit am Einlegetisch zu erzählen wusste. Dann aber musste ich feststellen, dass es für sie überhaupt nur noch einen Gesprächsstoff gab, nur ein Thema: die Zuschnitte, die schlecht aufeinanderpassten, die verwechselten Farben der verschieden schattierten Tarnstoffe, die

Der Alltag im Frauen-KZ Ravensbrück ist grausam. Aus Angst vor der SS schuften viele Häftlinge jeden Tag, bis ihnen die Kräfte versagen. (Bild: Archiv für Kunst und Geschichte, Berlin)

nachlässige Arbeit der Zuschneiderei, die lobenden oder abfälligen Äußerungen dieses oder jenes SS-Mannes und die ständige Erwähnung ihrer eigenen rastlosen Mühe um das gute Funktionieren der ihr anvertrauten Arbeit. Kommunistische Häftlinge eigneten sich besonders gut zur Sklavenarbeit.

Auch Milena bekam das zu spüren. Immer wieder beschimpften sie die im Krankenrevier arbeitenden tschechischen Kommunistinnen als faul oder – und das zeigt so richtig deren moralische Verkommenheit – als Simulantin. Sie sei keineswegs krank, sondern wolle sich nur vor der Arbeit drücken.

*

Die Fenster von Milenas Büroraum im Krankenrevier gingen zum Lagerplatz hinaus. Von ihrem Schreibtisch aus konnte sie das große eiserne Tor sehen, das uns von der Freiheit trennte. In diesem Zimmer arbeiteten mehrere Häftlinge. Eine Ecke jedoch, dort wo Milena saß, trug deutlich ihre persönliche Note. Auf dem Tisch eine Blume in irgendetwas Vasenähnlichem. Ein Pappschächtelchen für die Bleistifte, in dem ein geschliffener Glasknopf lag. Wenn die Sonne schien, zauberte sie auf ihm die schönsten Regenbogenfarben hervor. So bescheiden wird der Mensch. An der Wand beim Fenster eine Fotografie von Prag und daneben ein Farbdruck, sicher aus einem SS-Kalender, auf dem ein weit geöffnetes Fenster den Blick in eine bergige Landschaft zeigte. Doch das, was Milena und mich zu diesem Bild hinzog, war eine vom Wind leicht gebauschte weiße Gardine. In Sehnsucht nach der Freiheit lässt ein Stückchen Gardine auf einem dummen Bild das Herz überfließen.

Was wir so alles an Vorstellungen aus der Freiheit in

unsere Abgeschiedenheit hinüberretteten! Nicht nur Erinnerungen an Bücher, an gute Musik, auch an Filme, an Schlager, an »Schmachtfetzen«, die Milena sehr liebte, wie sie mir im Vertrauen gestand. Für mich, die ich Westeuropa schon 1935 verließ, waren die neuen Schlager unbekannt. Ich lernte sie erst im Lager. Einer hatte es uns besonders angetan: »Der Wind hat mir ein Lied erzählt von einem Glück unsagbar schön ...« Noch jetzt, nach 20 Jahren, versetzt mich diese Melodie zurück in das erste Jahr der Freundschaft mit Milena, diese unwirkliche Zeit, in der wir beide, Gefangene unter Gefangenen, in einer eigenen, ganz erfüllten Welt lebten. Jede Geste, jedes Wort, jedes Lächeln war bedeutungsvoll. Immer getrennt und doch so nah beieinander, immer in Erwartung einer kurzen Begegnung wurde selbst das Bim-Bim-Geläute einer kleinen Eisenbahn, die hinter der Lagermauer entlangfuhr, wenn wir beim Zählappell standen – Milena einige hundert Meter entfernt von mir –, eine liebevolle Botschaft von einem zum anderen. In diesem Dasein ohne Zukunft, nur der Gegenwart hingegeben, lebten wir mit allen Sinnen die Tage, Stunden und Minuten.

In einer Zeitung, die ein SS-Mann im Krankenrevier vergaß, fand Milena die Reproduktion des breughelschen Gemäldes *Heimkehr von der Jagd*. Sie schnitt es aus und ich befestigte es an der Wand des Dienstzimmers meiner Baracke. Über Breughel begannen wir, in Erinnerung an Bilder zu schwelgen.

Von ihrer Beziehung zu Bildern schrieb Milena in einem Feuilleton: »Auf meinem Schreibtisch steht die Reproduktion eines Gemäldes von Gauguin. Sie steht in der Ecke, an die Wand gelehnt. Ein riesiger endloser Himmel, unter ihm das Meer und im Vordergrund drei nackte Männer auf Pferden, zwei schwarzen und einem weißen. Sie reiten durchs hohe Gras zur Schwemme. Es ist ein schlichtes, einfaches Bild, nur einige Linien, drei menschliche Rücken, drei Tierrücken, deren Muskeln in Bewegung sind, und auch das Meer ist nur eine Linie. Doch alles ist so zart, daß einem das Herz weh tut. Das Bild erzählt von fremden Ländern, von einer unbekannten Sonne und von einem Menschen, der diese Welt in so süßen Farben sah: den Himmel zartrosa, das Meer azurblau, im Vordergrund drei Pferde und drei Menschen, wie eine traurige, melancholische Farbmelodie.

Dieses Bild liebe ich nicht nur deshalb, weil es schön ist, nicht nur, weil es von der weiten Welt und unbekannten Ländern erzählt, sondern weil es ein Stück unserer Welt ist, die ich so liebe, ein Wunder an Farbenpracht, ein Aufschrei, ein vollkommener Ausdruck des Weltalls. Ich fand dieses Bild bei einem kleinen Papierhändler, ganz verstaubt im Schaufenster, und es hat nur zehn Kronen gekostet. Es hat mir aber mehr Freude bereitet als ein teueres Geschenk, als ein Bild im goldenen Rahmen. Wenn ich keine Freude mehr daran habe, werde ich es in meinem Schreibtisch verschließen. Sollte es mir nach einigen Monaten wieder in die Hände geraten, so wird es in mir das Gefühl vergangener Liebe wachrufen und eine sentimentale Erinnerung an die Tage, die wir gemeinsam verbracht haben.

Zu unterst in meiner Schreibtischschublade liegt ein ähnliches Bild, das ich aus einer illustrierten Zeitschrift ausgeschnitten habe. Ein Mann ist darauf und eine Frau, die am Ufer des Meeres entlang gehen, Hand in Hand, der Sonne und dem Wind entgegen. Das ist weder ein schönes, noch ein wertvolles, sondern ein kitschiges Bild. Trotzdem werde ich es nie übers Herz bringen, es in den Papierkorb zu werfen. Mit ihm verbindet sich die ganze Sehnsucht einer Dreizehnjährigen, alle tollen Vorstellungen eines kleinen Mädchens vom Leben, und wenn ich es anlächle, so lächle ich über die Jahre des Erwachsenseins hinüber meiner eigenen Jugend zu.«[65]

★

Es ergab sich ganz von selbst, dass ich, als die körperlich Stärkere, Milena umsorgte. Das klingt so einfach. Doch musste man dabei immer wieder die rigorosen Lagergesetze brechen und ging jedes Mal ein Wagnis ein, das bitter enden konnte. Alle wurden von Hunger geplagt. Am schwersten litten die körperlich Geschwächten wie Milena. Deshalb zögerte ich nicht, für sie in der Küche zu stehlen. Das tat ich allerdings auch für andere, für die Frauen meiner Baracke. Ich brachte es fertig, unter Mithilfe einer jungen Polin von der Brotausgabe durch ein raffiniertes System von Verwirren und Verzählen vor den Augen der kontrollierenden SS-Aufseherin täglich mehrere Brote zu stehlen. Verteilt auf fast dreihundert Menschen in der Baracke bedeutete das natürlich nur einen Tropfen auf den heißen Stein. Für Milena drang ich sogar bis zum Tisch in der Lagerküche vor und entwendete trotz der daneben stehenden Aufseherin Margarine. Während ich mit aller Vorsicht und Raffinement das Gestohlene in die Baracke schaffte, übertraf mich Milena bei weitem an Wagemut. Eines Vormittags, während der Arbeitszeit, als die Lagerstraße menschenleer war, trug sie eine volle Schüssel mit Kaffee, Milch und Zucker – das Geschenk einer Polin, die in der Küche arbeitete – vorsichtig balancierend, damit von dem köstlichen Inhalt nichts verschüttet würde, den langen Weg vom Krankenrevier bis zu meiner Baracke, um mich mit diesem wunderbaren Getränk zu beschenken. Damit nahm sie Gefahren auf sich, vergleichbar dem Balanceakt eines Seiltänzers: Jeder Fehltritt, nämlich dabei erwischt zu werden, bedeutete Meldung, Prügel, Lagergefängnis und was der Schrecken mehr waren.

Das Zusammenwirken von Eintönigkeit und ständiger Bedrohung, das die Atmosphäre des Konzentrationslagers ausmachte, steigerte die Intensität echter Freundschaften unter den Häftlingen. Waren wir doch dem Schicksal stärker ausgeliefert, als es je Schiffbrüchige sein können. Über Leben und Tod entschied die SS, und jeder Tag konnte der letzte sein. In dieser Situation wurden in uns Kräfte wach, sowohl geistige, seelische wie körperliche, die im normalen Leben meist verschüttet bleiben. In dieser tödlichen Atmosphäre gehörte das Gefühl, einem anderen Menschen nötig zu sein, zum größten Glück, machte das Leben lebenswert und verlieh die Kraft zum Überleben.

Eine junge Tschechin, Anička Kvapilová, in der Freiheit Leiterin der Musikabteilung der Prager Stadtbibliothek, wurde im Oktober 1941 nach Ravensbrück gebracht. Die Journalistin Milena Jesenská war ihr ein Begriff. Wer kannte sie nicht in Prag! Doch persönlich sollte sie ihr erst im KZ begegnen. Aufschlussreich ist, was Anička über ihren ersten Eindruck von Milena schreibt: »Ich stand in einer Gruppe tschechischer Zugänge draußen vor dem Krankenrevier. Wir waren zur Aufnahmeuntersuchung dorthin dirigiert worden. Niedergedrückt und verstört durch die ersten schrecklichen Eindrücke bei der Ankunft im Lager erwarteten wir nun voller Angst die nächste Tortur. Da tritt Milena aus der Tür, bleibt auf der Treppe stehen, lächelt uns zu und ruft mit einladender Handbewegung: ›Seid mir willkommen, Mädels!‹ Das kam so ganz von Herzen, als ob sie jeden Einzelnen von uns in ihr Haus einlud, als sei sie eine Gastgeberin, die ihre Freunde empfängt. Ich konnte es gar nicht fassen, blickte zu ihr hinauf und bemerkte die rötlich schimmernden Haare, die ihr wie eine Gloriole um den Kopf standen. Nie werde ich diesen Eindruck vergessen. Es war das erste wirklich Menschliche inmitten all der Unmenschlichkeit ...«

»AM HORIZONT ZIEHT EINE TRAURIGE ZEIT HERAUF…«

»Die Selbstverständlichkeit, mit der das Notwendige von Dir kommt, immer.«[66]

Im heißen Sommer 1941 – die SS hatte in ihren Schneidereien bereits Nachtschichten eingeführt – wird die Entkräftung und Unterernährung der Häftlinge immer sichtbarer. Die Beine der Frauen sind geschwollen und mit Furunkeln und Geschwüren bedeckt. Es kommen einige Fälle von Lähmung vor. Ob diese ersten Erkrankten Opfer der Lueskuren des SS-Arztes Dr. Sonntag waren, ist nicht bekannt. Erst als es zwölf Gelähmte gibt, wird man aufmerksam. Der Lagerkommandant Kögel erfährt es und macht dem SS-Arzt erregte Szenen. Gerüchte dringen ins Lager, in Mecklenburg herrsche Kinderlähmung. Dr. Sonntag verhängt über Ravensbrück die Quarantäne. Die Häftlinge werden in die Baracken gesperrt und dürfen nicht mehr zur Arbeit ausrücken. Keine Aufseherin betritt das Lager. Unter den Häftlingen herrscht allgemeine Freude; nur die Tatsache, dass jeder Tag neue Gelähmte bringt, die auf Bahren von den einzelnen Blocks geholt und in eine besondere Krankenbaracke gefahren werden, verbreitet Angst und Unruhe. Die von der Lähmung Befallenen zeigen alle das gleiche Krankheitsbild: sie sind plötzlich keiner Bewegung mehr fähig. Auffallend ist, dass keine »alte« Politische davon betroffen wird, sondern hauptsächlich Asoziale, Zigeuner und »Polenliebchen«, Deutsche, die wegen Verkehr mit Ausländern ins Lager kamen. Wenn ich mich recht erinnere, gab es nach acht Tagen schon hundert Frauen mit Kinderlähmung.

Die zwei Wochen der Quarantäne werde ich nie vergessen. Herrliches Sommerwetter mit wolkenlosem tiefblauem Himmel. Bis auf zwei Spaziergänge täglich – jede Baracke streng abgesondert von der anderen –, müssen die Häftlinge in den Unterkünften bleiben. Milena hat sich freiwillig zum Dienst in der »Gelähmten-Baracke« gemeldet. Unter dem Schutz der grünen Blockältesten-Armbinde schleiche ich mich jeden Mittag, trotz Verbot, auf großen Umwegen zur »Gelähmten-Baracke«, dem für diesen Zweck geräumten Strafblock, der mit einem besonderen Zaun umgeben ist und natürlich nicht betreten werden darf. Milena erwartet schon meinen Besuch, kommt zum Gitter, und dann hocken wir am Boden, das Drahtgeflecht zwischen uns. Tiefe Stille. Keine Aufseherin keift, kein Hundegekläff stört den Frieden. Das Lager wirkt wie verzaubert. Ganz nahe bei uns trippeln zwei Heidelerchen auf dem Weg herum, und von irgendwoher dringt der monotone Sommerruf einer Goldammer. Die heiße Luft flimmert und es riecht nach durchsonnter Erde. Die Zeit steht still. Es ist die Stunde des Pan. Milena beginnt leise zu singen, ein tschechisches Lied, eine liebliche, schmerzliche Melodie: »Oh, ihr grünen Hügel, die ihr die meinen wart! Ihr meines Herzens Freude! Lange schon hörte ich nicht mehr den Gesang der Vögel. Am Horizont zieht eine traurige Zeit herauf ...«

Wir sprechen von vergangenen Sommern, von den Ferien der Kindheit: »Erinnerst du dich noch an das herrliche Gefühl, wenn einem der Sommerwind das dünne Kleid an die nackten Beine wehte? Und das weiche Gras unter den Füßen, wenn wir barfuß über die Wiesen liefen?« – Milena auf dem Spičak, und ich sehr nahe der böhmischen Grenze, dem Fichtelgebirge, im Bauernhaus der Großeltern. Die gleichen runden Hügel da und dort, dunkle Fichtenwälder und an den Berghängen Wiesen voller Blumen ... Und jetzt? Ich blicke auf Milenas nackte Füße, sie sind vollendet schön, wie die einer Statue. Und quälen müssen sie sich über die koksgeschotterte Lagerstraße. Es zieht mir das Herz zusammen.

Zum Abschied steckt mir Milena einen zusammengefalteten Zettel durch das Gitter: »Lies das, aber dann sofort wegwerfen!« Diesmal ist es kein Brief, nicht die geliebte Anrede »Du, mein blaues Mädchen!«, es ist ein Märchen, das sie für mich schrieb: »Die Prinzessin und der Tintenklecks.« – Ich lerne Tschechisch, um die Schönheit ihrer Muttersprache nachempfinden zu können. Milena kann einem leeren Blatt Papier nicht widerstehen. Sie muss schreiben. Eine Zeit lang wechseln wir täglich Briefe. Die dazu nötigen Zettel wurden aus dem Büro des Krankenreviers gestohlen. Von einem Spaziergang zum anderen erfolgte die postwendende Antwort. Milena beherrschte die deutsche Sprache erstaunlich gut, der Reichtum ihres Wortschatzes entzückte mich immer von neuem. Einmal verfasste sie eine Art von Vorwort zu unserem geplanten Buch. Ich weigerte mich, es fortzuwerfen, und wollte es unbedingt verstecken. Milena aber bedrohte mich, falls ich das wagen sollte. Nur die Einsicht, dass ich sie damit in Gefahr bringen konnte, ließ mich schließlich den Zettel vernichten. So blieb keine einzige Zeile erhalten von dem, was Milena in Ravensbrück verfasst hat. Einmal war ich darüber verzweifelt und beklagte, dass alles verloren ginge. Doch sie lachte über mich: »Das schreibe ich alles noch einmal, sobald wir aus dem Lager kommen. Das geht bei mir genauso leicht und selbstverständlich wie das Pinkeln ...«

Nicht immer war Milena, was die zukünftigen Arbeiten betraf, so optimistisch. Wie viele Journalisten hatte auch sie den Ehrgeiz, einmal etwas anderes zu verfassen als Feuilletons und Zeitungsartikel. Sie litt oft unter der Vorstellung, dass ihr vielleicht nicht mehr die Möglichkeit zu einer schriftstellerischen Arbeit bliebe, die den Fähigkeiten entsprach, die sie in sich verspürte. Ihrer suggestiven Frage: »Glaubst du, dass ich es noch zu etwas bringen werde? Oder habe ich mein Leben nutzlos vertan?«, folgte sehr häufig die Feststellung, der ich so gar nicht zustimmen wollte: »Du hast es nicht nötig, dir solche Vorwürfe zu machen. Du hast richtig gelebt, und das ist viel wichtiger als alles Gekritzel ... Wie beneide ich solche Menschen wie deine Mutter, die fünf Kinder großzog. Das ist wirklich erfülltes Leben ...«

In den stillen Wochen der Quarantäne hatten Milena und ich einmal ein Gespräch über Lyrik und Prosa. Obgleich Milena der Lyrik ihrer Heimat stark verbunden und in ihrer Entwicklung entscheidend durch sie beeinflusst worden war, verblüffte sie mich, die ich ihr meinen Hang zur Lyrik eingestand, damit, dass sie kategorisch behauptete, die Zeit für Lyrik sei vorbei, nur gestraffte Prosa habe noch eine Existenzberechtigung; ihre höchste Achtung galt der Prosa von Kafka.

Nach zwei Wochen ging die schöne Zeit der Quarantäne brüsk zu Ende. Von irgendwoher beordert erschien ein anderer SS-Arzt, wohl ein Spezialist für Kinderlähmung. Und was stellte sich heraus? Die Lähmung war eine Massenpsychose. Dr. Sonntag rächte sich für seine Blamage. Man jagte elektrischen Strom durch den Körper der Gelähmten: die sprangen auf und davon. Als die übrigen Kranken das hörten, fanden sie aus Angst vor der Prozedur ihre Bewegungsfähigkeit wieder. Nur einige Unglückliche mit schwerem Gelenkrheumatismus oder durch Lues Gelähmte heilte auch diese Methode nicht.

*

Im Jahre 1941 erschien das erste »Buch« in Ravensbrück. Anička Kvapilová war seine Verfasserin und es war Milena gewidmet. Das Buch enthielt eine Auswahl tschechischer Gedichte, mit Bleistift auf gestohlenem Papier geschrieben und sorgfältig eingebunden in gestohlenen Handtuchstoff, der mit Schneiderkreide hellblau gefärbt wurde.

Doch blieb es nicht bei diesem einen Buch. Anička konnte es nicht lassen, sie musste produzieren, obgleich sie dadurch in dauernder Gefahr schwebte. Sie schrieb und bewahrte als Einzige im Lager ein Tagebuch, sie sammelte die Lieder aller Ravensbrücker Nationen, und eines ihrer rührendsten Werke war ein Bändchen mit Weihnachtsliedern in vielen Sprachen, den Häftlingen abgelauscht. Jedes einzelne Lied wurde säuberlich in Noten und Text festgehalten und mit Schlussvignette verziert. Ein nächstes hieß »Gesangbuch der Hungernden«, eine Sammlung von Kochrezepten aus allen Ländern, und mit besonderer Liebe in blauen Samt gebunden, den sie in der SS-Privatschneiderei vom Ballkleidstoff einer Aufseherin gestohlen hatte.

Anička stellte nicht nur eine eigene »Bibliothek« her, sondern sammelte alles, was von Tschechinnen in Ravensbrück kreiert wurde, und verwahrte es in einer großen Pappschachtel, für die sie immer neue Verstecke finden musste und sie deshalb herumschleppte, wie die Katze ihre Jungen. Wegen dieser Schachtel kam es zwischen ihr und Milena zu einem ernsthaften Streit. Milena fürchtete, es könne für Anička ein trauriges Ende nehmen, und verlangte kategorisch, sie solle alles vernichten. Doch Anička besaß das Beharrungsvermögen der sanften Menschen, sie widersprach nie, verfolgte aber halsstarrig ihre Pläne. Die Schachtel blieb erhalten und ihr Inhalt wuchs. Neue Künstler traten auf den Plan. Nina Jirsíková, eine Freundin Milenas, in der Freiheit Tänzerin und Choreografin im Prager Kabarett »Osvobozene Divadlo« (»Befreites Theater«), entdeckte ihr karikaturistisches Talent. So entstand das »Ravensbrücker Modejournal«, eine Reihe urkomischer Zeichnungen. Beginnend mit der Jammergestalt, dem kahl geschorenen »Zugang« im gestreiften langen Kleidersack, riesige Holzpantinen an den Füßen, und dann Bild nach Bild mit Modevorschlägen für den »anspruchsvollen« Häftling. Verkürze – selbstverständlich heimlich, da streng verboten – das Sackkleid; raffe es fester um die Taille, wobei ein paar Sicherheitsnadeln, irgendwo geklaut, gute Dienste leisten; modelliere mit einem kleinen schneiderischen Trick den Busen heraus, und schon bist du modegerecht, und dein weibliches Selbstbewusstsein wird sich heben. Die nächsten Zeichnungen zeigten dann die höchste Steigerung von Ravensbrücker Eleganz, die später, das war im Jahre 1943 – die gesegneten Paketempfänger unter den Häftlingen erreichten. Zum Abschluss stellte die Künstlerin nebeneinander dar: den heruntergekommenen, zerlumpten, paketlosen »proletarischen« Häftling und die aufgeputzte, hochnäsige Vertreterin der besitzenden Schicht, den »aristokratischen« Häftling.

Eine nächste Sammlung von Karikaturen Ninas behandelt den Kampf aller gegen alle in der überfüllten Baracke. Da ist der kleine Eisenofen, an den jeder sich drängt, auf dem jeder der 200 einen Platz für seinen Becher beansprucht, um etwas zu wärmen. Und es tobt eine Schlacht: wutverzerrte Gesichter, eine stößt die andere beiseite, und schon gerät das ganze Bechergebäude auf dem Ofen ins Wanken, und alles stürzt herunter.

Eine andere Karikatur trug die Unterschrift: »Ich pflege täglich engsten Kontakt mit der Frau Generalkonsul« und zeigt einen Häftling, der von seinem Strohsack im dritten

Stock herunterkrabbelt und der unter ihm liegenden »Frau Generalkonsul« mit der ganzen Breite des nackten Fußes ins Gesicht tritt.

SCHÜTZLINGE

An einen der zahlreichen Schützlinge Milenas erinnere ich mich besonders lebhaft, weil sie in meine Obhut gegeben wurde, an Mischka Hispanska, eine junge Polin und hoch begabte Malerin. Wir kannten ihre künstlerischen Fähigkeiten aus einigen Zeichnungen. Für Mischka, ein schüchternes, zartes Mädchen, bedeutete jeder Tag in Außenarbeit, mit Steineschleppen und Sandschippen, eine Gefahr. Milenas Hilfsaktion entsprang in diesem Fall ihrer Hochachtung vor künstlerischer Begabung. Sie wollte Mischka ermöglichen, ungestört zu zeichnen. So stahl sie Papier und Bleistift aus dem Krankenrevier, fälschte eine Innendienstkarte, damit sie nicht zur Arbeit gehen musste, und meine Aufgabe war es, Mischka im Bibelforscherblock in einer Ecke hinten am Fenster zu verbergen. Dort saß sie dann, der Lagerwirklichkeit entrückt, und schuf ihre Werke, großartige, bitter realistische Zeichnungen über den Alltag in Ravensbrück und viele Porträts von Mithäftlingen.

Mischka gehörte zu jenen, die besonders gefährdet waren, denn sie gab ihrem Hang nach, sich selbst zu bemitleiden, und zog auf diese Weise Krankheiten geradezu an. Das war eine häufige Form des Versagens, eine Folge der systematischen Entmündigung. Neben den ständigen Befehlen wurde der Rhythmus unserer Tage bestimmt durch das Heulen einer Sirene. Sie schreckte uns aus dem Schlaf, kommandierte uns zum Zählappell, schrillte beim Beginn der Arbeit, ließ uns antreten und abtreten, und heulte schließlich zum »Einschluss« am Ende des Lagertages. Wir hassten die »Hule«, wie die Sirene im Häftlingsjargon hieß. Bedient wurde diese Tyrannin von einer SS-Aufseherin, die allein das Recht hatte, den Knopf, der das Heulen auslöste und der außen an einer der drei Baracken des Krankenreviers angebracht war, zu drücken. Milena hatte schon mehrere Male den Wunsch geäußert: »Ich möchte nur einmal auf die Hule drücken ... und sehen, was dann passiert.« Ich besaß genug Fantasie, ihr alle schlimmen Folgen auszumalen, doch sie ließ nicht locker. Eines Morgens erhob sie sich im Dunkeln noch vor dem Wecken und flüsterte mir zu: »Heute werde ich diejenige sein, die alle aus den Betten springen lässt!«, und ging lachend davon. Einige Minuten später tönte das Geheul der Sirene überm Lager. Ich zog mir die Bettdecke über den Kopf und schüttelte mich vor Lachen. Das war typisch für Milena. Nur einmal wollte sie »der Butt selbst sein«, wie im Märchen »Vom Fischer und seiner Frau«. Ihr Drang nach eigener Initiative trieb sie zu solchen Streichen. Übrigens blieb er ohne Folgen, weil keiner sich vorstellen konnte, dass ein Häftling so etwas wagen würde. Die SS-Aufseherin, die offizielle Sirenendrückerin, schwieg, wahrscheinlich aus Furcht, sie habe sich verspätet.

Wenn Menschen nicht mehr Herr über ihr Schicksal sind, treibt es die Schwachen zur Flucht aus der Wirklichkeit. Manche lebten in ihrer Fantasie ausschließlich in der Vergangenheit, führten nur Gespräche über zu Hause und erlitten dadurch eine Art Bewusstseinsspaltung. Das erschwerte die Anpassung oder machte sie sogar unmöglich und führte sehr bald zum Verlust des inneren Widerstandes. Andere versuchten der Lagerwirklichkeit auszuweichen, indem sie in den verantwortungslosen Zustand von Halbwüchsigen zurückkehrten, infantil wurden und sich albern und kindisch benahmen. Seltsam mutete mich die Veränderung der Reaktionen auf furchtbare Ereignisse an. Wenn Nachrichten von Todesurteilen, Versuchsoperationen, Krankentransporten oder anderen Schrecken bekannt wurden, währte das Erstarren, die tiefe Betroffenheit nur ganz kurze Zeit, nur einige Minuten. Dann konnte man die Frauen wieder lachen und über die nichtigsten Dinge des Lageralltags reden hören.

Gelingt dem Häftling die Anpassung an die Lagerwirklichkeit, bringt er es fertig, den Schock zu überwinden, den er durch den Verlust der Freiheit erlitt, so beginnt er sich unmerklich zu verändern. Das gefährlichste Stadium, in das fast jeder Häftling kommt, ist das der Resignation, das Sichabfinden mit dem Schicksal. In diesem Zustand wird das Mitgefühl schwächer oder geht ganz verloren; der innere Widerstand gegen die Zwangsmaßnahmen lässt nach, man verliert nach und nach seine Würde gegenüber der SS und unterwirft sich schließlich. Manche identifizierten sich sogar mit der SS und wurden zu Helfershelfern unserer Peiniger. Die Lust am Ausüben von Macht gehört zu den düstersten Seiten des KZ-Daseins. Frauen, die einen Lagerposten bekamen, verwandelten sich im Laufe von Tagen in andere Menschen; aus bedrückten duldenden Häftlingen wurden sie zu selbstbewussten, kommandierenden, anmaßenden Herrscherinnen. Ein solcher Mensch machte den anderen das Leben zur Qual.

In diesem dritten Stadium des Häftlingsdaseins verschwindet auch die wache Erinnerung, ja sogar die Vorstellung der Freiheit. Wenn ich an die Freiheit dachte, sah ich immer einen grasbewachsenen Waldweg, auf dem helle Sonnenflecken lagen. Das erzählte ich einmal Milena, und prompt kam die Entgegnung: »Du unheilbarer Wandervogel! Ich bin ein notorischer Stadtmensch. Meine Vorstellung von Freiheit ist ein Beisl irgendwo in der Altstadt von Prag ...«

*

Ein Jahrzehnt vor ihrer KZ-Zeit schrieb Milena in einem ihrer Feuilletons: »Ich weiß nicht, wer gesagt hat, dass der Mensch durch Leiden an Wert gewinne. Eines aber weiß ich gewiss, dass das eine Lüge ist!« Das sollte ihr in Ravensbrück bestätigt werden. Bei der großen Menge der Häftlinge konnte keine Rede davon sein, dass sie durch Leid gebessert oder gar geadelt wurden, und ein Übermaß an Leid kann Menschen zu Bestien machen.

Unter den asozialen Häftlingen gab es nicht wenige Ganz- oder Halbdebile, dazu solche, die jeder Gemeinschaft und noch dazu dieser Zwangsgemeinschaft unerträglich wurden. Zipser hieß eine dieser Unglücklichen, der es nicht möglich war, sich dem Leben im KZ anzupassen, die in ihrer Ausweglosigkeit nur noch hassen konnte. Sie nörgelte, intrigierte, denunzierte. Und alle begegneten ihr mit Verachtung und Hass, die Mithäftlinge genauso wie die SS. Um sie besonders zu demütigen, steckte man sie in die Kolonne »Kläranlage«, in eine Arbeit voller Schmutz und Gestank. Diese Kolonne, von einer SS-Aufseherin geführt, bestand aus Zigeunern. Gleich vom ersten Tage an begann die Zipser, beleidigt und böse, sich mit den ihr fremden Menschen einzulassen. Die Zigeunerinnen waren keine Prostituierten, wie sie selbst, sondern temperamentvolle Naturkinder. Nach kurzer Zeit, durch die ständigen Angriffe bis aufs Blut gereizt, griffen sie in blindwütigem Hass zu ihrer Form von Rache. Während der Arbeit stießen sie die Zipser in ein Becken der Kläranlagen und drückten sie mit Stangen so lange in die Fäkalien, bis sie erstickte. Die SS-Aufseherin sah der Hinrichtung gelassen zu. Als das Verbrechen bekannt wurde, verhaftete die SS alle Beteiligten. Das waren primitive Menschen, die, in Verwirrung geraten durch allzu viel Leid, zu Mördern wurden.

Aber nicht nur solche wurden im Lager zu Unmenschen. Die Sentimentalen, die Heuchlerinnen gehörten zu den besonders Gefährdeten, und falls sie Macht über andere hatten, glitten gerade solche, die es allen recht machen wollten, auch der SS, und sich persönlich ein möglichst bequemes Leben verschaffen, im Nu ab, konnten sogar zu Verbrechern werden.

Im Block der Politischen gab es eine Frau, die nach dem »Heimtücke-Gesetz« der Gestapo zu Schutzhaft verurteilt worden war. Durch Klatschsucht und Ehrabschneiderei verfeindete sie sich mit den Bewohnern ihres Hauses, und dabei geriet sie auch mit irgendwelchen Nationalsozialisten aneinander, die sie denunzierten, worauf die Gestapo sie ins KZ befördern ließ. Die Haft läuterte ihr Wesen aber keineswegs, ganz im Gegenteil, nun erst fand sie ein richtiges Betätigungsfeld. Sie wurde zur Feindin der ganzen Baracke, und vor allem zur Feindin der Blockältesten, einer sentimentalen Politischen mit goldenem Herzen. Eine Blockälteste hatte keine leichte Aufgabe, und wenn unter den 400 Frauen der Baracke ein Störenfried, wie diese verbitterte Alte, ihr Unwesen trieb, bedurfte es starker Nerven und moralischer Festigkeit, um auch bei persönlicher Abneigung gerecht zu bleiben. In diesem Fall fehlten aber diese charakterlichen Voraussetzungen, und um des lieben Friedens willen wurde schließlich einem Mord Vorschub geleistet. Das ereignete sich folgendermaßen: Die von Rheuma geplagte Alte, die der ganzen Welt gram war, besaß nur ein Stückchen Raum in der Baracke, der gewissermaßen ihr gehörte. Das war ihr Strohsack. Den pflegte sie, den hielt sie in peinlicher Ordnung, den verteidigte sie gegen alle Übergriffe. Eines Morgens stand sie nicht mehr auf. Da keiner nach ihr sah, bemerkte man den Ernst ihrer Krankheit erst, als sie ihren so behüteten Strohsack beschmutzte. Sie litt an

Durchfall, der Krankheit von Tausenden im Lager. Als sich dann noch herausstellte, dass sie den Weg vom Schlafraum zur Toilette verunreinigt hatte, hagelte es Beschimpfungen von allen Seiten. Kein mitleidiges Wort, kein Verständnis für das Leiden dieser alten Frau, und sie keifte zurück, soweit es ihre verminderten Kräfte erlaubten. Diese Situation machte sich die Blockälteste zu Nutze, die jetzt endlich eine Möglichkeit sah, das »gemeinschaftsfeindliche« Element loszuwerden. Sie brachte die Kranke ins Revier. Es genügte ein kleiner Tipp bei einer ihr bekannten Häftlingspflegerin, und eine tödliche Injektion befreite sie und die Baracke von der störenden Anwesenheit der alten Frau.

Ob Milena wohl nach den bitteren Erfahrungen in Ravensbrück auch noch so hoffnungsvoll gewesen wäre und geschrieben hätte: »Ich glaube nicht, dass Heuchler im Leben weiterkommen als aufrichtige Menschen, glaube nicht, dass die Welt so schlecht ist, dass nur die Nichtswürdigen in ihr Erfolg haben ...«

★

Milena führte im Revier die Kartei der Geschlechtskranken und verteilte Tabletten an solche, die eine Kur durchmachten. Meistens waren es Asoziale, zum größten Teil Prostituierte oder auch so genannte »Bettpolitische«, die wegen Verkehrs mit Ausländern ins KZ kamen. Die Asozialen gehörten zu den Verachteten von Ravensbrück, und die Geschlechtskranken galten als Abschaum der Menschheit. Alle, besonders aber die Syphilitikerinnen, erwartete im Lager ein schlimmes Schicksal. Dr. Sonntag führte mit ihnen barbarische Kuren durch, an denen viele zu Grunde gingen. Die Blutproben der Neueingelieferten wurden nach Berlin zur Untersuchung geschickt, und das Resultat kam an Milenas Büro zurück. Wenn man sich die demoralisierende Atmosphäre des Konzentrationslagers vergegenwärtigt, in der es keineswegs mehr selbstverständlich war, andere zu retten, und noch dazu Asoziale, so kann man Milenas Größe und Überlegenheit erst ganz ermessen. Für sie waren die Asozialen Menschen, denen man helfen musste. So zögerte sie nicht, Befunde zu fälschen, sie ließ positive Lueskranke negativ werden. In besonders schlimmen ansteckenden Fällen veranlasste sie dann, dass heimlich Kuren durchgeführt wurden. Jedes Mal, wenn Milena auf diese Weise eingriff, um der SS Opfer zu entreißen, wagte sie ihr eigenes Leben. Hätte man diese Fälschungen entdeckt, wäre sie verloren gewesen. Milena versuchte nicht nur, das Leben dieser Frauen zu retten, sie fand auch Kontakt mit diesen armen Geschöpfen, sie unterhielt sich mit ihnen, hörte ihre Schmerzen an und entdeckte in vielen den Funken Menschlichkeit, auch wenn er noch so verschüttet war.

Unsere gemeinsame Freundin Lotte, eine deutsche Politische, hatte bereits vier Jahre Zuchthaus hinter sich und war bei sehr schlechter Gesundheit. Milena wusste, dass Tuberkulosekranke aus dem Lager entlassen werden. Im Winter 1941/42 kam ihr ein gewagter Gedanke. Sie wollte versuchen, Lotte zur Entlassung aus dem Lager zu verhelfen. Mit deren Einverständnis verschaffte sie ihr einen gefälschten Sputumbefund und veranlasste Lottes Einlieferung in die Tb-Station des Krankenreviers. Der Entlassungsantrag wurde von SS-Arzt Dr. Sonntag ordnungsgemäß gestellt, und wir warteten voller Spannung auf den Erfolg. Jeden Abend standen wir am Fenster der Tb-Station, unterhielten uns mit Lotte und sahen sie schon glücklich in der Freiheit.

Noch ahnten wir nicht, was in den ersten Monaten des Jahres 1942 geschehen würde, wussten nichts von den nationalsozialistischen Vernichtungsplänen. Es kam der Befehl, die Namen aller von Geburt Verkrüppelten, aller Epileptikerinnen, Bettnässer, Amputierten, an Asthma und Lungenkrankheit Leidenden sowie aller Geisteskranken auf Listen zu schreiben. Zugleich gab die SS die beruhigende Erklärung, diese Häftlinge würden in ein Lager mit leichter Arbeit überführt werden. Sogar eine Ärztekommission erschien und ließ sich die Kranken vorführen. Dann standen eines Tages zwei Lastautos bereit, um die Ersten zu holen. Am Abend berichtete mir Milena voller Entsetzen, wie man die Schwerkranken auf die Strohschütten in die Lastwagen gekippt hätte, wie unmenschlich man dabei mit den Leidenden verfahren sei. Von dem Augenblick an gab es für sie keinen Zweifel mehr über das Ziel dieser Transporte.

Schon zwei Tage später wurden unsere schlimmsten Vermutungen bestätigt. Dieselben Lastautos waren nach Ravensbrück zurückgekehrt und luden vor der Effektenkammer einen Berg von Sachen ab, die Häftlingskleider mit den Gefangenennummern der Wegtransportierten, und dazwischen lagen Zahnprothesen, Brillen, ein Krückstock. Kämme, Zahnbürsten und Seife ... Entsetzen ergriff das Lager. Nun hatten wir die Gewissheit über das Ziel dieser so genannten Krankentransporte. Und in der Tb-Station saß unsere Freundin Lotte. Milena zerquälte sich in Selbstvorwürfen. Sie ließ kurz hintereinander neue Sputumbefunde von ihr machen, die natürlich alle negativ waren. Darauf bestürmte sie den SS-Arzt Dr. Sonntag, er solle Lotte aus der Tb-Station entlassen, sie sei erstaunlicherweise ausgeheilt. Nur der Tatsache, dass Sonntag Lotte kannte, da sie im Revier gearbeitet hatte, ist es zu verdanken, dass er sie nicht auf die Vernichtungsliste setzte. So wurde sie vor dem sicheren Tod gerettet.

Ein Transport nach dem anderen verließ das Lager, und

in grausiger Regelmäßigkeit kamen die Kleider der Getöteten zurück. Als die »Erbkranken« vernichtet waren, wurden neue Listen angefertigt, diesmal mit den Namen aller jüdischen Häftlinge. Für Milena und mich gab es dafür nur eine Deutung, doch, es mag unglaublich klingen, unsere jüdischen Mithäftlinge, mit denen wir über die Listen sprachen, auf die wir mit zerrissenem Herzen blickten, versuchten uns davon zu überzeugen, dass man sie bestimmt nur in ein anderes Lager bringen würde. Wieso denn in den Tod?! Das wäre doch Wahnsinn! Sie seien doch junge, starke, arbeitsfähige Menschen! Zum ersten Transport gehörte eine jüdische Ärztin, die uns fest versprochen hatte, im Saum ihres Häftlingskleides eine Nachricht über das Ziel der Reise und ihrer aller Schicksal zu senden. Wir fanden den Zettel und lasen: »Sie haben uns nach Dessau transportiert. Wir müssen uns auskleiden. Lebt wohl!«

Die ersten anderthalb Jahre in Ravensbrück konnte man, verglichen mit den Schrecken, die nun über uns hereinbrachen, nahezu als eine Idylle bezeichnen. Nach den Krankentransporten riss das Grauen nicht mehr ab. Es folgten standrechtliche Erschießungen von polnischen Frauen und Mädchen. Abends beim Zählappell, wenn Totenstille über dem Lager lag, erschoss man die Opfer hinter der Lagermauer. Andere Ereignisse steigerten die Panik, Versuchsoperationen an zum Tode Verurteilten, Tötung von Kranken durch Evipaninjektionen. Alle Schwachen und Schwerkranken mussten damit rechnen, umgebracht zu werden. Doch erst im Winter 1944/45 wurde aus Ravensbrück, dem ehemaligen »Musterlager«, ein Vernichtungslager, und wir erlebten den Höhepunkt der Schrecken. Es wurde eine Gaskammer gebaut. Man vollzog, wie es in einer Veröffentlichung der SS hieß, »die Ausmerzung aller rassenbiologisch minderwertigen Elemente und die radikale Beseitigung jeder unverbesserlichen politischen Gegnerschaft, die sich grundsätzlich weigert, die weltanschauliche Basis des nationalsozialistischen Staates ... anzuerkennen ...«

Milena gehörte zu den wenigen, die nicht gleichgültig werden konnten und nicht abstumpfen. Sie sah das Furchtbare um sich und verzweifelte inmitten Zehntausender leidender Menschen, weil es keine Möglichkeit gab, wirklich zu helfen. An jedem Abend kam sie aus dem Krankenrevier und berichtete von neuen Schrecken. Ihr, der Journalistin, entging nichts. Ihr Vermögen, Eindrücke aufzunehmen, wurde noch gesteigert durch das Leben in ständiger Gespanntheit. Vielleicht war es auch die Angst vor einem gewaltsamen Ende, die diese Überwachheit der Sinne erzeugte. Außerdem hatten wir ja unsere Aufgabe, das Buch zu schreiben, und deshalb mussten wir uns alles Geschehen fest ins Gedächtnis einprägen. Ein Augenverschließen, ein Sichabkapseln gab es nicht.

Milenas Gesundheitszustand verschlechterte sich. Immer wieder versteckte ich sie während der Mittagspause auf einem Strohsack in meiner Baracke, damit sie etwas ruhen konnte. Tagsüber zu liegen war streng verboten. Auf die Solidarität der Bibelforscher konnte ich mich verlassen. Doch einmal kam es zu einem erschütternden Vorfall, der Milenas Freundschaft mit den Bibelforschern jäh beendete. Sie entdeckte auf einer Vernichtungsliste im Krankenrevier den Namen einer Frau aus meiner Baracke. Sie hieß Anna Lück und litt an offener Drüsentuberkulose. Schon tagelang hatte ich die Kranke im Block behalten und verhindert, dass sie ins Revier ging, weil ihr dort der Tod durch Injektion drohte. Aber der SS-Arzt hatte sie bereits vorher bemerkt. Nun gab es nur noch eine Rettung. Ich besprach mit Milena, Anna Lück zu überreden, den Bibelforscherrevers der Gestapo zu unterschreiben. Die Zeugen Jehovas waren gewissermaßen freiwillige Häftlinge. Gaben sie ihre Unterschrift und verpflichteten sie sich dadurch, nicht mehr für die Ziele der Bibelforscher tätig zu sein, entließ man sie noch am gleichen Tag aus dem Lager. Ich ging zum Bett der Kranken, machte ihr die schreckliche Mitteilung, sagte ihr, in welcher Gefahr sie schwebte, und redete ihr zu, sofort aufzustehen, in die Schreibstube zu gehen und den Revers zu unterschreiben. Sie kleidete sich an. Ich verschwand im Dienstzimmer, damit die im Block anwesenden Bibelforscherinnen des Zimmerdienstes nicht aufmerksam würden und Anna Lück an diesem »Verrat«, wie sie es nannten, hinderten.

Kurze Zeit danach klopfte es an die Tür, und Ella Hempel, ein Häftling vom Zimmerdienst, trat ein. Mit einer Miene voller Abscheu und Leidenschaft stieß sie hervor: »Grete, das hätte ich nie von dir gedacht, dass du im Bunde mit dem Teufel bist! Dass du gemeinsame Sache mit der SS machst! Du hast Anna Lück geraten, zum Unterschreiben zu gehen. Wie konntest du so etwas tun?!« In ehrlichem Zorn brüllte ich die Bibelforscherin an: »Ihr wollt Christen sein!? Und liefert eure Schwester kaltblütig dem Gas aus!? Ist das Nächstenliebe? Ihr leistet zu Ehren Jehovas einem Mord Vorschub! Kaltherzige Bestien seid ihr!«

Als Milena erfuhr, was geschehen war, bekam sie einen Hassausbruch gegen diese hoffnungslos Verblendeten, und von da ab lebten die Bibelforscherinnen in Angst vor ihr. In dem Gespräch, das ich mit Milena nach diesem traurigen Ereignis führte, als wir uns über die Unduldsamkeit der Bibelforscher, über ihre Beziehungslosigkeit zu allen jenen, die nicht zu ihrer Sekte gehörten, klar wurden, und auch über ihre Feigheit, wenn man eine wirkliche christliche Tat von ihnen erwartete, stellten wir eine auffallende

Ähnlichkeit in der Geisteshaltung der Bibelforscher und der Kommunisten fest. Die einen eiferten zu Ehren Jehovas, die anderen zu Ehren Stalins. Die einen forschten heimlich in der Bibel und stellten deren Inhalt so lange auf den Kopf, bis er sich zu ihren gewünschten Prophezeiungen umbiegen ließ. Die anderen hielten anhand von Nazizeitungen heimlich Schulungskurse ab, machten dabei aus schwarz weiß oder, besser gesagt, rot und entnahmen den Nachrichten das, was sie wünschten, nämlich eine Bestätigung vom baldigen Ausbruch der kommunistischen Revolution. Milenas Vergleich zwischen Kommunisten und Bibelforschern kam einigen Politischen zu Ohren und auch den tschechischen Kommunistinnen, was deren Hass auf Milena noch steigerte.

Einige Zeit nach dem Ausbruch des Krieges mit Sowjetrussland langte der erste größere Transport russischer Häftlinge in Ravensbrück an. Palečková, die Wortführerin der tschechischen Kommunistinnen und Milenas besondere Feindin, meldete sich zur Bade- und Entlausungskolonne, um die Frauen aus der Sowjetunion gleich am ersten Lagertag zu empfangen. Was im Bad zwischen der Tschechin und den russischen Ankömmlingen gesprochen wurde, kann ich nur vermuten. Wahrscheinlich hat sie die ukrainischen und russischen Frauen überschwänglich begrüßt und ihnen klargemacht, dass die kommunistischen Häftlinge in Ravensbrück sich mit ihnen solidarisch fühlten. Vielleicht musste sie schon bei diesem Anlass die ersten Flüche einstecken. Dann mag sie ihnen gesagt haben, dass sie sich im deutschen Konzentrationslager ihrer sozialistischen Heimat würdig benehmen müssten und so weiter in dieser Art. Wie alle Kommunistinnen war wohl auch Palečková den russischen Frauen mit hoch gespannten Illusionen begegnet und hatte bei ihnen die Tugenden der sozialistischen Erziehung erwartet, sie für aufrechte

Kämpferinnen und Bewunderer der russischen bolschewistischen Partei gehalten. Und da kamen sie nun, viele von ihnen primitiv, politische Analphabeten, eine Horde undisziplinierter Hooligane, und nicht wenige äußerten unverhohlen, in saftige Mutterflüche gekleidet, ihre Abneigung gegen das stalinsche Regime. Gleich am ersten Tag scheint Palečková eine tief gehende Erschütterung erlebt zu haben. Sie wurde schweigsam. Trotzdem gab sie ihr neues Amt nicht sofort wieder auf. Sie erklärte den Frauen im Block der ›alten‹ Politischen immer wieder, dass nicht alle russischen Frauen so seien wie die Mehrzahl der in Ravensbrück eingelieferten Häftlinge. Nicht lange danach hörte man, dass bei Palečková Zeichen von Geistesverwirrung zu bemerken waren. In diesem Zustand drehten sich ihre Äußerungen mehrmals um Milenas Vergleich zwischen Kommunisten und Bibelforschern. Das beschäftigte sie.

Als man sich in der Baracke der alten Politischen über Palečkovás Zustand klar wurde, versuchte man, sie mit allen Mitteln vor einer Einlieferung ins Krankenrevier zu schützen. Denn Geisteskranke wurden getötet. Trotzdem gelang es den kommunistischen Häftlingen nicht, sie zu retten. Bei dem Versuch, ihr heimlich eine beruhigende Injektion zu geben, verfiel sie in Tobsucht. Der SS-Arzt ließ sie in den Zellenbau bringen. Die dort als Kalfaktoren arbeitenden Bibelforscherinnen erzählten mir, dass ihr Zustand hoffnungslos sei, sie jede Nahrungsaufnahme verweigere und mit verzücktem Gesicht an der Wand stehe und rufe: »Stalin, ich liebe dich!« Nach zwei Wochen holten Häftlinge des Krankenreviers die zu einem Skelett abgemagerte Leiche der Palečková aus der Zelle.

★

Im Krankenrevier arbeiteten viele Kommunistinnen. Täglich und stündlich musste Milena ihre Gespräche mit anhören. Schon der kommunistische Jargon brachte sie in Harnisch und sie konnte nicht schweigen. Sie hatte eine tiefe Abneigung gegen die Diskrepanz zwischen Worten und Taten, immer wieder polemisierte sie gegen das verlogene Gerede von Kollektivismus, proletarischer Demokratie, sozialistischer Freiheit und gegen den Wust der unverdauten marxistisch-leninistischen Pseudoideologie. Besonders erregte sie das soziale Getue und das kindische Kollektivgespiele. Milena sagte, dass diese Frauen im Grunde ihres Herzens so unsozial eingestellt wären, wie man sich nur vorstellen könnte. Am meisten empörte sie die unterschiedliche Behandlung der Kranken. Da wurde nicht gefragt »Hast du Schmerzen oder Fieber?«, sondern »Bist du in der Kommunistischen Partei oder nicht?« Man machte Unterschiede zwischen den »wertvollen Menschen«, nämlich den Genossinnen, für die man alles tat, die gerettet werden mussten, und der großen Masse der anderen, der »Wertlosen«, um die man sich nicht kümmerte. Milenas Gerechtigkeitsgefühl bäumte sich dagegen auf, und grob sagte sie den Kommunistinnen die Wahrheit ins Gesicht.

Doch brüskierte sie nicht nur ihre politischen Gegner. Gegen verlogenes und sentimentales Gerede ging sie ebenfalls zum Angriff über. Einmal lag sie krank auf dem Strohsack und eine brave bürgerliche Tschechin, die gerade die Nachricht von der Hochzeit ihrer Tochter erhalten hatte, kam, um Milena dieses fröhliche Ereignis mitzuteilen. Dabei erging sie sich in langatmigen Geschmacklosigkeiten über die Jungfräulichkeit ihrer Tochter, über Brautschleier, Hochzeitsnacht und eheliche Treue. Als sie dann auch noch Milena um ihre Meinung über die Zukunft der Tochter, über die Haltbarkeit der eingegangenen Ehe befragte, antwortete Milena gereizt und trocken: »So wie ich das Ganze beurteile, wird deine Tochter nach dem zehnten Mann vielleicht ein wenig aus ihren Erfahrungen mit Männern gelernt haben, um dann mit dem elften halbwegs glücklich zusammenzuleben ...«

Alle Kommunisten sind Wunschdenker, doch erst in der Haft gab es für ihre Illusionen keine Grenzen mehr. Dass Hitler durch eine Revolution gestürzt würde, war für sie selbstverständlich, und der Widerstand gegen den Nationalsozialismus in Deutschland wuchs, nach Meinung der Kommunistinnen, von Monat zu Monat.

Beim Ausbruch des Krieges gegen Russland ergriff alle politischen Häftlinge, nicht nur die Kommunisten, prosowjetische Begeisterung, sie gaben sich dem größten Optimismus hin. Es gab keine Zweifel, dass die Rote Armee siegen, das Hitlerreich in kurzer Zeit zerschlagen sein würde und für uns die Stunde der Befreiung käme. – Milena hielt mit ihrer Meinung nicht hinter dem Berg. Sie widerstand dem allgemeinen Freudentaumel, denn sie konnte kompromisslos denken und schreckte nicht vor schmerzlichen Erkenntnissen zurück. Sie war ein Mensch mit politischem Weitblick und sagte voraus, Furchtbares würde geschehen, wenn die Sowjetrussen Europa überrennen sollten. Sie sprach offen zu jedem, der es hören wollte, dass der Westen dem Sieger Stalin alle früheren Verbrechen verzeihen und ihm damit freie Hand für weitere Untaten geben würde. Nationalsozialismus und Kommunismus seien Holz vom gleichen Stamm. Damals, in ihrem verfrühten Siegesrausch, verbreiteten die Kommunistinnen im Lager, Milena Jesenská und Buber-Neumann würden nach der Befreiung durch die Rote Armee an die Wand gestellt.

Nach dem Tode der Palečková wurden Hilde Synková und Ilse Machová tonangebend bei den tschechischen Kommunistinnen, und sie dürften dieses Urteil über Milena und mich gefällt haben. In ihrer Anmaßung unterschieden sie sich jedoch keineswegs von den führenden kommunistischen Häftlingen anderer Nationen in Ravensbrück. Alle nahmen sich das Recht heraus, über anders Denkende den Stab zu brechen, besonders über »Verräter«, nämlich Exkommunisten, die in ihren Augen schmählicher waren als die »Klassengegner«. Zur besonderen Feindin Milenas entwickelte sich Ilse Machová. Beide kannten einander aus Prag. In Ravensbrück brachte es Machová zu einer Meisterschaft im Fluchen. Ihre sonstigen Eigenschaften ließen deutlich die Fähigkeit erkennen, die man beim Ausüben von Macht in einer kommunistischen Diktatur benötigt. Ein tschechischer Sozialdemokrat charakterisierte die Machová mit einem einzigen Satz: »Sie ist ein verdorbenes Stück Fleisch.«

Oft dachte Milena mit Schaudern an das Ende des Krieges. Sie behauptete immer wieder, der Tschechoslowakei würden nur noch ein paar Jahre demokratischen Regimes beschert sein. Sie hielt es aber auch für möglich, – was selbst ich ihr nicht glauben wollte –, dass man ihre Heimat sofort dem Sieger Stalin ausliefern würde. »Wie fliehen wir nur vor den Russen?«, war oft ihre bange Frage. Um sie zu beruhigen, entwarf ich einen Fluchtplan nach dem anderen, wobei ich immer Wagen fand, die uns mitnahmen, weil Milena in ihrer Schwäche doch nicht laufen konnte. Erst drei Jahre später sollte ich erleben, was es wirklich heißt, vor den Russen zu fliehen.

Wegen eines schweren Verstoßes gegen die Lagerordnung wurde ich aus dem Bibelforscherblock entfernt, und damit verloren Milena und ich unsere Zuflucht. Im Sommer 1942 errichtete eine Kolonne Häftlinge aus dem benachbarten Männerlager unter SS-Bewachung neben unserer Blocktür einen Zaun. Dahinter gruben sie den Boden auf, um neue Kanalisationsrohre zu legen. Die Fensterläden unserer Baracke wurden verschlossen und vernagelt.

Für den Versuch, mit den Männerhäftlingen in Kontakt zu kommen, drohte man uns strenge Lagerstrafen an. Während des ganzen Tages hörten wir nun vor unseren verschlossenen Fenstern das Schnauzen und Kommandieren des »Kapo« der Männerkolonne. Alle Frauen wurden von schmerzlichem Mitleid erfasst. Wir hingen an den Fensterläden und blickten durch die Ritzen auf die armen Männer. Sie sahen entsetzlich aus! Die Zebraanzüge hingen an den abgemagerten Körpern wie auf Kleiderbügeln. Nur der Kapo, ein Krimineller, war wohlgenährt. Er hatte einen Knüppel in der Hand, und wenn einer nicht schnell genug arbeitete, schmiss er ihn in voller Wucht gegen die Beine des Häftlings. Schon am zweiten Tag begannen wir, uns mit den Männern zu verständigen. Sie gruben dicht an der Barackenwand und wir flüsterten durch die Ritzen. Auf alle Fragen gaben die Männer nur eine Antwort: »Gebt uns Brot!« Unter dem provisorisch errichteten Zaun war der Sand weggesickert und ein Loch entstanden. Dahin legten wir das Brot. Dann stahlen wir Margarine aus der Küche für die Männer. Kurz darauf hatte uns bereits einer von ihnen verraten. Ich wurde »nach vorn« gerufen. Die Oberaufseherin Mandel verhörte mich. Ich wusste von nichts. Zu meiner Entlastung gab es noch einen zweiten Zaun, an einer anderen Stelle, dort war das Gleiche geschehen. Aber der Verdacht genügte, und ich verlor meinen Blockältestenposten.

Als »alte« Politische kam ich nun auf Block I und wohnte mit Milena unter einem Dach, hatte mein Bett neben dem ihren. Noch heute klingt mir ihr abendlicher Seufzer in den Ohren, wenn sie müde auf den Strohsack sank: »Ach, nur noch einmal am Wegrand sitzen und kein Soldat mehr sein ...«

Milena forderte mich einmal auf, mehr im Scherz als im Ernst: »Sei doch mal ekelhaft zu mir. Es ist so seltsam, dass wir uns noch nie gezankt haben ...« Gar nicht lange danach kam es zwischen uns zum ersten und letzten Streit, bei dem mir Milenas Erregung anfangs ganz unverständlich blieb. Das geschah so: Über dem Kopfende ihrer Pritsche hatte sie eine Ansichtskarte befestigt, die Reproduktion einer expressionistischen Landschaft in leuchtenden Farben. Eines Abends blickten wir gemeinsam darauf, und ich versuchte, Einzelheiten auf diesem Bild zu erklären, verwandelte Farbflecke in Bestandteile einer Landschaft, entdeckte Berg, Tal und See. Milena widersprach gereizt, sie sah etwas ganz anderes. Ich aber beharrte auf meiner Auslegung. Plötzlich riss sie die Karte herunter und zerfetzte sie in kleine Stücke. Dieser unerwartete Wutausbruch traf mich so heftig, dass ich zu weinen begann. Doch erst Milenas geradezu panische Reaktion auf meine Tränen, ihr »Ich flehe dich an! Höre auf zu weinen ...«, raubte mir völlig die Fassung, und ich schluchzte herzzerbrechend. Doch meine Tränen versiegten sofort als ich aufblickend in Milenas Gesicht einen Ausdruck gewahrte, als starre sie in einen Abgrund. Ich redete drauflos und versuchte das Ganze als eine harmlose Lappalie abzutun. Doch Milena blieb tief betroffen und sagte traurig: »Dieser schreckliche Anblick, wenn Menschen weinen, die man liebt. Da fallen mir alle Abschiede auf Nimmerwiedersehen ein. Meine Tränen auf kalten Bahnhöfen, die erbarmungslosen Schlusslichter der Züge ... Das Ende der Liebe ... Bitte, nie wieder weinen ...«

Doch wie konnte es überhaupt zu diesem Wutausbruch kommen?! Ich fragte sie, weil es mir unbegreiflich war, und erst Milenas Antwort ließ mich erzittern: »Mir war mit einem Mal, als wären auch wir beide schon so, wie die meisten Menschen, die ständig aneinander vorbeireden, als sei eine Wand zwischen ihnen ... bei denen kein Wort mehr das Herz des anderen erreicht ...«

Die schon gewohnten Qualen des Lagertages mit stundenlangen Zählappellen bei jedem Wind und Wetter, den Kommandos, den Flüchen und Schlägen, steigerten sich noch durch die immer spürbarer werdende Überfüllung. Aus allen von den Deutschen besetzten Ländern schleppte die Gestapo neue Häftlinge herein. Längst betrug ihre Zahl weit über zehntausend, die auf engem Raum zusammengepfercht wurden. Die Folgen waren Schmutz, Ungeziefer und Seuchen. Aus Platzmangel lagen nun in Block I drei Frauen auf zwei Strohsäcken, in anderen Baracken sogar mehr, und in den letzten Jahren mussten sich häufig vier Frauen eine Pritsche teilen.

Milena und ich nahmen Tomy Kleinerová als Schlafgenossin auf. Tomy gehört zu den unvergesslichen Originalen von Ravensbrück. Sie war eine Freundin Milenas. In Prag hatte Tomy im Christlichen Verein Junger Frauen gearbeitet; im Konzentrationslager wurde sie Straßenfegerin. Bewaffnet mit Besen und Marmeladeneimer waltete sie ihres Amtes. Niemals wieder traf ich einen Menschen, der so hinreißend lachen konnte wie sie. Selbst in den hoffnungslosesten Situationen verlor sie nicht den Humor, war eine unversiegbare Quelle von Witzen und Anekdoten. Dabei war sie schwer gehbehindert, krankte an einem Hüftleiden, und niemals hörte man sie klagen. – Doch dann kam ein furchtbarer Schlag für Tomy: Sie erfuhr von der Hinrichtung ihres Mannes. Ich sehe noch heute ihr plötzlich ersterbendes Gesicht. Lange brauchte sie, um zurückzufinden zum Leben und zum Lachen. Sie erlebte die Befreiung, kam nach Prag zurück und gründete einen Klub für die Kriegswitwen. Außerdem arbeitete sie als Sekretärin des Vereins der tschechischen Widerstandskämpfer. In dieser Tätigkeit bereitete sich ihr späteres tragisches Schicksal vor. Die Kommunisten infiltrierten den Verein und übernahmen schließlich dessen Leitung. Tomy setzte sich zur Wehr, bis man sie rigoros hinauswarf. Im September 1949 kam die Rache, die Verhaftung, und im März 1950 ein Urteil von 25 Jahren wegen »staatsfeindlicher Tätigkeit«, wegen »Versuches, die Volksdemokratie zu stürzen«, wegen »Verbindung mit angloamerikanischen Agenten«. Zwölf Jahre litt die arme, hüftlahme Tomy in einem Zuchthaus der Tschechoslowakei, bis sie im Jahre 1961 begnadigt wurde.

★

Ich arbeitete in der SS-Gärtnerei, als Milena schwer erkrankte. Es war ein erster Anfall von Nierenentzündung. Sie lag im Krankenrevier, glühte im Fieber und lebte in der Angst, man würde sie durch eine Injektion töten. Um sie zu erfreuen, stahlen wir in der Gärtnerei Gladiolen. Sie wurden unterm Kleid an den allerdings sehr flachen Körper gedrückt ins Lager geschmuggelt. Milenas Freude war Lohn genug für die ausgestandene Angst. Nach kurzer Zeit erholte sie sich, doch trug sie von da ab die Zeichen der unheilbaren Krankheit und war sich des Verfalls ihrer Kräfte bewusst. Oft klagte sie, sie sei nicht mehr fähig zu spontanen, wirklich ursprünglichen Gefühlen, nichts sei mehr neu, alles nur ein Aufguss, eine Erinnerung an einstmals gehabte, echte Gefühle.

Nach der Krankheit musterte Milena in einem Spiegel im Revier ihr Gesicht und stellte fest: »Jetzt sehe ich aus wie das kranke Äffchen eines Leierkastenmannes, der nicht weit von meinem Haus seinen Stammplatz hatte. Jedes Mal, wenn ich da vorbeiging, gab mir das kleine Tier sein kaltes Händchen, und von Mal zu Mal sah das Arme jämmerlicher aus, blickte gequält und leidend hervor unter dem läppischen Hütchen, das man ihm aufgeklemmt hatte ... Heute im Spiegel haben mich dieselben Augen angeschaut ...« Und sie schloss die Äffchengeschichte mit der schmerzlich-ironischen Feststellung: »Tja, es lebt der Mensch nur kurze Zeit und ist so lange tot ...«

Eines Tages stand eine Gruppe von Männerhäftlingen im Korridor des Krankenreviers, man hatte sie vom Männerlager zum Röntgen herübergebracht. Man nahm an, dass sie lungenkrank seien. Milena kamen die großen brennenden Augen des einen Skeletts bekannt vor. Sie wagte es, nochmals an der Gruppe vorbeizugehen und ihm zuzuzwinkern. Er erwiderte den Blick, und Milena erkannte den tschechischen Historiker Zaviš Kalandra, einen alten Freund aus Prag. Diese Entdeckung ließ ihr keine Ruhe, sie wollte, sie musste helfen. Ins Krankenrevier kam oft ein SS-Apotheker, der auch das Männerlager betreute. Dieser Apotheker stand bei den Häftlingen im Rufe, er sei sehr anständig. Milena fand Gelegenheit, mit ihm zu sprechen. Nach einiger Zeit hatte sie sich davon überzeugt, dass er nicht nur anständig war, sondern dass sein Herz für die Häftlinge schlug. Er nahm ein Briefchen von ihr mit, um es Kalandra zu überbringen. »Kann ich Dir helfen? Brauchst Du Brot?«, fragte sie darin. Aber auf dem zurückgebrachten Zettel stand: »Milena, ich flehe Dich an, in Deinem und meinem Interesse, unterlasse sofort das Schreiben. Es ist lebensgefährlich!«

Kalandra überstand wider Erwarten das deutsche KZ und kehrte 1945 nach Prag zurück. Dort wurde er 1949 von den Kommunisten erneut verhaftet, zum Tode verurteilt und hingerichtet.

FREUNDSCHAFT AUF LEBEN UND TOD

»Milena … die doch am eigenen Leib es immerfort erfährt, daß man den andern durch sein Dasein retten kann und sonst durch nichts.«[67]

Im Oktober 1942 kam die SS-Oberaufseherin Langefeld nach kurzer Abwesenheit ins Lager Ravensbrück zurück und brauchte eine Sekretärin. Zu diesem Amt wurde ich ausersehen. Häftlinge, die irgendwelche speziellen Kenntnisse besaßen, in meinem Fall Stenografie, Schreibmaschine und russische Sprachkenntnisse, waren bei der SS begehrte Arbeitskräfte. Außerdem kannte mich die Langefeld von der Tätigkeit bei den Bibelforschern. Milena und ich dachten lange darüber nach, ob es nicht besser wäre, dieser Arbeit zu entgehen. Das wäre möglich gewesen, weil die Langefeld aus ganz persönlichen Gründen unterließ, mich über das Büro für den Arbeitseinsatz, dem ein hoher SS-Mann vorstand, anzufordern. Aber dann entschieden wir uns, ich sollte es wagen. Diese Arbeit bot viele Möglichkeiten, Mithäftlingen zu helfen und Anordnungen der Gestapo oder der SS zu mildern oder gar zu durchkreuzen. Wir unterschätzten die Gefahren dieser Arbeit bei weitem und ahnten nichts vom bitteren Ende.

Die Langefeld stand bei den Häftlingen in dem Ruf, anständig zu sein. Sie brüllte nicht und schlug nicht. Sie unterschied sich wesentlich von vielen ihrer SS-Kolleginnen, die das taten, was man ihnen befahl, und ihre Macht über die Häftlinge brutal ausnutzten. Ganz falsch ist es aber, sich etwa vorzustellen, alle Aufseherinnen und SS-Männer in den Nazi-Konzentrationslagern wären von Natur aus böse gewesen. Nach meiner Meinung gehört es mit zu den furchtbaren Verbrechen der Diktatur, dass sie harmlose Durchschnittsmenschen zu ihren Werkzeugen macht und sie dann systematisch verdirbt.

Für die ständig anwachsende Zahl der Häftlinge brauchte die SS immer neue Aufseherinnen. Woher aber holte man diese Frauen? Kamen sie etwa aus eigenem Antrieb? Keineswegs. Der Schutzhaftlagerführer unternahm zu diesem Zweck regelrechte Werbereisen. Er fuhr zum Beispiel in die Flugzeugwerke Heinkel und ließ dort die Arbeiterinnen zusammenrufen. Dann machte er ihnen in einer Rede klar, dass er Aufsichtspersonal für ein Umerziehungslager für minderwertige Frauen brauche, schilderte in leuchtenden Farben die vorteilhaften Arbeitsbedingungen, das gute Gehalt, das den Lohn in der Fabrik weit übertraf, und vermied dabei sorgfältig das Wort »Konzentrationslager«. Nach jeder solchen Reise traten dann 20 oder mehr junge Arbeiterinnen ihren neuen Beruf in Ravensbrück an. Viele von ihnen ergriff bereits Entsetzen, wenn sie merkten, wohin man sie gebracht hatte. Ich habe so manche in den ersten Tagen verzweifelt weinen und die Oberaufseherin Langefeld anflehen sehen, man möchte sie doch wieder entlassen. Das aber konnte nur der Kommandant, und die meisten dieser Mädchen waren zu schüchtern, um den hohen SS-Offizier um ihre Entlassung zu bitten. So blieben sie. Man teilte sie zum Anlernen einer bereits erfahrenen Aufseherin zu, und da sahen sie nun, wie jene die Häftlinge mit Flüchen und Schlägen traktierte. Dazu kam, dass die Neuen vom Kommandanten persönlich in ihre Pflichten eingeweiht wurden, wobei er ihnen die Häftlinge als Abschaum der Menschheit darstellte, gegen die sie mit aller Schärfe vorzugehen hätten. Mitleid wäre nicht am Platze, ja es verstoße sogar gegen die Dienstvorschriften. Außerdem sparte der Kommandant nicht mit Strafandrohungen, falls sie sich etwa in privaten Kontakt mit den Häftlingen einließen. Der Erfolg dieser Bearbeitung blieb nicht aus. Nur wenigen, den Charakterstarken, gelang es, wieder entlassen zu werden. Bei vielen dauerte es nicht lange, bis sie ebensolche Bestien wurden wie ein großer Teil der alten Aufseherinnen. Aber auch unter diesen gab es erstaunliche Ausnahmen. Während meiner fünfjährigen Haft traf ich immer wieder solche, die sich bemühten, menschlich zu bleiben. Zu diesen gehörte die Oberaufseherin Langefeld.

Erst als ich täglich mit ihr allein in einem Büroraum saß, wurde mir klar, was für ein Mensch sie wirklich war. Verwirrt, zerquält und unsicher. Sie ließ sich schon nach den ersten Tagen in private Gespräche mit mir ein, und es konnte gar nicht ausbleiben, dass ich sie im Laufe der Zeit sowohl menschlich wie politisch beeinflussste. Besonders durch ein Gespräch, oder besser gesagt, durch ihre Reaktion auf meine Äußerungen gab sie sich in meine Hand.

Eines Morgens betrat sie unausgeschlafen und niedergedrückt das Büro. Ein schlechter Traum quälte sie. Sie begann ihn zu erzählen und schloss mit der Bitte, ich sollte ihn doch deuten. Ein Bombergeschwader landete im Lager, wobei sich die Flugzeuge in Tanks verwandelten, aus denen fremde Soldaten stiegen und Ravensbrück eroberten ... – Ich bin kein Meister im Traumdeuten, aber hier lag die Erklärung nach meiner Meinung auf der Hand, und ich sagte ohne Zögern: »Frau Oberaufseherin, Sie fürchten, dass Deutschland den Krieg verliert«, und fügte nach kurzer Pause hinzu: »Und Deutschland wird den Krieg verlieren ...« Auf diesen Satz hin hätte mich die Langefeld als Oberaufseherin, Mitglied der Waffen-SS, Mitglied der NSDAP, sofort ins Lagergefängnis bringen müssen. Doch sie tat nichts dergleichen, sie blickte mich nur entsetzt an und schwieg. Von da ab wusste ich, diese Frau würde mir nie etwas zu Leide tun. Und das hatte die schlimmsten Konsequenzen. Ich verlor das Gefühl für die Gefahren meiner Situation und verstrickte mich, um Häftlingen zu helfen, in eine endlose Kette von so genannten Lagervergehen.

Milena berichtete mir jeden Abend, was sich im Krankenrevier und an anderen Stellen des Lagers ereignete. Die Nachfolger von Dr. Sonntag waren die SS-Ärzte Dr. Schiedlauski, der Balte Dr. Rosenthal und Fräulein Dr. Oberhäuser. Unter ihrer Regie verstümmelte man gesunde Frauen, machte Versuchsoperationen und tötete Kranke durch Injektionen. Milena öffnete jeden Morgen die im Hof des Krankenreviers stehenden Leichenkisten. Seit einiger Zeit bemerkte sie Tote, die nicht tagsüber ermordet worden waren, sondern während der Nacht. An den Armen der Leichen sah sie Stiche von Injektionsnadeln, die Toten hatten zerschlagene Rippen, blau unterlaufene Gesichter und ... verdächtige Zahnlücken. Da sich nachts nur ein Mensch frei im Revier bewegen durfte – die Kranken schloss man in den Zimmern ein – fiel ihr Verdacht auf den Anweisungshäftling des Reviers, auf Gerda Quernheim. Sehr bald kam Milena mit Hilfe anderer Häftlinge hinter das schaurige Geheimnis. Der SS-Arzt Dr. Rosenthal hatte mit dem Kapo des Krankenreviers, eben Gerda Quernheim, ein Verhältnis. Rosenthal blieb oft nachts im Lager, aber nicht nur der Quernheim wegen. Die beiden töteten gemeinsam Menschen. Sie mordeten nicht nur aus perverser Lust. Tagsüber wählten sie ihre Opfer unter den Kranken, solche mit Goldkronen und Goldprothesen. Mit diesem Gold betrieb Rosenthal einen geheimen Handel.

Nach Ravensbrück kamen auch schwangere Frauen. Bis 1942 wurden sie zur Geburt in ein Entbindungsheim gebracht. Später mussten die Kinder im Lager zur Welt kommen. Bald bemerkten Milena und die anderen Revierarbeiterinnen, wie teuflisch dieser Befehl war. Gerda Quernheim amtierte als Hebamme. Alle Neugeborenen waren Totgeburten. Einmal hörte Milena ganz deutlich den durchdringenden Schrei eines Säuglings, und ein anderer Häftling, eine Deutsche, öffnete die Tür, aus der der Schrei drang. Zwischen den Beinen der Mutter lag das Neugeborene, zappelnd und voller Leben. Gerda Quernheim hatte nicht rechtzeitig ihres Amts gewaltet, die Geburt war ohne sie erfolgt. Ahnungslos verständigte man die Hebamme, und kurz darauf verstummte das Geschrei. Gerda Quernheim ermordete alle Neugeborenen. Sie wurden im Waserkübel ertränkt. Ravensbrück war kein Platz für junges Leben.

Entsetzt berichtete mir Milena von dieser Entdeckung und drang in mich, der Langefeld von dem nächtlichen Morden und dem Töten der Neugeborenen zu erzählen. Vielleicht würde sie eingreifen. Nach einigem Zögern fasste ich mir ein Herz und sprach mit ihr. Die Langefeld bekam einen hysterischen Anfall, sie schrie aus vollem Halse: »Diese SS-Ärzte sind die gleichen Verbrecher wie der Lagerkommandant und der Schutzhaftlagerführer!« Ich fragte sie mit ungläubigem Zögern, ob das wirklich ihre Meinung sei. Sie bejahte es und da drang ich in sie: »Wenn das so ist, weshalb, um alles in der Welt, arbeiten Sie dann hier als Oberaufseherin?! Machen Sie, dass Sie von hier fortkommen!« Und ihre erschütternde Antwort: »Aber ist es denn für die Häftlinge nicht wichtig, wenn ich hier bleibe und wenigstens versuche, das Schlimmste zu verhindern?!« Ich widersprach heftig, machte ihr klar, dass sie nichts verhindern könne und man über ihren Kopf hinweg weiter morden werde. Sie aber blieb. Für diese Frau gab es noch Begriffe von Gut und Böse, die ihre SS-Kollegen längst über Bord geworfen hatten. Über die Zustände in Ravensbrück machte sie sich keine Illusionen, doch auf die Führer des Nationalsozialismus ließ sie nichts kommen und äußerte einmal im Brustton der Überzeugung: »Adolf Hitler und der Reichsführer-SS haben keine Ahnung, wie diese Bande hier im Lager wütet ...«

Bestimmten Häftlingsgruppen war die Langefeld besonders zugetan, vor allem manchen deutschen Politischen, den Bibelforschern und den Zigeunern. Doch ihre ungeteilte Sympathie galt den polnischen Politischen und vor allem den Versuchsoperierten, die 1942/43 zum größten Teil aus den Reihen der zum Tode verurteilten Polinnen gewählt wurden. Wie alle im Lager und auch die Opfer selbst glaubte sie, die Versuchsoperierten, die »Kaninchen«, wie sie im Ravensbrücker Jargon genannt wurden, seien durch die Operation begnadigt und würden nicht erschossen werden.

Im April 1943 lag eines Morgens auf dem Schreibtisch der Langefeld ein Zettel mit zehn Häftlingsnummern, Nummern aus einem Transport zum Tode verurteilter Polinnen. Das bedeutete Hinrichtung. Ich saß an der Schreibmaschine und blickte mit schwerem Herzen hinaus zum Lagerplatz um zu sehen, wer sie waren, die man in den Tod führte. Sie kamen um die Ecke: zwei gingen an Krücken. Ohne zu überlegen, stieß ich hervor: »Um Gottes willen, sie erschießen doch die ›Kaninchen‹!« Die Langefeld sprang ans Fenster, dann ans Telefon, und ich hörte sie sagen: »Herr Lagerkommandant, haben Sie denn eine Erlaubnis aus Berlin, das Todesurteil an den Versuchsoperierten zu vollstrecken?!« Dann wandte sie sich mir zu: »Buber, gehen Sie hinaus und schicken Sie die beiden Kaninchen in die Baracke zurück.« Ihr Eingreifen rettete 75 Versuchsoperierten das Leben. Für die Langefeld und mich sollte es ebenfalls Konsequenzen haben.

Einige Tage später, es war der 20. April, erhob sich die Langefeld nach einem kurzen Telefongespräch vom Schreibtisch. Mit zitternden Händen griff sie nach ihrer Mütze und den Handschuhen, kam auf mich zu und reichte mir die Hand. Nie vorher war das geschehen. Ehe sie das Zimmer verließ, wandte sie sich mir zu und sagte: »Ich habe Angst um Sie. Ramdor ist eine Bestie.«

Mit mühsam unterdrückter Erregung saß ich allein im Büro. Da bemerkte ich, wie über den menschenleeren Lagerplatz vom Revier her Milena auf die Schreibstubenbaracke zukam. Was machte sie während der Arbeitszeit auf der Lagerstraße?! Was wollte sie ausgerechnet in der Schreibstube? – Es konnte nur etwas Schlimmes geschehen sein, so dass sie mich unverzüglich zu sprechen wünschte und ihr deshalb jede Gefahr gleichgültig war. Ich lief ihr entgegen in den Korridor der Baracke: »Was ist denn passiert, Milena?!« – »Gar nichts, aber es war mir plötzlich so bange um dich, ich musste nachsehen, wie es dir geht.« – »Bitte, Milena, ich flehe dich an, lauf zurück, augenblicklich, man wird dich hier sehen!« – Und als sie eben zögernd wieder zur Tür hinausgehen wollte, bog um die Ecke, vom Lagertor kommend, Ramdor, der Gestapomann von Ravensbrück. Milena schrie: »Mach, dass du ins Büro zurückkommst!« Ich stürzte ins Zimmer, und noch bevor ich mich an die Maschine setzen konnte, ging die Tür mit einem Ruck auf: »Buber, kommen Sie sofort mit!«, befahl Ramdor. Als ich neben ihm auf den Lagerplatz hinaustrat, stand nur ein paar Meter von der Tür entfernt, unbeweglich, mit fassungslosem Gesicht, Milena.

Ramdor brachte mich ins Lagergefängnis, den berüchtigten »Bunker«. Dort nahm mir die Aufseherin Binz die warme Kleidung weg und vertauschte sie mit dünnen Sommersachen. Ohne Schuhe ging es dann über eine Eisentreppe in eine Zelle. Die Tür schlug zu. Es war völlig dunkel. Beim Vorwärtstasten stieß ich gegen einen Schemel, der am Fußboden festgeschraubt war. – Da saß ich, und meine Augen suchten nach etwas Licht. Bei der Türritze, am Fußboden, war ein schwacher Schimmer. Die Erregung ließ mich nicht lange still sitzen. Sehr schnell findet man sich im Dunkeln zurecht: dem festgeschraubten Schemel gegenüber ein kleiner Klapptisch, an der gegenüberliegenden Wand ein angeschlossenes Holzbrett, die Pritsche, in der linken Ecke bei der Tür das Wasserklosett, daneben die Wasserleitung und rechts an der Tür kalte Zentralheizungsröhren. Der Tür gegenüber, ganz oben an der Wand ein kleines, durch Holzjalousien licht- und luftdicht verschlossenes, vergittertes Fenster. Die Zelle war viereinhalb Schritte lang und zweieinhalb Schritte breit. Ich lief erst vorsichtig, um nicht mit dem Schienbein gegen den Schemel zu stoßen, dann aber immer sicherer hin und her, hin und her.

Ramdor irrt sich, wenn er glaubt, mich kleinzukriegen! Mit Dunkelheit? Ob er mich hungern lässt? Wie dumm, dass ich heute früh nicht alles Brot aufgegessen habe. Ob er mich prügeln wird? – Alle Schrecken des »Zellenbaus« fielen mir ein. Die Totgeschlagenen, die Verhungerten, die, die irrsinnig geworden waren. Für Minuten schnürte mir Verzagtheit das Herz zusammen. Doch dann kehrte der Mut zurück und nur ein Gedanke beherrschte mich ganz: Draußen ist Milena. Ich darf sie nicht allein lassen im Lager. Wer würde für sie sorgen, wenn wieder ihr Fieber beginnt? Wenn es nur jetzt nicht schlimmer wird mit ihr. Eine entsetzliche Angst ergriff mich, dass sie sterben müsste. Ich hörte ihre Stimme, hörte sie schluchzen: »Ach, wenn ich doch tot sein könnte, ohne sterben zu müssen. Lass mich nicht allein wie ein Vieh verrecken ...« Solange ich neben ihr sein und sie trösten konnte, glaubte ich selbst, dass sie die Freiheit erleben und wieder gesund werden könnte. Aber hier in der Finsternis der Zelle wurde ich hellsichtig, ich wusste, dass sie eine Verlorene war.

★

Was es heißt, Wochen hindurch hungernd und frierend in einem dunklen Verließ zu verbringen, erzählte ich bereits in einem anderen Buch und will es deshalb nur noch einmal kurz erwähnen. – Wie den Schwerkranken nach einer durchquälten Nacht die Geräusche des anbrechenden Morgens mit neuer Lebenshoffnung erfüllen, genauso begrüßte ich wie eine Erlösung den Ton der verhassten Sirene, den Weckruf des Lagers, der von Ferne in meine Zelle drang. Die erste Nacht war überstanden. Noch ahnte ich nicht, wie viele ihr in dieser Zelle folgen würden. Ich rieb die kalten Arme, schlug sie gegen den Körper, rettete mich durch Bewegung aus der Erstarrung, lief in meinem Käfig auf und ab, und die Augen suchten nach einer Spur von Helligkeit, verlangten sehnsüchtig nach einem Zeichen des angebrochenen Tages. Aber es blieb finster. Plötzlich jedoch hatte das angestrengte Starren Erfolg. Wohin ich auch blickte, tanzten leuchtende Kugeln, glitzernde Bänder und Streifen. Es war ein faszinierendes Spiel, das mich ganz und gar gefangen nahm und für eine Weile alles andere vergessen ließ.

Doch bei den ersten Geräuschen vom Gefängniskorridor sprang ich auf, lief zur Eisentür und klemmte das Auge an den Spion, das winzige Glasfensterchen, hoffte, etwas zu erspähen. Aber umsonst. Der Spion war sorgfältig von außen mit einem Deckel verschlossen. Jetzt näherten sich Schritte. Ich hielt den Atem an, lauschte mit offenem Mund, vernahm das Geklapper von Blechgeschirr, hörte, wie man rechts von mir die Zelle aufschloss, und dann dasselbe Geräusch von der linken Seite. Meine Zelle war übergangen worden. Hatten sie mich vergessen? Ich wollte rufen, schreien, unterdrückte es aber sofort, wusste nur allzu gut, dass es in dieser Hölle kein Versehen gab. Ich war zu Hunger verurteilt. Dunkelarrest, Kostentzug, angeschlossene Pritsche, ohne Decke auf dem kalten Fußboden liegen, ganz und gar gedemütigt, das alles hatte mir der Gestapomann Ramdor als Strafmaß zugedacht, um den Widerstand für die kommenden Verhöre zu brechen.

Nach bereits fünfjähriger Gefängnis- und Lagerhaft, nach den Schrecken Sibiriens, war ich widerstandfähiger als manche meiner Leidensgefährtinnen, die in den Nachbarzellen das Gleiche erlitten. Ich schrie nicht, weinte nicht, schlug nicht mit den Fäusten gegen die Eisentür, unterdrückte alles Selbstmitleid, brauchte alle Kraft, denn ich wollte nur überleben, um Milenas willen. Doch wenn erst der Körper ganz und gar versagt, ist auch moralische Stärke keine uneinnehmbare Festung mehr. Schon nach der zweiten schlaflosen, von bohrendem Hunger zerquälten Nacht, frierend zusammengekrochen, begann sich mir vorübergehend das Bewusstsein zu trüben. Berge von Brotlaiben waren ringsum aufgestapelt, und wenn ich danach griff, kam das schmerzliche Erwachen. Einmal ging an diesem Tag das Licht an, ich hörte den Deckel des Spions schurfen; man kontrollierte von außen mein Verhalten. Eine schreckliche Vorstellung, dass sich jemand an meiner Schwäche weiden könnte. Ich hatte den Wunsch, wenigstens das Gesicht vor diesen Blicken zu verbergen und kroch in die Ecke hinter den Abort, versteckte dort meinen Kopf.

Sehr bald verlor sich das Gefühl für den Ablauf der Zeit. Eine Halluzination folgte der anderen. Große Gefäße, wie Hundeschüsseln, bis zum Überlaufen mit Makkaroni gefüllt, standen neben mir. Gierig beuge ich mich über sie, wie ein fressendes Tier, und stieß jedes Mal mit dem Kopf gegen den kalten Stein der Abortschüssel. Bald aber endeten die Hungerqualen, doch übermächtig wurde der Wunsch nach Wärme. Die ganze Zelle lag voller seidig schimmernder Daunendecken, und jedes Mal, wenn ich eine davon über mich ziehen wollte, zerriss die gnädige Bewusstlosigkeit. Auch das Frieren ging vorüber. Der Körper wurde gefühllos; ich spürte nur noch ein schwaches Ticken des Herzens am Halse. Und durch die Dunkelheit bewegten sich phosphoreszierende Gestalten, traten zu mir, beugten sich freundlich über mich und verschwanden wieder. Es war ein Zug ohne Ende und eine große Ruhe überkam mich.

Die keifende Stimme der SS-Aufseherin riss mich aus der Bewusstlosigkeit: »Zum Donnerwetter! Wollen Sie sich denn Ihr Brot nicht holen?!« Ich kroch zur Tür, zog mich mühsam hoch, nahm die Ration Brot und den Becher mit heißem Kaffee-Ersatz. Es war der Morgen des siebenten Tages nach der Einlieferung in den Zellenbau. Mit dem ersten Schluck, dem ersten Bissen schwarzen Brotes, der Wärme, die den Körper durchströmte, erwachte von neuem der Wille zu leben. Ich brach das Brot in drei gleiche Teile und aß nur ein Stück davon. Schon gab es wieder ein Morgen und die Ungewissheit ließ mich Vorsorge treffen. An diesem siebenten und von da ab jeden vierten Tag erhielt ich das reguläre Lageressen; ein besonders grausamer Rhythmus, eine raffinierte Tortur, eine Art Halb-Verhungern-Lassen. Ich hatte die Kraft und zweigte von jedem Mittagessen, das aus fünf Pellkartoffeln und einer kleinen Menge Gemüsesoße bestand, drei Kartoffeln ab, bewahrte sie auf und aß an den drei Hungertagen je eine davon.

Auch in der Dunkelheit der Zelle musste jede Minute durchlebt werden. Der Tag unterschied sich von der

Nacht durch einen matten Schimmer, der unter dem Türspalt hindurchleuchtete. Ich hockte am Fußboden, starrte auf den schmalen Streifen Helligkeit, kroch immer näher an ihn heran, lag schließlich ausgestreckt und presste den Mund voller Inbrunst auf den schwachen Abglanz des geliebten Tageslichtes.

Bei ständiger Dunkelheit geht das Wahrnehmungsvermögen allmählich auf das Gehör über. Der »Bunker«, ein Betonbau, hatte gegen hundert Zellen, die im Erdgeschoss und in der ersten Etage um einen Lichthof angeordnet waren. Seine Akustik glich der eines Schwimmbades. Sehr bald konnte das Ohr die Vielzahl der Geräusche von außen unterscheiden, genau abmessen, aus welcher Entfernung das Keifen der Aufseherin und woher das Schluchzen einer Gequälten kam. An einem Tag der Woche, dem Freitag, teilte die Lagerobrigkeit in einem besonderen Raum des Zellenbaus Stockschläge an die zu Prügelstrafe Verurteilten aus. Im Jahre 1940 hatte Himmler diese Art der Bestrafung für Frauen eingeführt. Die verschiedensten Lagervergehen wie Diebstahl, Arbeitsverweigerung, lesbische Liebe wurden mit 25, 50 oder 75 Stockschlägen bestraft. Solchen Unglücklichen, die wegen »Verkehrs mit Ausländern« ins Lager kamen, rasierte man nicht nur die Kopfhaare ab, sondern bestrafte sie zusätzlich noch mit 25 Stockhieben. Am Freitag, dem Tage des Strafvollzuges, fürchteten auch alle Untersuchungshäftlinge, dieser Tortur unterworfen zu werden. Das Schreien der Geschlagenen gellte durch das Gefängnis, und es nützte nichts, sich die Ohren zu verstopfen, man vernahm es trotzdem, hörte es mit der Haut, mit dem ganzen Körper, und die Schmerzenslaute drangen ins Herz.

★

Zwei Bibelforscherinnen, die ich sehr gut kannte, arbeiteten als Kalfaktorinnen im Lagergefängnis. Jeden Vormittag ging das Licht in der Zelle an, und eine Zeugin Jehovas mit ausdruckslosem, blutleerem Gesicht und leidend heruntergezogenen Mundwinkeln, so als habe sie sich eine Mitleidsmaske vorgebunden, reichte stumm Besen und Schaufel herein, damit ich die Zelle säuberte. Nach ein paar Minuten kam sie zurück, um das Gerät wieder in Empfang zu nehmen. Noch bevor ich irgendeine Bitte aussprechen, sie vielleicht um ein Stückchen Brot anflehen konnte, schloss sie schnell die Tür und löschte das Licht. Ja, die Bibelforscher waren korrekt in der Erfüllung ihrer KZ-Ämter. Ein Wagnis gingen sie nur im Interesse Jehovas ein, aber nicht für irgendeinen Mithäftling.

Doch eines Morgens, noch vor der üblichen Zeit des Brotausteilens – ich hatte gerade eine zusätzliche Strafe von drei Tagen Essensentzug wegen unerlaubten Sprechens hinter mir und lag in halber Bewusstlosigkeit auf dem Boden –, da ging die Klappe an der Tür auf und eine aufgeregte Stimme flüsterte: »Grete, komm ganz schnell her, ich bringe dir etwas von Milena!« Ich kroch auf allen vieren bis zur Tür, tastete mich hoch, und die Bibelforscherin zog zitternd aus ihrem Kleiderausschnitt ein kleines, zerdrücktes Paket: »Nimm schnell, Milena grüßt dich tausend Mal. Aber verstecke es, um Gottes willen!« Die Klappe fiel zu, ich kauerte auf der Erde, die Tränen flossen mir übers Gesicht. Milena hatte mich nicht vergessen. Sie schickte mir eine Hand voll Zucker, Brot und zwei Buchteln aus ihrem Paket von zu Hause.

Träume spielen schon in der normalen KZ-Haft eine große Rolle, und ein interessantes Phänomen ist die Tatsache, dass man als Gefangene viel häufiger schöne und beglückende Träume hat als in der Freiheit, und die Traumbilder sehr oft farbig sind. Im Dunkel der Zelle aber erlebte ich eine neue Form des Traums, den Wachtraum, über den ich der Wirklichkeit entfloh, aber nicht zurück ins Lager, sondern in die richtige Freiheit.

Einmal war es eine seltsam halbdunkle Freiheit. Ich lief mit erwartungsvoll klopfendem Herzen durch schmale Berliner Straßen, hatte es sehr eilig, denn bald ging der Zug nach Prag, wo Milena auf mich wartete. Ich betrat einen düsteren Laden, in dem es, neben Bergen von Büchern, Reproduktionen unserer geliebten Gemälde gab. Breughel in milden Farben, impressionistische Landschaften voll zitternden Lichtes, und ich blätterte, kramte, wählte aus und berauschte mich an der Fülle, kaufte im Überschwang alles, was ich nur greifen konnte. Im nächsten Laden erwarb ich einen pelzgefütterten Morgenrock. Das zimtfarbene Fell in helleren und dunkleren Tönen war aus kleinen Stückchen zusammengesetzt, wie der Wunderpelz im Märchen. Ich spürte seine Wärme, seine Weichheit und wusste, dass er heilen konnte, er würde Milena gesund machen, sie am Leben erhalten. Beladen mit den Schätzen rannte ich zum Bahnhof. Da stand schon der Zug, aber schnell noch zum Kiosk und einen Arm voll farbenprächtiger Zeitschriften gekauft. Um mich herum die Geräusche des Bahnhofs, und ich sog die geliebten Reisegerüche ein ... da zerstob alles in nichts. Das Licht ging an, die Zellentür wurde geöffnet.

★

Ungefähr 14 Tage später, frühmorgens, bevor noch der Zellenbau erwachte, wurde wiederum leise die Klappe an der Eisentür geöffnet, und die Bibelforscherin reichte mir ein Päckchen herein. Atemlos, mit entstelltem Gesicht flüsterte sie: »Grete, ich bitte dich, darf ich Milena sagen, dass du es nicht mehr wünschst, solche Päckchen zu bekommen, weil es zu gefährlich ist? Bitte, soll ich ihr das bestellen?!« Vor so viel erbärmlich zitternder Angst konnte ich nichts anderes sagen als: »Ja, ich verbiete Milena, weiterhin etwas zu schicken!« Ich brauchte nichts. Wenn sie nur da war, nur lebte, das genügte zur Rettung.

Später, nach 15 Wochen Dunkelarrest, erzählte mir Milena, wie sie die beiden Kalfaktorinnen unter Druck gesetzt hatte. Nachdem sie diese einige Male auf der Lagerstraße vergeblich angefleht hatte, mir Brot zu bringen, und die beiden kategorisch abgelehnt hatten und ihr entwischten, ging sie eines Abends zum Bibelforscherblock. Sie erfuhr, welche Strohsäcke die beiden bewohnten und kletterte mühselig mit ihrem steifen Bein bis zum dritten Stock hinauf. Da lagen sie vor ihr und konnten nicht entfliehen. Wieder begann sie inständig zu bitten. Milena zu widerstehen, wenn sie um etwas bat, bedurfte wahrhaft versteinerter Herzen. Doch die Zeuginnen Jehovas blieben ungerührt. Sie lehnten ab. Auch Milenas beschwörende Vorhaltungen über alles, was ich zwei Jahre lang für die Bibelforscher getan und gewagt hatte, fanden keinen Widerhall. Da griff sie zur Sprache des drohenden, rächenden Gottes Jehova und gab ihnen eine Lektion über Nächstenliebe, sie malte ihnen aus, welche Schrecken sie im Jenseits zu erwarten hätten, wenn sie ihre Herzen weiter verhärteten. Das war der Ton, den sie verstanden. Wimmernd nahmen sie die Lebensmittel für mich entgegen.

★

Eines Tages brachte man mich aus der dunklen Zelle in das Büro des Lagergefängnisses, und dort stand eine freundlich grüßende Milena neben Ramdor. Mir wankten die Knie. Dafür gab es nur eine Erklärung: jetzt hatte diese Bestie auch Milena verhaftet. Sie erriet sofort meine Gedanken:

»Nein, ich bin nicht verhaftet. Ich bin hier, um dir ›guten Tag‹ zu sagen. Es ist alles in Ordnung!« Damit wurde ich in die Zelle zurückgeführt, und ich suchte wochenlang nach einer Erklärung für dieses Geheimnis. Ob Ramdor sie wohl zu Spitzeldiensten gezwungen hatte? Ob sie verhört worden war, etwas ausgesagt hatte und mich zur Belohnung sehen durfte? Aber so etwas war doch nicht möglich! – Wie hätte ich auch die richtige Erklärung finden können?!

★

Schon im normalen Gefangenendasein ist nichts gefährlicher, als sich ständig um sein persönliches Schicksal zu drehen, immer nur das eigene Leid zu durchdenken oder zu bejammern. Viel bedrohlicher wird es in Dunkelarrest. Da folgt der Angst die Apathie. Der Wille zum Leben zwang mich, aus diesem Zustand herauszukommen. Ich begann mit systematischer Beschäftigung, teilte den Tag genau ein in Laufen, Kriechen, Turnen, in Geschichten erzählen, die ich einmal gelesen hatte, Gedichte deklamieren, die wir so ausgiebig in der Schule hatten lernen müssen, und in Lieder singen. Beim Nacherzählen bemühte ich mich, keinen Satz auszulassen, und wenn bei den Gedichten eine Strophe in Vergessenheit geraten war, half mühseliges, unendlich befriedigendes Nachdichten. Doch das Geschichtenerzählen nahm schließlich ein gefährliches Ende.

Das begann mit einer Novelle von Maxim Gorki. Sie heißt *Ein Mensch ward geboren*. Der Autor schildert, wie er als Jüngling in der Gegend von Suchum am Ufer des Schwarzen Meeres entlang wandert, auf Wegen, die ich 40 Jahre später auch einmal, nur in ganz anderen Zeiten, sah. Er sitzt, an einen Baum gelehnt, ein wenig abseits von der

Straße und erwartet das Aufgehen der Sonne überm Meer. Da sieht er gegen das Licht dunkle Gestalten und hört Stimmen von Menschen, die auf dem Uferweg vorbeigehen. Es sind Bauern und eine junge Frau, die mit vielen anderen dem Hungergebiet von Orel entflohen und nun in der Gegend von Suchum Arbeit fanden.

Die Sonne steigt über den Horizont und der Jüngling folgt den Dahinziehenden. Auf dem Pfad, der sich um die Buchten des Meeres schlängelt, hat er sie bald aus den Augen verloren. Da leuchtet im Gebüsch zur Linken ein gelbes Tuch, und näher kommend hört er Stöhnen und Schmerzenslaute, eilt, um der Kranken, die am Boden liegt, zu helfen. Er beugt sich über sie, bemerkt ihren riesigen, zuckenden Leib, blickt in das entstellte Gesicht und weiß, sie ist eine Gebärende. Er will ihr helfen, sie aber stößt ihn brüsk zurück: »Mach, dass du wegkommst, Schamloser du!« Doch in ihrer Not lässt sie ihn schließlich gewähren, und er hilft einem neuen Bürger von Orel auf die Welt. Er badet ihn im Meer und legt das zappelnde Bürschchen der Mutter an die Brust. Dann macht er ein Feuerchen und bereitet einen Tee für die Wöchnerin. Am Ende der Geschichte lässt Gorki Jüngling und Bauersfrau den anderen Flüchtlingen aus dem orelschen Gebiet folgen; er trägt das Neugeborene, sie stützt sich auf ihn.

Beim Zurückdenken an diese Novelle vollzog sich mit mir eine eigenartige Wandlung. Ich konnte die Geschichte nicht beenden. Der Wachtraum begann, und ich musste das Schicksal der Helden weiterleben, schlüpfte hinein in deren Existenz, wanderte, nun selbst Jüngling und Bauersfrau, entlang an der Küste des Schwarzen Meeres, die ich so gut kannte, lebte von jetzt an in zwiefacher Gestalt. Wir Flüchtlinge aus der Wirklichkeit fanden eine Hütte, die am Rande üppiger Wälder lag. In ihr war es heimelig, nicht viel größer als in meiner Zelle, auch ohne Fenster, aber mit einer Tür, die man öffnen konnte. Und zu zweit erlebte ich doppelte Freude über die Zuflucht, das Gerettetsein. Meine Tage hatten jetzt einen hellen Morgen. Ich trat in die offene Tür, blickte über das glitzernde Meer und atmete die salzige Luft. Alles wendete sich zum Guten. Sogar der Besitzer der Hütte, ein Jäger, wurde zum Beschützer unserer Einsiedelei. Es mangelte uns nicht an Essen, wir freuten uns des Lebens, lagen in der Sonne und schwammen im durchsichtigen Wasser des Meeres. Ich erdachte mir dieses Paradies aber nicht in großen Zügen, sondern alles, was geschah, wurde präzis nachvollzogen, die einzelnen Tageszeiten in Stunden, ja in Minuten wirklich durchlebt. Und so verlor ich die zeitliche Orientierung in der Gefängniswirklichkeit, wusste nicht mehr, ob es Abend oder Morgen war, durchwachte die Nächte, weil wir mittags in der Hütte gerade Besuch des Jägers hatten, dem ein Mahl bereitet werden musste. Was interessierte mich da noch die Brotration, wo sich bei uns der Tisch unter den erlesensten Speisen bog.

Der Jüngling und die Bauersfrau liebten einander, eine Idylle voll zärtlicher Heiterkeit. Wenn nur nicht das Klopfen von den Nachbarzellen gewesen wäre, das mich in die Wirklichkeit zurückriss. Was gingen sie mich an? Ich schloss die Augen und kehrte in die Arme des Jünglings zurück.

Eines Sonntags öffnete sich die Zellentür und ich wurde zur Entlassung hinausgeführt. Die Helle war mir verhasst, ebenso die schreckliche Wirklichkeit. Ich wollte die Augen schließen und in meine Fantasien zurückkehren. Ohne Milenas Hilfe wäre ich verloren gewesen. Sie erfasste sofort die Gefahr, in der ich schwebte, denn geistesverwirrte Häftlinge wurden getötet. Sie brachte mich in einen Krankenblock unter die Obhut einer tschechischen Blockältesten. Mit einem Höchstmaß an Geduld kam sie, wenn immer sie aus dem Krankenrevier verschwinden konnte, zu mir und hörte sich immer wieder die Erzählung vom Leben meiner Helden am Meeresstrand an. So ermöglichte sie mir das langsame Zurückkehren in die Lagerwirklichkeit.

★

Erst danach sollte ich erfahren, was es mit ihrem Besuch im Zellenbau für eine Bewandtnis gehabt hatte, welches Wagnis sie für mich eingegangen war. Drei Wochen wartete sie vergeblich auf meine Rückkehr aus dem Bunker. Von Tag zu Tag wuchs ihre Angst, man werde mich dort sterben lassen. Da fasste sie einen heldenhaften Entschluss. Sie meldete sich zu einer Unterredung beim Gestapomann Ramdor, ging geradewegs in die Höhle des Löwen. Ramdor empfing sie in seinem Amtszimmer. Wahrscheinlich erwartete er irgendeine Denunziation. So etwas gab es leider auch im Lager. »Ich möchte mit Ihnen über meine Freundin Grete Buber sprechen. Sie ist im Bunker«, begann Milena das Gespräch. Jeder andere Häftling hätte diesen Satz schwerlich vollenden können, ohne von Ramdor zumindest eine Ohrfeige zu bekommen. Doch der Gestapomann muss sofort der Suggestionskraft Milenas erlegen sein. Er blickte erstaunt auf die vor ihm Stehende, schwieg und ließ sie weiterreden: »Wenn Sie mir versprechen, dass Grete Buber lebend aus dem Bunker kommt – das liegt doch in Ihrer Hand –, kann ich Ihnen einen großen Dienst erweisen.« Ramdor murmelte etwas wie: »Was soll denn das alles heißen?!« Und Milena fuhr fort: »Im Lager passieren empörende Dinge. Wenn da nicht in kurzer Zeit eingegriffen wird, so ist es um Ihre Karriere geschehen.« Das war zu viel. Ramdor gab sich mit seinem Schreibtischstuhl einen Ruck nach hinten, und sein Gesicht lief rot an: »Sie nehmen sich ja allerhand heraus!! Was denken Sie sich eigentlich!« – »Verzeihung, Herr Ramdor, Sie missverstehen mich. Ich kam nur, um Ihnen einen Dienst zu erweisen. Dass ich Sie um eine Gunst bitte, steht auf einem anderen Blatt. Wenn Sie an meiner Mitteilung nicht interessiert sind, so bitte ich um Entschuldigung. Lassen Sie mich ins Lager zurückführen.«

Es grenzt an ein Wunder, dass Milena nicht sofort im Bunker verschwand. Sie brachte es schließlich fertig und zwang Ramdor, ihr den kleinen Finger zu geben ... er stellte ihr nämlich die erste interessierte Frage: »Was für Schweinereien sind denn da passiert?«, und Milena ließ ihn zappeln. »Es handelt sich um schwere kriminelle Delikte. Häftlinge und SS-Leute sind gleichermaßen darin verstrickt. Bevor ich Ihnen jedoch alle Einzelheiten mitteile, muss ich wissen, ob Sie bereit sind, meine Bitte zu erfüllen?« – »Bitte? Was erlauben Sie sich eigentlich für Frechheiten? Glauben Sie, Sie könnten mich erpressen?!« – »Aber nein, Herr Kriminalassistent, wie sollte ich, ein Häftling, überhaupt auf solche Gedanken kommen. Doch ich dachte, dass gerade Sie, als ein Deutscher, am besten wissen müssten, wozu wahre Freundschaft und Kameradschaft verpflichtet. Würden Sie Ihren Freund in einer solchen Situation im Stich lassen?« Ramdor wand sich. Es war ihr gelungen, bei diesem Schuft irgendetwas anzurühren, und sie packte zu: »Sagen Sie mir bitte, lebt Grete Buber noch?« – »Aber natürlich!« – »Darf ich sie sehen, heute noch?« – »Nun mal langsam, treiben Sie es nicht zu weit!«

Und Milena begann Ramdor zu erzählen, was für ein Mensch ich sei. Er machte den nächsten Fehler, er hörte zu. Sie krönte ihre Verführung, indem sie dem Gestapomann das Ehrenwort abnahm, sein Versprechen zu halten. Erst dann teilte sie ihm mit, welche Verbrechen Tag und Nacht im Krankenrevier begangen wurden. Das war natürlich für Ramdor nichts Neues und schon gar nichts Verabscheuungswürdiges. Er war selbst ein Mörder. Aber hier ging es um die Karriere. Seine Aufgabe wäre gewesen, den Diebstahl Dr. Rosenthals aufzudecken, denn es galt bei der Gestapo als ein Verbrechen, sich allein an den goldenen Zähnen der Toten bereichern zu wollen. So griff Ramdor ein. Bald darauf verhaftete er den Arzt und seine Geliebte.

Was aber wäre mit Milena geschehen, wenn Ramdor den Arzt Rosenthal gedeckt hätte? Man hätte keinen Tag verstreichen lassen, sie zu ermorden. Sie wusste es, und trotzdem wagte sie diesen Gang. Solange sie angriff, vergaß sie die Bürde ihres kranken Körpers. Aber dann folgte die lähmende Erkenntnis ihrer Schwäche. Ins Lager zurückgekehrt überfiel sie panische Angst vor der Rache der Quernheim, sie fürchtete, man würde sie durch eine Injektion umbringen.

Einige Monate später versuchte Ramdor, Milena zu erpressen. Er kam ins Krankenrevier, rief sie aus ihrem Büroraum und verlangte, sie solle in seinem Auftrag einen Häftling bespitzeln. »Herr Ramdor, Sie haben sich wohl im Namen geirrt. Wenn Sie Denunzianten brauchen, müssen Sie sich an eine andere Adresse wenden!«, war Milenas Entgegnung. Ramdor schluckte und sprach dann den erstaunlichen Satz aus: »Sie sind aber trotzdem ein anständiger Mensch.« Worauf Milena ihm zurückgab: »Das bin ich auch, ohne dass Sie es mir bestätigen.«

★

Nach der Entlassung aus dem Zellenbau erfuhr ich auch Einzelheiten über das Schicksal der Oberaufseherin Langefeld. Am Tage nach meiner Verhaftung erlaubte man ihr noch einmal in ihr Büro zu gehen. Auf dem Wege dorthin hatte sie das letzte Gespräch mit einem Ravensbrücker Häftling, mit Milena. Diese kam auf sie zugelaufen und beschwor sie, mir zu helfen, mich vor dem Tode zu bewahren. Die Langefeld versprach Milena, alles zu tun, was in ihren Kräften stände, wusste aber nur allzu gut, dass auch ihre Stunde geschlagen hatte. Noch am gleichen Tage verhängte die SS Hausarrest über sie und trennte sie von ihrem Kind. Unter Bewachung verbrachte sie den nächsten Tag streng isoliert in ihrer Wohnung, nur von dem Gedanken erfüllt, irgendjemand eine Nachricht über ihre Situation zu geben. Am Spätnachmittag dieses Tages hörte sie den Gesang der an ihrem Hause vorbeimarschierenden Häftlingskolonnen, die von der Arbeit zurückkehrten. Mit einem Satz war sie am Fenster, riss es auf und schrie aus vollem Halse, damit die Häftlinge es hören konnten: »Hilfe! Hilfe!« Der sie bewachende SS-Mann zerrte sie unter Flüchen zurück.

Einen Tag später war der Haftbefehl aus Berlin eingetroffen. Sie wurde nach Breslau, ihrem letzten Wohnort, transportiert und dort vor ein SS-Gericht gestellt. Die Anklage gegen sie lautete, sie wäre »ein Werkzeug der deutschen politischen Häftlinge« gewesen und hätte Sympathien für »nationale Polen« bewiesen. Man verhörte sie 50 Tage lang, sprach sie schließlich mangels Beweisen frei und entließ sie aus Ravensbrück.

»Den Tod wollen, die Schmerzen aber nicht, das ist ein schlechtes Zeichen. Sonst aber kam man den Tod wagen.«[68]

Zu den gefürchteten Institutionen in Ravensbrück gehörte der »Arbeitseinsatz«. Tag für Tag stellte man dort Kolonnen für Munitionsfabriken, Flugplatzbau und Kriegsbetriebe aller Art zusammen. Das Bestreben jedes Häftlings ging dahin, nur ja im Stammlager zu bleiben, denn nichts wurde mehr gefürchtet als der Transport und die Arbeit in Außenstellen, wo meist die Ernährung noch schlechter war.

Aus Furcht vor dem »Arbeitseinsatz« versuchte ich nach meiner Genesung, in eine »gute« Außenarbeit zu kommen. Polnische Häftlinge, die mich kannten, boten mir einen Platz in der »Forstkolonne« an, und ich sagte begeistert zu. Es ging hinaus in den Wald zum Bäumefällen. Unser Anweisungshäftling, »Mutter Liberak«, wie die Polinnen sie nannten, war eine Seele von Mensch, und in ihrer Kolonne durfte man von Zeit zu Zeit die Arbeit schwänzen. In einer Woche kam ich an die Reihe. Da es ein sonniger Spätherbsttag war, hielt es mich nicht in der Baracke, und ich begleitete Milena bei einem Gang durch das Lager, ein nicht ganz ungefährliches Unternehmen. Doch Milena trug die gelbe Binde der Revierarbeiterin, und deshalb belästigte uns die Lagerpolizei nicht.

Wir gingen ganz vertieft in ein Gespräch auf der zweiten Lagerstraße hin und her. Von einer Seite grüßte über die Mauer ein runder Weidenbaum mit den letzten goldenen Blättern, und auf der entgegengesetzten Seite sah man dunkle Kiefern. Wir sprachen über die Wälder und über die Städte, die wir noch einmal gemeinsam sehen wollten, von den Menschen, die wir liebten, die auf uns warteten. Das Leben ging draußen weiter, jetzt waren unsere Kinder schon junge Mädchen und mochten uns längst vergessen haben. Die seltenen Briefe der Angehörigen waren aus Furcht vor der Postzensur zu einem Schema erstarrt und ganz unpersönlich geworden. »Eigentlich weiß ich gar nichts mehr von Honza«, sagte Milena traurig. »Wenn sie mir doch einmal schreiben würde, welche Farbe ihr Kleid hat, ob sie schon seidene Strümpfe trägt, und was sie an einem Tag ihres Lebens so treibt. Wenn sie nur nicht immer das Gleiche schriebe, dass sie Klavierspielen liebt und in die Schule geht ...« Milena machte sich Sorgen um ihr Kind, fühlte sich ihm gegenüber schuldig, weil sie es zu früh hatte an allem teilnehmen lassen, an ihrem persönlichen und politischen Leben, und es dadurch einer viel zu großen Belastung ausgesetzt hatte. Und dieses selbstständige, frühreife Kind sollte sich nun beim Großvater zurechtfinden, der es genauso launenhaft und diktatorisch behandeln würde, wie er es früher mit ihr getan hatte. In den Briefen nannte er seine Enkelin »pohanka«, Heidin, und aus vorsichtigen Andeutungen entnahm Milena, dass Honza ihm fortgelaufen war und dass sie auch bei den verschiedenen Pflegeeltern immer neue Schwierigkeiten machte. Eins allerdings wusste Milena nicht. Wie aufrichtig der Großvater, trotz allem, das Kind bewunderte, seinen festen Charakter und Mut, denn nicht einmal die Gestapo hatte Honza zum Reden bringen können.

Milena zeigte mir den neuesten Brief des Vaters, aus dem nur Sorge und wirkliche Zuneigung sprachen. Milde gestimmt meinte sie: »Die Liebe meines Vaters ... zu seinem eigenen Fleisch und Blut äußerte sich oft auf eine seltsame Art ... Aber was kann man machen, er ist nun einmal ein Tyrann ...« Dann sprach sie von seinen guten Seiten, wie ausgezeichnet er sich verhalten hatte, als die Deutschen Prag besetzten. Doch auch aus der Jugend verbanden sich schöne Erinnerungen mit ihm. Er, ein begeisterter Skiläufer, brachte ihr sehr früh diese für Frauen in jener Zeit noch seltene Sportart bei und nahm sie dann mit auf herrlichen Touren. Zusammen mit einer Schar junger Leute, seinen Studenten, und meist in Begleitung des Rat Matuš, des alten Freundes, führte der Vater sie durch die Winterschönheit des einsamen Böhmerwaldes. »Wenn du mich hier so siehst«, und Milena zeigte mit einer Hand an sich herunter, »wirst du es nicht glauben. Aber ich war einmal eine der besten Skiläuferinnen ... sogar mit dem steifen Knie habe ich es noch versucht ...«

Als wir am Ende der Lagerstraße eben kehrtmachten, um zurückzugehen, erblickten wir entsetzt den Arbeitseinsatzführer Dittmann, der auf uns beide zustrebte. Schon von ferne brüllte er: »Was machen Sie hier während der Arbeitszeit auf der Lagerstraße?!« Er kannte mich vom Büro der Oberaufseherin her und wusste Bescheid über meine »Verbrechen«. »Warum haben Sie sich nicht beim Arbeitseinsatz gemeldet?!«, fauchte er mich an, und sein Gesicht, das durch eine Beule auf der Backe seine besondere Note erhielt, lief rot an. »Ich bin krank und habe Innendienst«, war die einzige Lüge, die mir einfiel. Milena ließ er, Gott sei Dank, ungeschoren, da sie eine Armbinde trug. »Sie sind wohl lange nicht im Bunker gewesen?! Machen Sie, dass Sie sofort in den Arbeitseinsatz kommen! Sonst raucht's!« Darauf wandte er sich mit knarrenden Stulpenstiefeln zum Gehen.

Im Büro des Arbeitseinsatzes ließ sich Dittmann das Vergnügen nicht nehmen, mich in sein Zimmer zu rufen, mir mit Meldung zu drohen, um dann zu verfügen, dass ich sofort in Schneiderei I strafweise zur Arbeit »ans Band« käme. »Melden Sie sich bei Oberscharführer Graf! Ich werde ihm telefonisch Bescheid geben! Ab!«

★

Am 10. August 1943 erlebte Milena eine Huldigung ihrer tschechischen Freundinnen. So als hätten sie geahnt, dass es ihr letzter Geburtstag sein würde, veranstalteten sie eine richtige Feier. Unter allen nur denkbaren Vorsichtsmaßnahmen wurde im Dienstzimmer einer Baracke, der eine tschechische Blockälteste vorstand, der Tisch mit Geschenken gedeckt. Alle, die sie liebten, waren versammelt: Anička Kvapilová, Tomy Kleinerová; Nina, die Tänzerin; Milena Fischerová, die Schriftstellerin; Hana Feierabendová, Manja Opočenská, Manja Svediková, Bertel Schindlerová und andere, deren Namen ich vergessen habe. Man holte das Geburtstagskind und sie trat vor den Tisch mit den zärtlichen Gaben: kleine Tüchlein mit eingestickter Häftlingsnummer, winzige Stoffherzchen, die den Namen »Milena« trugen, kleine Figuren, aus den Stielen von Zahnbürsten geschnitzt, und ... Blumen, die man ins Lager geschmuggelt hatte.

Milena, die schon sehr krank war und zu schwach zum freundschaftlichen Kontakt mit vielen, sagte zu Tränen gerührt: »Ist das eine Überraschung! Und da dachte ich schon, ihr alle wäret nicht mehr meine Freunde, hättet mich vergessen. Verzeiht, meine Lieben, wenn ich so selten zu euch kam. Aber von jetzt ab wird es wieder besser mit mir.« Im Kreise ihrer tschechischen Freundinnen, erfüllt von Freude und Dankbarkeit, entfaltete Milena ihren ganzen Charme. Ich »kleiner preußischer Mensch« stand etwas abseits, beobachtete die Lachenden, genoss die seltsame Atmosphäre und fühlte mich versetzt in Milenas Prager Gesellschaft, in ihr ureigenstes Milieu. – Freunde zu haben, das war Milenas heißester Wunsch. Darüber schrieb sie einmal: »Wenn man zwei oder drei Menschen hat, aber was sage ich denn, wenn man nur einen einzigen Menschen hat, dem gegenüber man schwach, armselig und zerknirscht sein darf und der einem dafür nicht wehe tut, dann ist man reich. Nachsicht kann man nur vom Liebenden verlangen, niemals von anderen und vor allem niemals von sich selbst.«[69]

Der Winter von 1943 auf 1944 war eine schreckliche Zeit in Ravensbrück. Wir kannten zwar die Nachrichten vom Kriegsschauplatz, wir wussten, dass Hitlers Stern im Sinken war, aber vielen von uns versagten die Kräfte, sie bedurften der Rettung in Wochen, in den nächsten Tagen. Doch wir mussten ausharren, ohnmächtig abwarten und hilflos zusehen, wie jeder Tag neue Opfer forderte.

In den ersten Jahren des Lagers holte der Fuhrunternehmer Wendland aus Fürstenberg die Toten des Konzentrationslagers in seinem ländlichen Leichenwagen ab. Immer mehr Häftlinge starben und Herrn Wendlands Geschäft blühte. Er kaufte sich ein Leichenauto. Aber mit dem Bau des ersten Krematoriums nahm die SS die Bestattung ihrer Toten in eigene Regie. Wozu Särge? Es genügten Kisten mit flachem Deckel. Wozu brauchte ein Toter bei diesem Platzmangel einen eigenen Sarg? Sie waren so mager, da hatten zwei in einer Kiste Platz! Früher trugen vier Revierarbeiterinnen die Toten auf dem letzten Weg durch das Lagertor hinaus, jetzt – wo täglich mehr als fünfzig starben – lud man Kiste über Kiste auf einen Plattenwagen, und die »Leichenkolonne« fuhr sie zum Krematorium.

In diesem Winter verschlechterte sich Milenas Gesundheitszustand bedrohlich. Ihre Widerstandskraft war gebrochen. Aus Angst vor Injektionen und Krankentransport schleppte sie sich zur Arbeit. Sie brach immer wieder zusammen. Besonders heftig litt sie unter der Einbuße ihrer moralischen Stärke. Sie verachtete sich, weil sie immer häufiger zu Kompromissen bereit war, weil sie die Kraft zur Unbedingtheit verlor. Oft sprach sie vom Sterben. »Ich werde das Lager nicht überleben, nie mehr nach Prag kommen ... Wenn mich doch wenigstens Herr Wendland noch geholt hätte, der sah so gutmütig aus in seiner bäuerlichen Joppe.«

Nach der Verhaftung Dr. Rosenthals kam ein neuer SS-Arzt nach Ravensbrück, Dr. Percy Treite, dessen Mutter eine Engländerin war. Zur gleichen Zeit zog man einige Häftlingsärztinnen zur Mitarbeit heran. Das Krankenrevier schien an Schrecken zu verlieren. Dr. Treite unterschied sich von seinen Vorgängern durch gute Manieren, er wirkte geradezu Vertrauen erweckend. Dieser Eindruck wurde noch verstärkt, als er eine Baracke für Mütter und Säuglinge einrichten ließ. Von jetzt ab sollten die in Ravensbrück geborenen Kinder am Leben bleiben. Dazu aber brauchte man Nahrung für sie, und Dr. Treite beantragte beim Lagerkommandanten die Lieferung von Milch für die Säuglinge, da deren unterernährte Mütter nicht stillen konnten. Er hatte es gut gemeint, doch der Lagerkommandant lehnte rundweg ab. Es gab keine Milch, und alle Neugeborenen verhungerten. – Es ist schwer zu sagen, ob Treite, der nur einen niedrigen Rang in der Waffen-SS bekleidete, die Möglichkeit gehabt hätte, den Lagerkommandanten unter Druck zu setzen.

Milena lernte Dr. Treite im Krankenrevier kennen, und er begegnete ihr mit besonderer Zuvorkommenheit. Sie fasste Vertrauen zu ihm, als er ihr mitteilte, er habe während seines Studiums in Prag bei Professor Jan Jesensky gehört. Treite übertrug die Achtung vor dem Vater auf die Tochter. Milena sprach mit ihm von ihren Beschwerden. Bei der Untersuchung stellte er fest, dass eine Niere vereitert war und es nur noch eine Rettung gab, die Operation.

Milena entschied sich für diesen letzten Versuch, am Leben zu bleiben, das sie so liebte. Im Januar 1944 wurde sie ins Krankenrevier aufgenommen, und Treite machte eine Bluttransfusion. Als ich sie mittags besuchte, zeigte sie mir beglückt ihre Hände: »Ganz rosig sind sie, wie bei einem gesunden Menschen ...«

Während der Operation erwachte sie aus der Narkose, wandte sich an Treite und verlangte, er solle ihr die Niere zeigen. Der Arzt gehorchte, und man betäubte sie von neuem.

In der Mittagspause eilte ich mit zerrissenem Herzen zum Krankenrevier, betrat das Zimmer, in dem sie lag, stumm und bleich wie eine Tote. Noch nicht aus der Narkose erwacht erhob Milena plötzlich die Stimme in feierlichem Pathos und sprach das Vaterunser auf Tschechisch.

Sie überlebte die Operation und erholte sich sogar. Ihr Lebenswille erwachte von neuem; sie glaubte an ihre Heilung. Noch einmal wurde sie für sechs Sterbenskranke, die mit ihr in einem Zimmer zusammen lagen, zur »Mutter Milena«, die allein durch ihr Dasein den anderen Kraft gab. Es kam ein Paket vom Vater. Milena bereitete für alle Leckerbissen, verteilte sie und schuf in diesem traurigen Raum die Stimmung wie bei einem Gastmahl. Ihr gegenüber lag eine junge Französin, fast noch ein Kind, todkrank, zum Sterben verurteilt. Das Lageressen war ihr zum Ekel. Nun blickte sie entzückt auf die von Milena bereiteten Brote, aß ein wenig von den jahrelang entbehrten Köstlichkeiten, und voller Begeisterung begann sie zu singen: »Allons, Enfants de la Patrie ...«, und alle fielen ein.

Vier Monate lang bestanden meine Tage aus den kurzen Viertelstunden an Milenas Krankenbett. Schon im Dunkeln, noch vor dem Morgenappell, eilte ich mit einem Frühstück zum Revier, stürzte mittags in eine entfernte Baracke des Lagers zu einer tschechischen Blockältesten, um etwas aufzuwärmen, saß dann neben ihr, und nichts verriet mein gequältes Herz, ich strahlte nur Zuversicht aus. Selbstverständlich war mir streng verboten, das Krankenrevier zu betreten, aber es schien, als stünde ich unter einem besonderen Schutz, mir konnte nichts passieren.

Eines Tages raffte sich Milena vom Krankenlager auf und ging durch die Korridore in ihr Büro, wollte nur einmal hinter dem Schreibtisch sitzen und durch die Gitterstäbe des Lagertors in die Freiheit blicken.

Doch das war nur ein kurzes Aufleben. Bald verlor sie die Kraft, sich aus dem Bett zu erheben. Vom Krankenlager aus sah sie ein Stückchen Himmel, manchmal mit freundlichen Wolkengebilden, oft aber, und immer häufiger, in drohenden, Unheil verkündenden Formen. Vera Papoušková schenkte Milena selbst gefertigte Karten, kleine Kunstwerke. Mit denen spielten wir, um die bangen Gedanken zu verscheuchen. Einmal drangen in die Stille des Krankenzimmers Liederfetzen. Die Häftlinge sangen beim Marschieren: »In meiner Heimat da blühen die Rosen ... Ich 'möcht' so gern in meine Heimat zurück ...«, und Milena schlug die Hände vors Gesicht und weinte bitterlich.

Im April versagte die andere Niere und es gab keine Rettung mehr. In meiner Verzweiflung wollte ich die Hilfe des Himmels herabzwingen, betete zu Sonne und Sternen, aber vergeblich. Je hoffnungsloser ihr Zustand wurde, umso fester glaubte Milena an die Genesung. Erst in den letzten Tagen wusste sie es: »Sieh dir die Farbe meiner Füße an. Das sind die Füße einer Sterbenden. Und diese Hände?« Sie hielt mir ihre Handflächen hin. »Merkst du es? Schon verschwinden die Linien, und das geschieht kurz vorm Tode ...«

Hintereinander schickte der Vater drei Ansichten von

Prag, romantische Bilder des Malers Morstadt aus der Biedermeierzeit. Milena blickt auf die alten Stiche und, dem Ende schon so nahe, führt sie mich durch ihr Prag, sorgfältig auf die Postkarten weisend: »Hier, über diese Brücke ging ich oft mit Fredy Mayer, meinem Freund. Der verstand es, Schönheit zu sehen ... Dort auf der Brüstung steht der heilige Nepomuk ... Und ganz dahinten durch diese schmalen Gassen kommen wir gleich auf den großen Marktplatz ...« Wir blicken auf die herrliche Fassade einer Kirche mit zwei hohen Türmen, deren Portal unter Laubengängen verborgen liegt. Milenas Finger deutete auf einen alten Brunnen, auf dessen Umfassung vier Engel mit dräuenden Schwertern stehen. »Komm weiter, in dieser kleinen Straße da, sie hat noch ihr altes, liebes, holpriges Pflaster ...« Durch ein Portal betreten wir den Hof eines Palastes; seine Stockwerke steigen in Arkadenreihen hoch an ... Irgendwo kommt dann der Eingang zu einem Kirchturm, eine Wendeltreppe. Dort hinauf wollen wir drei ... »Nicht so schnell! Du musst wissen, dass ich mit dem steifen Bein sehr schlecht Treppen steigen kann, und auch Fredy hat's nicht leicht ...«, unterbricht sie ihre Schilderung. Ich schaue auf, sehe das abwesende Gesicht und weiß plötzlich, dass ihre Fantasie die Ketten der Gefangenschaft gesprengt hat. Sie ist zu Hause, blickt mit uns aus der Luke eines Turmes über ihre liebliche Stadt mit den Hunderten von Kirchtürmen, dem Gewirr der Giebeldächer, den verwinkelten Gässchen und Höfen und den schlafenden Palästen ... Sie richtet sich auf, greift nach dem letzten Brief des Vaters, in dem er »vom schönsten Frühling und den täglichen Morgenspaziergängen im Kinskygarten« schreibt. Sich wieder zurücklehnend sagt sie milde: »Warum ist táta nur so wortkarg ...«

Noch einmal kommt ein Kartengruß aus Prag, in dem der Vater aus Liebe zur Tochter eine Lüge schreibt. Er teilt mit, Honza habe ihr Examen im Konservatorium bestanden. Doch Milena – vielleicht durchschaut sie das Ganze – wendet sich ab und nimmt es nicht mehr zur Kenntnis.

Am 15. Mai 1944 ruft man mich zur Paketausgabe. Eine große Schachtel für Milena, als Absender zeichnet Joachim von Zedtwitz, Gerdauen. Ich laufe mit dem Paket zu Milena, deren Bewusstsein bereits getrübt ist. Als sie aber den Namen Zedtwitz hört, richtet sie sich auf, lässt es mich mehrmals vorlesen, weil ihre Augen schon versagen, und sinkt glücklich aufatmend zurück: »Er lebt! Was für ein Wunder! Ich glaubte, sie hätten ihn erschossen ...«

Joachim von Zedtwitz, der einige Zeit nach Milena in Prag verhaftet worden war, wurde Ende 1943 auf die politische Bürgschaft eines Onkels hin freigelassen. Obgleich er unter Polizeikontrolle stand, setzte er sich mit Milenas Vater in Verbindung, erfuhr, in welchem Konzentrationslager sie sei, und alarmierte einen Berliner Rechtsanwalt, um sie zu retten. Dieser forderte das für ein Begnadigungsgesuch nötige Material aus Prag an. Alle Vorbereitungen waren beendet, da traf eine Fliegerbombe das Haus des Anwalts und tötete ihn.

Am Nachmittag des 15. Mai überbringt man mir während der Arbeitszeit die Nachricht, Milena liege im Sterben. Ich zögere keine Minute und verlasse ganz einfach den Arbeitsplatz. Was kann schon noch geschehen! Die Sterbende liegt in Euphorie. Ihr Gesicht strahlt, die Augen glänzend und dunkelblau, und als ich zu ihr trete, breitet sie die Arme aus, begrüßt mich mit dieser wunderschönen, ihr eigenen Geste. Sie kann nicht mehr sprechen. Aus dem Lager kommen die tschechischen Freunde, sie umringen das Bett, stehen draußen vorm Fenster, und voller Glückseligkeit blickt Milena auf alle, nimmt Abschied vom Leben. Am Abend verliert sie das Bewusstsein. Der Todeskampf dauert bis zum 17. Mai. Erst dann schleiche ich in die Baracke zurück. Für mich hat das Leben den Sinn verloren.

Als die Leichenkolonne Milenas Sarg auf den Wagen lud, bat ich mitgehen zu dürfen. Es war ein Frühlingstag mit tröpfelndem, warmem Regen, und der Posten beim Lagertor mochte glauben, dass es Regen sei, was da über meine Wangen lief. Im Schilf, am Ufer des Fürstenberger Sees, pfiff traurig ein Wasservogel. Wir luden die Kisten mit den Toten ab und trugen sie zum Krematorium. Zwei kriminelle Männerhäftlinge mit den Gesichtern von Henkersknechten klappten den Deckel hoch, und als wir die tote Milena heraushoben und meine Kraft versagte, meinte der eine höhnisch: »Kannst schon richtig anpacken, die spürt sowieso nichts mehr!«

Auf Anordnung Dr. Treites wurde Milena im Vorraum des Krematoriums aufgebahrt. Er hatte in einem Telegramm Professor Jesensky den Tod seiner Tochter mitgeteilt und ihn davon unterrichtet, er könne die Leiche Milenas nach Prag überführen lassen.

★

Am 10. Juni 1944 erfuhr das Lager die geglückte Invasion in der Normandie. Da jubelten alle. Ich aber konnte ihre Freude nicht teilen. Ich quälte mich durch die Tage und weinte in den Nächten. Wozu weiterleben, wenn Milena gestorben war ...

Nicht lange nach Milenas Tod, als die Zustände im Lager immer chaotischer wurden, und die Gefangenen zwischen Angst und Hoffnung dahinlebten, bat mich Anička, mit der ich nun alle Tage beisammen war, eines Abends an eine ganz bestimmte Stelle der Mauer zu kommen, wo diese an das Männerlager Ravensbrück angrenzte. Dort hatten sich viele Tschechinnen versammelt und begannen zu singen, hofften, jenseits der Mauer von ihren verhafteten Landsleuten gehört zu werden, und vielleicht eine Antwort zu erhalten. Sie sangen die tschechische Nationalhyme. Einmal, schon in der Zeit größter Bedrohung, schrieb Milena: »Diese Hymne ist nicht ein Lied, das sich gegen etwas wendet, ›Kde domov muj‹ wünscht niemandes Verderben, wünscht nur unser Fortbestehen. Kein Kampflied ist es, sondern besingt ohne Pathos die Landschaft Böhmens mit ihren Hügeln und Hängen, den Feldern und Ebenen, den Birken, den Weiden und schattenspendenden Linden, den duftenden Feldrainen und den kleinen Bächen. Es besingt das Land, in dem wir zu Hause sind ... Schön war es, für dieses Land einzustehen, schön, seine Heimat zu lieben ...«[70]

★

Ich kam in die Freiheit zurück und erfüllte Milenas Vermächtnis, schrieb *unser* Buch über die Konzentrationslager. Kurz vor ihrem Tode hatte sie mir einmal gesagt: »Ich weiß, daß wenigstens du mich nicht vergessen wirst. Mit dir darf ich weiterleben. Du sagst den Menschen, wer ich war, du bist mein milder Richter ...«[71] Diese Worte gaben mir den Mut, die Lebensgeschichte Milenas aufzuzeichnen.

Briefe machten sie weltberühmt. Jedoch nicht die eigenen. Milena, eine der ungewöhnlichen Frauengestalten unseres Jahrhunderts, erregte jahrzehntelang nur Aufsehen als Adressatin von Liebesbriefen, die zu den schönsten der Weltliteratur zählen. Als Absenderin konnte sie sich keinen Namen erschreiben, denn ihr Part der Korrespondenz mit dem damals noch unbekannten Prager Schriftsteller Franz Kafka ist verschwunden. Dies ist ein unbezweifelbares Recht bei Privatbriefen, trotzdem ist es bedauerlich. Eine literarische Kostbarkeit – so kann man mit Sicherheit annehmen – ging damit verloren.

Denn Milena konnte schreiben. Sie konnte sogar gut schreiben, und der Brief war *ihr* Medium. Auch ihre späteren Feuilletons, inzwischen ins Deutsche übersetzt und veröffentlicht, schrieb sie in dem für sie typischen Briefstil: zutiefst persönlich, leidenschaftlich-gefühlvoll. Alltagsnichtigkeiten wohl bemerkend, sich direkt an den Leser wendend. Kafka bewunderte in ihren Artikeln das »Blitzartige« ihres Denkens, »das trifft und schlägt«, und nach ihren Briefen ist er geradezu süchtig. Einmal teilt er ihr mit, dass er ihre Briefe in sich hinein »trinkt« und nichts weiß, »als dass man nicht aufhören will, zu trinken«. Seiner Natur gemäß empfand er diesen »Milena-Brief-Trunk« nur für seinen persönlichen Genuss bestimmt und er hätte ihn niemals Fremden angeboten. Sollte also nicht er selbst es gewesen sein, der Milenas Briefe verschwinden ließ, so ist das ganz sicher in seinem Sinne geschehen.

Anders Milena Jesenská. Sie suchte die Öffentlichkeit

als Resonanz für ihr ungewöhnlich gefühls-, gedanken- und erfahrungsreiches Innenleben. In Feuilletons verpackt war es auf der Titelseite der Prager *Tribuna* jahrelang für jedermann zugänglich. Und es ist denkbar, dass sie sich auch einmal zur Veröffentlichung dieser Kafka-Briefe entschlossen hätte, denn einige heikle Stellen machte sie sofort unleserlich. Sie vertraute die Briefsammlung kurz vor dem Einmarsch der deutschen Truppen in Prag ihrem gemeinsamen Freund Willy Haas zur Aufbewahrung an. Sie konnte nicht ahnen, dass es ausgerechnet diese einfache Vorsichtsmaßnahme war, mit der sie sich einmal unsterblich machen würde. Haas veröffentlichte die Sammlung zum ersten Mal 1952 unter dem Titel *Briefe an Milena.* Von diesem Augenblick an war ihr Name »gefesselt an den toten ehemaligen Beamten der Unfallversicherung, Franz Kafka«, so Ria Endres in ihrem Buch *Milena antwortet*, eine Fessel allerdings, die ihr der bindungsscheue Kafka nicht mal im Traum angelegt hätte.

Margarete Buber-Neumann, mit der Milena in ihren letzten vier Lebensjahren eine tief gehende Freundschaft pflegte, erlöste sie von diesem Schattendasein und setzte ihrer autonomen und machtvollen Persönlichkeit mit dem 1975 zum ersten Mal erschienenen und jetzt wieder aufgelegten Buch *Milena, Kafkas Freundin* ein Denkmal.

Aus einem postumen Weltruhm ziehen normalerweise nur die Erben einen Gewinn. Im Falle Milena gibt es eine einzige Erbin: ihre Tochter Honza, auch Jana genannt. Diese aber fühlte sich alles andere als eine Gewinnerin. Zum einen wurde plötzlich die verdrängte schmerzliche Erinnerung an ihre Mutter wieder lebendig – von ihrem Sohn Jan wissen wir, dass sie das Thema Milena immer vermieden hat – und zum anderen fühlte sie sich von Willy Haas schlicht übergangen. Als sie ihm brieflich ihren Besitzanspruch an die Kafka-Briefe ihrer Mutter bekundete, »verschlug« ihr seine Antwort »die Sprache«: Haas beschuldigte sie des »Eigennutzes« und belehrte sie, die Briefe stellten eine literarische Hinterlassenschaft von globaler Bedeutung dar, deshalb habe er sie im Kafka-Museum in Jerusalem in einem sicheren Safe aufbewahrt. Honza zitiert diese Antwort in ihrer Biographie über ihre Mutter *Milena Jesenská* (1969 zum ersten Mal in Prag veröffentlicht und jetzt auch in deutscher Sprache neu aufgelegt), die sie schrieb, um der »allzu schreienden« Vorstellung »von der engelhaften Geliebten eines Genies« zu widersprechen.

Auch wenn Honzas verbitterter Einspruch berechtigt war und das eigenmächtige Handeln des Herrn Haas umstritten bleibt, so waren die Originale dennoch besser in einem Safe aufbewahrt als bei Milenas Tochter. Denn Honza konnte kaum für ihr eigenes Leben die Verantwortung übernehmen, geschweige denn später für ihre Kinder. Ihr Leben war, über weite Strecken hinweg, ein einziges Trauerspiel. Schon ihr Start in die Welt war ein Start mitten in eine Tragödie hinein: Milena, Monate vor der Geburt und ein Jahr nach der Geburt wegen einer furchtbar schmerzenden Knieentzündung ans Bett gefesselt und vom schmerztötenden Morphium süchtig geworden, fühlte sich, wie sie an eine Freundin schrieb, nicht nur unglücklich, sie fühlte sich vernichtet. Ihr Körper wurde dick und aufgeschwemmt, ihr Knie blieb steif, aber das Schlimmste war ihr Verlangen nach immer mehr Morphium. Wieder zu Hause quälte sie mit ihrer Sucht nicht nur sich selbst, sondern auch ihre Umgebung bis zur Unerträglichkeit. Nach kurzer Zeit verlor sie alles, was ihr unendlich viel bedeutet hatte: ihren Mann, ihre Arbeit und sehr schnell auch ihre Freunde. Ihr blieb die kleine Honza, die in diesen Zeiten der tiefsten Not ihr einziger Ansprechpartner war. Nicht selten schickte sie das Kind los, um ihr die Droge zu besorgen, wenn die Entzugsqualen sie unfähig werden ließen, es selbst zu tun.

Honzas Leben als Erwachsene war an Tragödien nicht ärmer: Den Tod ihrer Mutter begriff sie erst, als sie einen Zahn von Milena in den Händen hielt. Dieses »grausame«, aber liebevoll gemeinte Geschenk einer ehemaligen Mitgefangenen ihrer Mutter verstörte sie so sehr, dass sie die »kostbare Reliquie« unabsichtlich-absichtlich wieder verlor. Ein weiterer Tod folgte: der des Großvaters. Da sie ihr Erbe in Lichtjahrgeschwindigkeit durchbrachte und ohne Berufsausbildung war, versuchte sie sich als Küchenhilfe, Putzfrau und Straßenbahnschaffnerin durchs Leben zu schlagen. Drei von vier Ehen scheiterten, für ihre vier Kinder von verschiedenen Männern wurde ihr das Sorgerecht entzogen. Wegen des jüngsten Sohnes saß sie, verurteilt infolge »grober Vernachlässigung der Aufsichtspflicht«, ein Jahr im Gefängnis. Erst in ihrer vierten Ehe fand Honza in den letzten sechs Jahren ihres Lebens innere Ruhe und Glück. In einem gefilmten Interview mit Margit Saad ist sie zu sehen, die 53-jährige Tochter Milenas: korpulent, mit kurzem, männlichen Haarschnitt, rauchend, gebrochen Deutsch sprechend. Sie nannte sich »Schriftstellerin« – sie hatte einige Erzählungen in Zeitungen, ein Buch mit Kurzgeschichten und die Biographie ihrer Mutter veröffentlicht – und sprach von ihrer Angst, mit ihren Publikationen nur als Tochter Milenas und nicht als eigenständige Schriftstellerin ernst genommen zu werden. Honza kam 1981 bei einem Autounfall ums Leben und wurde so kaum älter als ihre Mutter.

Milena war 48 Jahre alt, als sie im Konzentrationslager an einer zu spät behandelten Niereninfektion starb. Von diesem nahezu halben Jahrhundert Lebenszeit ist ausgerechnet die Phase ihres Lebens die allerkürzeste, die sie einmal weltweit ins Gespräch bringen sollte: die Zeit mit

Kafka. Genau genommen dauerte diese nur einen einzigen Frühling, einen einzigen Sommer, einen einzigen Herbst. Den Winter überlebte die Beziehung bereits nicht mehr.

Intensität hat immer eine durchschlagende und weit reichende Kraft. Die Beziehung zwischen Milena und Franz Kafka jedoch war mit so viel Energie geladen, dass sie über den Tod der beiden hinausstrahlte und sie zu einem unvergesslichen Liebespaar machte. Dabei war es eine äußerst seltsame Liebe, denn insgesamt haben sich Milena und Kafka nur fünf Tage lang gesehen, wobei der fünfte Tag bereits der Anfang vom Ende war. »Kann man auch in eine Handschrift verliebt sein?«, fragt sich Ria Endres in ihrem Buch, und sie stellt sich vor, »wie schön sich Kafkas Schrift und seine Hände verbunden haben«, so, als bilden sie »eine Ehe für immer«. Da die Handschrift das einzig Physische in dieser Beziehung war, das die seelisch-geistigen Berührungen kontinuierlich begleitete, übte sie sicher eine enorm erotische Wirkung auf beide aus. Aber letztlich war diese Erotik nur ein Nebeneffekt. Der tiefere Grund dieser Liebe war: Sie brauchten einander wie die Luft zum Atmen.

Vor allem Milena befand sich in dieser Zeit in einer großen inneren und äußeren Not. Der Höhenflug ihrer jungen Ehe mit Ernst Polak – von dem sie ein Kind abgetrieben hatte, für den sie alles aufgegeben hatte – endete mit einer Bruchlandung in den Wiener Alltag. Die Mitgift ihres Vaters hatten sie so schnell verprasst wie später Honza ihr Erbe, und plötzlich sahen sie sich mittellos ihren großen Ansprüchen ausgesetzt. Der schöngeistige Ehemann überließ das ungeistige Thema »wie zu Geld kommen« seiner Frau und setzte sich derweil ins Kaffeehaus »Herrenhof«, wo er schon bald Mittelpunkt eines Künstlerkreises wurde, der revolutionäre politische, geistige und sexuelle Ideen und Umwälzungen ausbrütete. Milena, die ihren Mann bei ähnlichen Treffen im Café »Arco« in Prag kennen gelernt hatte und dort ein begehrter Gast gewesen war, fand keinen Zugang in diesen Kreis. Sie geriet in eine unverschuldete und darum besonders unerträgliche Isolation. Ein Freund Polaks erinnerte sich, wie sie plötzlich einmal im »Herrenhof« auftauchte. Niemand hatte bis dahin Ernsts Frau gesehen, aber jeder hatte sie sich anders vorgestellt. »Sie kam herein, groß, schlank, athletischer Typ, strahlende Person, wie eine Opernsängerin.« In ihrer völligen »Andersartigkeit« habe sie auf alle wie eine Exotin gewirkt und, um angenommen zu werden, habe sie sich auf eine merkwürdige Art »übernommen«: »Sie hat mitgespielt, ohne damit identisch zu sein.«

Milena mied den »Herrenhof«; eine solche Selbstverleugnung musste gerade ihr, die in Prag ihre Persönlichkeit extrem zur Schau stellte, widerlich sein. Zudem blieb ihr keine Zeit fürs Kaffeehaussitzen, denn sie musste mit Unterrichten und Kofferschleppen auf Bahnhöfen den täglichen Lebensunterhalt verdienen. An Liebesverlust leidend, müde und abgeschafft, verblasste die schöne Ausstrahlung ihres Wesens, weswegen Polak sie eigentlich geheiratet hatte. Er verlor die Lust auf seine Frau und holte sich seine Geliebte Mizi Beer in die gemeinsame Wohnung. Und von der sich immer großzügig und unabhängig gebenden Milena – als ehemalige Minerva-Gymnasiastin war sie in Sachen »Emanzipation« gründlich geschult – erwartete er die Duldung eines Lebens zu dritt. Im tiefsten Winkel ihrer Seele war Milena jedoch abhängiger als irgendjemand sonst, und sie litt entsetzliche Qualen der Eifersucht. Ihre Versuche, mit gleicher Münze heimzuzahlen und sich mit außerehelichen Beziehungen zu trösten – u. a. war Hermann Broch ihr Geliebter – schlugen fehl: Nichts und niemand konnte ihr das defekte eheliche

Glück ersetzen. Sie machte einen Selbstmordversuch, es blieb beim Versuch, aber sie schwor sich: Künftig kann kommen, was kommen will, immer wird das Leben der kostbarste Besitz bleiben. Ein Thema, das später durch viele ihrer Feuilletons ziehen sollte.

Auf dem tiefsten Grund ihres Leids angekommen, fing Milena an zu schreiben. Und Schreiben wurde ihr Rettungsseil, an dem sie sich wieder ins Leben zog, und es blieb das starke Seil, an dem sie sich bis zum Lebensende festhielt. Schreiben wurde ihr Beruf. Schreiben führte sie letztlich in den Tod.

Milena schrieb Kafka. Er antwortete. Zwei Pole kamen miteinander in Kontakt, jeder fand für sein Minus im anderen das Plus. Sie, zutiefst bedürftig nach Liebe, nach Anerkennung, nach Bedeutung für jemanden. Er, zutiefst bedürftig nach psychischer und physischer Vitalität. Die Funken schlugen, der Stromkreis war hergestellt. Und sie wären sicher zusammengeschmolzen, so sehr füllten sie sich gegenseitig die klaffenden Lebenslücken, wenn es da nicht zwei unverrückbare Hindernisse gegeben hätte: Milenas Liebe zu ihrem Mann und Kafkas panische Angst vor dem, was er so sehr begehrte.

Milena heizte Kafkas Gefühle brieflich so lange an, bis er einer persönlichen Begegnung nicht mehr ausweichen konnte. Ihr Wunsch dabei ist leicht durchschaubar: Die seelische Leidenschaft loderte bereits, jetzt sollte noch die körperliche dazu kommen und »fertig« wäre die neue glühende Liebe gewesen, die einzig und allein die Kraft gehabt hätte, die Faszination, die ihr Mann immer noch auf sie ausübte, zu sprengen.

Kafka erlebte die vier Tage in Wien als ungewohntes Glück. Zwar verwirrte ihn »diese kurze körperliche Nähe und die plötzliche körperliche Trennung«, aber sie machten ihm Lust auf mehr, und dies allein schon verursachte ihm Hochgefühle. Milena hingegen wünschte sich mehr als nur körperliche Nähe, sie erwartete den körperlichen Liebesakt, aber dazu kam es offensichtlich nur »fast«. Die »Vollendung« wurde in eine gemeinsame Zukunft hinausgeschoben, über die man bei dieser Begegnung bereits sprach, von der jedoch vor allem Milena genau wusste, dass es sie niemals geben würde. Kafkas kontinuierliche Liebesbeweise allerdings wurden ihr weiterhin existenziell notwendig, sie nährten und nährten ihr fast verhungertes Selbstbewusstsein. Und nichts war wichtiger für ihren Kampf um den Ehemann, den sie neben dem Briefwechsel weiterführte. Kafka, der seine Gefühle für Milena sehr ernst nahm und deshalb seine Verlobung mit Julie Wohryzeck löste, sah sich plötzlich vor die Tatsache gestellt, dass es ausgerechnet seine Liebe war, die die völlig erschlaffte Ehe Milenas wieder zu Kräften brachte. »Ich, der Retter, halte Dich mehr in Wien fest, als sonst irgendjemand«, schrieb er ihr gegen Ende des Sommers. Seine sich langsam abkühlende Leidenschaft, bedingt durch die Erkenntnis, dass ihre Liebesbeziehung über das Hin- und Herwechseln der Briefe nicht hinauskommen würde, versuchte Milena mit erneuten Wunschbekundungen auf ein baldiges Zusammenleben wieder aufzuwärmen. Kafka jedoch hatte innerlich schon Abschied genommen. »Warum schreibst Du von einer gemeinsamen Zukunft, die doch niemals sein wird, oder schreibst Du deshalb davon?«, fragte er sie im Herbst. Der äußere Abschied folgte bald. Franz Kafka beendete ihre Briefliebe und dies konsequent.

Milenas Tochter schrieb über dieses für ihre Mutter unerwartete Ende: Sie »war darüber erregt, erschrocken und unglücklich – sie wollte sich nicht von ihm trennen – aber schließlich überwand sie die Geschichte relativ schnell«. Und damit war Milenas Phase als »Kafkas Freundin« bereits zu Ende. Er selbst überlebte diese Zeit nur noch vier Jahre. Betreut von seiner letzten Freundin Dora Diamant starb er am 3. Juni 1924 an Lungentuberkulose.

Von Margarete Buber-Neumann wissen wir, dass erst jetzt das eigentliche Leben Milenas begann: Ausgestattet mit neuem Selbstbewusstsein, einem neuen Beruf, einem neuen Freund und einer neuen Ausstrahlung kehrte sie nach Prag zurück und wurde dort mit offenen Armen empfangen. Milena »tanzte das Leben« jetzt, wie sie selbst einmal sagte, es gelang ihr alles, was sie sich wünschte, was sie anfasste. Ihre Feuilletons erschienen täglich in mehreren Zeitungen und u. a. gab sie zusammen mit ihrer Freundin Stăsa die äußerst luxuriös aufgemachte Kulturzeitung *Pestrý Týden* heraus. Nie hatte Prag etwas Derartiges gesehen, aber sie war zu kostspielig, und die beiden mussten ihre Arbeit aufgeben. Die Krönung dieser Zeit war jedoch eine ganz große Liebe, die stimmigste in ihrem Leben. Der neue Mann war Jaromir Krejcar, ein aufsteigender, zum Dessauer Bauhauskreis gehörender Architekt, in dem sich auf glückliche Weise die von Milena geschätzten Eigenschaften ihres ersten Mannes und die positiven von Franz Kafka vermischten: kraftvoller erotischer Körper, Kultiviertheit, Feinsinnigkeit und Kreativität. Sie heirateten, ihr Glück war vollkommen, auch die ersten Monate ihrer Schwangerschaft zählten noch dazu. Dann kam die Krankheit, die Milena aus den höchsten Höhen in die tiefsten Tiefen stürzte. Sie hat sich von diesem Schock nie mehr ganz erholt; sie brauchte Jahre, um sich wieder in ein inneres und äußeres Gleichgewicht zu bringen.

Für kurze Zeit engagierte sie sich in der kommunistischen Partei im Glauben, diese würde gegen die Ungerechtigkeit in der Welt kämpfen. Aber als Stalins Regime immer repressiver wurde und sie von den Schrecken erregenden Schauprozessen in Moskau hörte, trat sie wieder aus. Margarete Buber-Neumann bewunderte in ihrem Buch *Gefangene bei Hitler und Stalin* Milenas »ebenso klares wie vernichtendes Urteil über den Kommunismus«. Sie selbst habe »zwar auch ihre Illusionen ganz und gar verloren«, aber bei ihr habe es »erst einer Reihe harter Schicksalsschläge bedurft, bis sie endgültig zur Einsicht gekommen war«. Milena habe sich ihr Urteil nur kraft ihrer »ungewöhnlichen Einsicht« gebildet.

Aus ihrer Talsohle holte Milena nichts anderes wieder auf den »Berg« als das Schreiben. Und jetzt bekam sie *ihre* Chance. Ein ehemaliger Kollege aus der *Tribuna*-Zeit, jetzt Chefredakteur der angesehenen liberal-demokratischen Wochenzeitschrift *Přítomnost* (»Gegenwart«), bat sie um Mitarbeit in der Hoffnung, ihr beliebter Feuilletonstil werde sein Blatt etwas auflockern. Diese Plauderei über allgemeine Themen jedoch war der Reife ihrer inneren Persönlichkeit nicht mehr angemessen. Sie wuchs rasch darüber hinaus und entwickelte sich zur feinfühligen Kommentarin des politischen Geschehens in Prag. Jetzt erst reifte auch ihr journalistischer Stil zur Vollkommenheit. Aber noch mehr: Sie wurde zur öffentlichen Stimme des in Panik verstummten tschechischen Volkes, als die Deutschen einmarschierten.

Aber auch ihr übermenschlicher Einsatz in der Zeit des großen menschlichen Elends blieb vielen Überlebenden in Erinnerung. Milena schloss sich einer Gruppe an, die gefährdeten Menschen über die Grenze nach Polen verhalf, sie schrieb Artikel für die illegale Zeitung *V Poj* (»Auf zum Kampf«), und sie wurde nach und nach zu einer Art Symbol des Widerstandes. Auch ihre ehemaligen Ehemänner und ihren derzeitigen Lebenspartner Evzen Klinger rettete sie ins Ausland. Für Ernst Polak besorgte sie die Papiere für seine Emigration nach England, Jaromir Krejcar beherbergte sie mit seiner jungen Frau Ria in ihrer Wohnung und Klinger verhalf sie zur Flucht. Sie selbst, die so gefährdet war wie diejenigen, die sie rettete, blieb, weil sie gebraucht wurde. 1939 machte die Gestapo ihren unerschrockenen und mutigen Hilfeleistungen ein Ende: Sie wurde verhaftet und wegen »Mitarbeit an illegalen Zeitungen« verurteilt. Ihr Freispruch durch Mangel an Beweisen nützte ihr nichts. Sie wurde zur »Umerziehung« ins Konzentrationslager Ravensbrück abtransportiert mit dem Vermerk »Rückkehr unerwünscht.«

Margarete Buber-Neumann und Milena Jesenská: Von der ersten Stunde ihrer Begegnung an waren sie Freundinnen. Beide zur gleichen Zeit Gefangene Hitlers.

Milenas journalistische und menschliche Neugierde auf das Unglaubliche, was sie über das Schicksal dieser Kommunistin hörte, trieb sie dazu, deren Bekanntschaft zu suchen. Und sie erfuhr, dass deren Leben noch abenteuerlicher war, als ihres es je gewesen ist.

Schon von Jugend an war Margarete aufmüpfig. Zuerst rebellierte sie gegen die Disziplinwut ihres Vaters, dann rebellierte sie als Mitglied der Potsdamer Jugendbewegung ›Alt Wandervogel‹ gegen das hohle preußische Autoritätsgehabe und gegen die erstarrte bürgerliche Sexualmoral, und später rebellierte sie als Mitglied der kommunistischen Partei gegen die sozialen Ungerechtigkeiten, die sie vor allem bei ihrer Arbeit im städtischen Kinderhort – sie hatte den damals üblichen Frauenberuf »Kindergärtnerin« erlernt – hautnah erlebte.

Ihren ersten Ehemann lernte Margarete bei einem Treffen der jüdischen Wandervogelorganisation »Blau-Weiß« kennen. Ein Mitglied wurde ihr nicht mit seinem eigenen Namen, sondern mit »Sohn Martin Bubers« vorgestellt. Rafael klagte ihr sein Leid, immer nur als Sohn des berühmten Religionsphilosophen Aufmerksamkeit zu erregen und nie durch seine eigene Persönlichkeit. Mit Margarete hatte er da keine Probleme, denn sie »hatte damals keine Ahnung, wer dieser legendäre Martin Buber überhaupt war«. Die beiden wurden ein Liebespaar, zogen nach Heidelberg, später nach Jena und wurden Mitglied der kommunistischen Jugendpartei. Noch minderjährig und unehelich brachte sie ihre Tochter Barbara auf die Welt, volljährig geworden, heirateten sie dann doch noch. Materielle Not zwang sie wieder in ihre Elternhäuser zurück, Margarete zuerst in ihr eigenes, kurze Zeit später in das der Schwiegereltern in Heppenheim. Eine zweite Tochter, Judith, wurde in die bereits brüchige Ehe hinein geboren, die nicht mehr zu kitten war. Margarete zog mit ihren Kindern nach Berlin. In langwierigen Prozessen holte die Schwiegermutter die beiden Mädchen wieder in die Familie Buber zurück. Nicht zuletzt wegen ihrer Zugehörigkeit zur kommunistischen Partei, Rafael Buber war schon längst wieder ausgetreten, hatte Margarete den Prozess verloren. Sie war wieder – unfreiwillig – vollkommen frei. Von diesem Augenblick an schenkte sie im wahren Sinne des Wortes ihr Leben der kommunistischen Partei, in die sie aus der Jugendpartei überwechselte. Über eine Annonce fand sie eine Stelle als Mitarbeiterin in der kommunistisch orientierten ›Internationalen Pressekorrespondenz‹, und mit ihren Kollegen und Genossen zusammen verherrlichte sie, blind vor Begeisterung, die Sowjetunion und ihre Führung.

Für ihren zweiten Lebenspartner, Heinz Neumann, »Berufsrevolutionär«, einer der Lieblinge Stalins und Mitglied der Führungsspitze der Kommunistischen Partei Deutschlands, fühlte sie zunächst eine unbändige Wut, ehe er schließlich die ganz große Liebe ihres Lebens wurde, und bevor er ihr Schicksal auf so glückliche und gleichzeitig so tragische Weise mitbestimmte. Ihre Schwester Babette brachte ihr nämlich eines Sonntags die blutjunge Sinaida, Neumanns Ehefrau, die er in Russland kennen gelernt hatte, zum Aufnehmen und Trösten ins Haus. Neumann, so begründete sie ihre Bitte, würde es mit ihr nicht mehr aushalten. Erst Monate später, als Sinaida schon längst wieder in ihre Heimat zurückgekehrt war, lernte sie im Hause ihrer Schwester den berühmt-berüchtigten Heinz Neumann kennen. Er erklärte ihr das Zustandekommen dieser unglücklichen Ehe: Sie war als Jux geplant und dann von Sinaida erzwungen worden.

Eine große Liebe nahm ihren Anfang. Die beiden heirateten auf unformelle und unbürgerliche Art, wie es sich für ein kommunistisches Paar gehörte: Margarete hängte einfach den Namen ›Neumann‹ an ihren Nachnamen, den sie aus erster Ehe beibehielt.

Ein unendlich aufregendes Leben begann für sie. Neumann brachte sie mit dem illegalen Apparat der KPF in Berührung, und sie führte für diesen mit gefälschtem Pass Geheimaufträge durch, u. a. in Paris und Spanien. Von nun an lebte sie mit ihrem Mann ein äußerst gefährliches Leben im Untergrund, ständig bedroht, in ständiger Angst vor dem Entdecktwerden, aber auch immer geschützt durch den Geheimapparat der Komintern (Kommunistische Internationale). Dann aber geschah etwas, womit niemand rechnen konnte: Stalin gab die Idee einer kommunistischen Revolution in Deutschland auf, klug berechnend, dass ihr durch das Erstarken des Nationalsozialismus der Boden unter den Füßen weggezogen wurde. Er paktierte – zur Überraschung der ganzen Welt – mit seinem Erzfeind Hitler. Diese außenpolitische Wende um 180 Grad brach vielen Genossen das »Genick«. Unter ihnen war Heinz Neumann.

Er verlor so schnell die Gunst der Komintern, wie er sie als 17-jähriger Student gewonnen hatte. Die Neumanns fühlten sich plötzlich wie Verbrecher gejagt. Sie wurden von Spanien in die Schweiz abgeschoben und lebten dort unter falschen Namen, er ein »buchschreibender Forscher«, sie seine »Sekretärin«. Als sie sich sicher zu fühlen begannen, wurden sie leichtsinnig und erregten das Misstrauen eines Polizisten. Neumann wurde verhaftet und kam ins Gefängnis. Margarete setzte alle Hebel in Bewegung, um ihn wieder frei zu bekommen. Später aber wusste sie, dass diese Aktion der größte Fehler ihres Lebens war. Im Schweizer Gefängnis wäre Neumann vor Mord sicher gewesen. Seine Genossen jedoch würden ihn töten. Aber damals konnten beide einfach noch nicht glauben, dass ihr Ideal, für das sie ihr ganzes Leben eingesetzt hatten, nun zur Todesfalle werden würde. Für sie und für unzählige ihrer Genossen.

Heinz und Margarete Buber-Neumann wurden von der Komintern zur Emigration nach Moskau gezwungen, und sie lebten dort zwei Jahre lang als »Geächtete« im legendären Emigrantenhotel »Lux«. Sie fühlten sich jedoch wie in einem Gefängnis. In der Nacht vom 27. auf 28. April 1937 wurde Heinz Neumann verhaftet. Margarete sah ihn nie wieder und hat auch nie wieder von ihm gehört. Gerüchten zufolge, denen sie jedoch keinen Glauben schenken wollte, wurde er schon kurz nach der Verhaftung hingerichtet.

Ihr selbst wurde durch eine administrative Schlamperei noch ein Jahr Freiheit geschenkt, die sie frierend, hungernd und in ständiger Sorge um ihren Mann und in ständiger Angst vor der eigenen Verhaftung in Moskau verbringen musste. Als sie dann am 19. Juni 1938 ihren eigenen Haftbefehl in den Händen hielt, erschrak sie. Er war auf den 15. Oktober 1937 ausgestellt gewesen.

Nach einer grauenhaften und menschenunwürdigen Zeit im Moskauer Untersuchungsgefängnis wurde Margarete Buber-Neumann als »sozial gefährliches Element« zu fünf Jahren Arbeitsverbesserungslager nach Sibirien verurteilt. Aus dieser Hölle wurde sie nach zwei Jahren entlassen und dem Hitler-Regime übergeben. So kam sie nahtlos vom Arbeitslager in Sibirien in das Konzentrationslager Ravensbrück.

Margit Saad interviewte Margarete Buber-Neumann in ihrem Film *Mehr als Kafkas Freundin* 34 Jahre nach ihrer Zeit in Ravensbrück. Ihr lebendiges Gesicht zeigte keinerlei Spuren ihres Leidens. Auf die Frage, ob sie Milena geliebt habe, bemüht sie sich, ihre Tränen zu verbergen. Sie fühle immer noch eine große Trauer, diesen Menschen verloren zu haben, entschuldigte sie sich. Ja, sie habe Milena sehr geliebt und Milena habe die gleichen tiefen Gefühle für sie gehabt. Ihre innige Beziehung nannte sie »leidenschaftliche Freundschaft«, um sie von der lesbischen Liebe abzugrenzen, die damals in Frauenlagern gang und gäbe war.

Margarete Buber-Neumann überlebte Ravensbrück, nicht zuletzt dank ihrer Gabe, jeder Lebenssituation, sei sie auch noch so furchtbar, etwas Menschliches, etwas Genießbares abzugewinnen. Ihren Lebensabend verbrachte sie in Frankfurt, hielt Vorträge, schrieb Bücher. Ihre wichtigsten sind *Von Potsdam nach Moskau*, *Gefangene bei Stalin und Hitler* und *Milena, Kafkas Freundin*.

In dem Buch *Gefangene bei Stalin und Hitler* spricht sie Milena das schönste und ergreifendste Kompliment aus, das man einem Menschen machen kann: »Ich danke dem Schicksal, nach Ravensbrück gekommen zu sein und Milena Jesenská getroffen zu haben.«

Gudrun Bouchard

ANMERKUNGEN

[1] Franz Kafka, Briefe, S. Fischer Verlag, S. 275.
[2] Franz Kafka, Briefe an Milena, S. Fischer Verlag, S. 98.
[3] Milena, Weg zur Einfachheit, Prag 1926.
[4] Milena Jesenská, »Über die Kunst stehen zu bleiben«, *Přítomnost*, 5. 4. 1939.
[5] Milena, Weg zur Einfachheit.
[6] Josef Kodiček, Sendung im Radio Freies Europa, München, 2. 6. 1953.
[7] Kafka, Briefe an Milena, S. 22.
[8] Kafka, Briefe an Milena, S. 28 f.
[9] Kafka, Briefe an Milena, S. 55.
[10] Max Brod, Franz Kafka. Eine Biographie, S. Fischer Verlag, S. 276.
[11] Kafka, Briefe an Milena, S. 110.
[12] Kafka, Briefe an Milena, S. 40.
[13] Kafka, Briefe an Milena, S. 274.
[14] Kafka, Briefe an Milena, S. 193 f.
[15] Milena, Weg zur Einfachheit.
[16] Kafka, Briefe an Milena, S. 89.
[17] Kafka, Briefe an Milena, S. 9.
[18] Kafka, Briefe an Milena, S. 9.
[19] Milena, Weg zur Einfachheit.
[20] Milena, Weg zur Einfachheit.
[21] Kafka, Briefe an Milena, S. 148 f.
[22] Kafka, Briefe an Milena, S. 161 ff.
[23] Kafka, Briefe an Milena, S. 44.
[24] Kafka, Briefe an Milena, S. 68.
[25] Kafka, Briefe an Milena, S. 213.
[26] Franz Kafka, Tagebücher, S. Fischer Verlag, S. 553 f.
[27] Max Brod, Franz Kafka, S. 280 ff.
[28] Max Brod, Franz Kafka, S. 282 f.
[29] Max Brod, Franz Kafka, S. 285.
[30] Kafka, Briefe, S. 322.
[31] Kafka, Tagebücher, S. 555.
[32] Milena Jesenská, »Notiz vom Tage«, *Národní Listy*, 6. 6. 1924. Nach der erstmals im *Forum*, Wien, IX/97, erschienenen Übersetzung.
[33] Milena, Weg zur Einfachheit.
[34] Kafka, Briefe an Milena, S. 142.
[35] Milena, Weg zur Einfachheit.
[36] Milena Jesenská, »Maminka«, *Přítomnost*, 12. 4. 1939.
[37] Milena Jesenská, »Menschen in Bewegung«, *Přítomnost*, Jg. XIV, S. 827 ff.

[38] Kafka, Briefe an Milena, S. 23.
[39] Milena, »Menschen in Bewegung«.
[40] Kafka, Briefe an Milena, S. 21.
[41] Josef Kodiček, 1892-1954.
[42] Milena, »Menschen in Bewegung«.
[43] Kafka, »Fürsprecher«, Die Erzählungen, S. Fischer Verlag, S. 330.
[44] Kafka, Briefe an Milena, S. 151 f.
[45] Milena Jesenská, »František Liliom, Gemischtwarenhandlung«, *Přítomnost*, 15. 12. 1937.
[46] Kafka, Briefe an Milena, S. 73.
[47] *Přítomnost*, Jg. XVI, 1938.
[48] *Přítomnost*, Jg. XVI, 1938.
[49] So wurde er im Prozess gegen die Hauptkriegsverbrecher vor den internationalen Militärgerichtshof in Nürnberg zitiert.
[50] Milena Jesenská, »Niemandsland«, *Přítomnost*, 21. 12. 1938.
[51] Kafka, Briefe an Milena, S. 209.
[52] Milena Jesenská, »Die letzten Lebenstage Karel Čapeks«, *Přítomnost*, 11. 1. 1939.
[53] 1431, Schlacht bei Lipany. Tragische Niederlage des hussitischen nationalen Flügels. Führte zum Ende der hussitischen Demokratie.
[54] 1621, Schlacht am Weißen Berg. Niederlage der gegen Habsburg eingestellten tschechischen Stände, größtenteils Protestanten.
[55] Aus dem hussitischen Schlachtlied, um 1420.
[56] Aus dem Wenzelschoral, einem der ältesten erhaltenen Kirchenlieder, um 1000.
[57] Milena Jesenská, »Vom Umgang mit Tschechen«, *Přítomnost*, 15. 2. 1939.
[58] Kafka, Briefe an Milena, S. 239.
[59] Milena Jesenská, »Prag – am Morgen des 15. März 1939«, *Přítomnost*, 22. 3. 1939.
[60] Milena, »Prag – am Morgen des 15. März 1939«.
[61] Max Brod, Franz Kafka, S. 278.
[62] Milena Jesenská, »Es geht uns alle an«, *Přítomnost*, 14. 6. 1939.
[63] Franz Kafka, Das Schloß, S. Fischer Verlag, S. 42.
[64] Milena Jesenská, »Über die Kunst stehen zu bleiben«, *Přítomnost*, 5. 4. 1939.
[65] Milena, Weg zur Einfachheit.
[66] Kafka, Briefe an Milena, S. 219.
[67] Kafka, Briefe an Milena, S. 135.
[68] Kafka, Briefe an Milena, S. 235.
[69] Milena, Weg zur Einfachheit.
[70] Milena Jesenská, »Über die Kunst stehen zu bleiben«, *Přítomnost*, 5. 4. 1939.
[71] Milena Jesenská, »Guter Rat ist Goldes Wert«, *Přítomnost*, 8. 3. 1939

PERSONENREGISTER

Sie ist einzigartig: Niemals hat eine Frau so direkt und mit derart durchschlagendem Erfolg in den Gang der Geschichte eingegriffen, und in keinem Fall hat der Auftritt eines Menschen auf der politischen Bühne so viele Rätsel aufgegeben. Ihr Werdegang ist atemberaubend: Eben noch Hütemädchen am äußersten Rand Frankreichs, geht sie zu dem jungen, schwachen König und bringt als politisches Genie in einem schon fast hundert Jahre dauernden Krieg die entscheidende Wendung. Mit 19 ist sie tot, verbrannt als Hexe.

»Spannend geschrieben, eine fesselnde Erzählung von filmischer Plastizität ... Reines Lesevergnügen.«
Süddeutsche Zeitung

Leo Linder

»Ah, mein kleiner Herzog, du hast Angst?«
Jeanne d'Arc
20 Abbildungen
Originalausgabe

Econ | ULLSTEIN | List

R04

Sie ist eine der beeindruckendsten Frauen der Geschichte: Vor rund 100 Jahren entdeckte Marie Curie mit ihrem Mann die Elemente Radium und Polonium. Für ihre bahnbrechenden Forschungen bekam sie zwei Nobelpreise – zu einer Zeit, als die Schulbildung für Frauen noch keineswegs selbstverständlich war. Marie Curie (1867–1934) gehört zu den Frauen, die zart und zerbrechlich wirken, aber trotz aller Schicksalsschläge ihren Weg gehen. Sie hat auf Patente verzichtet und ihre revolutionären Entdeckungen der Menschheit zur Verfügung gestellt – obwohl sie selbst jahrelang in ärmlichsten Verhältnissen lebte. Marie Curie ist für die französische Erfolgsautorin Françoise Giroud eine ganz besondere Frau, die Verkörperung eines emanzipierten Lebenstraums. Sie schildert sie mit Bewunderung und Leidenschaft, mit großer Einfühlung in ihr Leben und ihre Liebe. Entstanden ist ein mitreißendes Buch über eine Frau, wie es keine zweite gibt.

Françoise Giroud

»Die Menschheit braucht auch Träumer« Marie Curie
20 Abbildungen
Deutsche Erstausgabe

»Ein faszinierendes Buch«
Münchner Merkur

Econ | ULLSTEIN | List

R07